RUTH JANETTE RUCK

ALS DAS LAMA ZU UNS KAM

und wie es unser Leben
wunderbar durcheinanderbrachte

Aus dem Englischen von
Frank Sievers

Insel Verlag

Die Originalausgabe mit dem Titel *Along Came a Llama*
erschien erstmals 1978, eine Neuausgabe erschien 2020,
beide bei Faber & Faber Ltd., London.

Published with the support of a Wales Literature Exchange translation award
through Arts Council of Wales National Lottery Funding

Die Arbeit des Übersetzers am vorliegenden Text wurde
vom Deutschen Übersetzerfonds gefördert.

Erste Auflage 2022
© der deutschsprachigen Ausgabe Insel Verlag
Anton Kippenberg GmbH & Co. KG, Berlin, 2022
© Ruth Janette Ruck, 1978
Vorwort © John Lewis-Stempel, 2020
Alle Rechte vorbehalten. Wir behalten uns auch
eine Nutzung des Werkes für Text und Data Mining
im Sinne von § 44b UrhG vor.
Umschlaggestaltung: Designbüro
Lübbeke, Naumann, Thoben, Köln
Umschlagillustration: Sally Ann Lasson, London
Satz: Dörlemann Satz, Lemförde
Druck und Bindung: CPI books GmbH, Leck
Dieses Buch wurde klimaneutral produziert:
climatepartner.com/14438-2110-1001
Printed in Germany
ISBN 978-3-458-64293-0

www.insel-verlag.de

ALS DAS LAMA ZU UNS KAM

Für meine liebe Schwägerin
Jean Mary Horton

DAS LAMA

Das Lama ist eine Art haarige Ziege voller Wolle
Mit bräsiger Miene und wallender Tolle
Wie ein Autor ohne Talent.

Hilaire Belloc

Inhaltsverzeichnis

VORWORT

von John Lewis-Stempel

Als das Lama zu uns kam ist wie die beiden ersten Bücher von Ruth Ruck, *Place of Stones* (»Ort der Steine«) und *Hill Farm Story* (»Geschichte eines Bergbauernhofs«), Teil der britischen »Back to the Land«-Welle der 1960er und 1970er Jahre, deren berühmteste Vertreter *Das große Buch vom Leben auf dem Lande* von John und Sally Seymour und die Fernsehsendung *The Good Life* (»Das gute Leben«) sind.

Rucks Bücher über das Leben auf Carneddi, ihrem 83-Morgen-Hof in der schroffen regnerischen Bergregion Snowdonia, waren zugleich authentischer und charmanter als viele andere, ähnliche Bücher.

Ihre Geschichte beginnt im Grunde mit der Entlassung ihres Vaters aus dem Kriegsdienst 1945, wonach er beschloss, aus dem Vorort von Nottingham wegzuziehen, auf das abgetretene Gras und den harten Schiefer von Nordwales. Da war Ruth siebzehn Jahre alt.

Zurück zur Natur war natürlich immer schon der britische Weg in jeder Art von Krise; nach dem Ersten Weltkrieg richtete die Regierung sogar einen Fonds ein, um ehemaligen Soldaten ein Leben auf dem Kleinbauernhof zu ermöglichen. Der Klassiker zum Thema Selbstversorgung war das Buch *Cottage Economy* (»Dorfwirtschaft«) von William Cobbett, geschrieben 1821 in einer bitterarmen, deprimierenden Zeit. Es ging seinerseits auf die Philosophie der Diggers zurück, einer frühkommunistischen revolutionären Bewegung aus dem 17. Jahrhundert.

Naturgemäß wenden wir uns auch jetzt, Post-Finanzkrise, Post-Corona, wieder der Natur zu.

Glücklicherweise kam Rucks Familie zur Landwirtschaft in den Bergen von Nordwales wie das Schaf zum Gras. Im langen heißen Sommer 1976 – dem Jahr, in dem das Lama in ihr Leben trat – übernahm Ruth, die 1960 den Bergsteiger Paul Work geheiratet hatte, das Zepter in Carneddi. Rundum befand sich die traditionelle Landwirtschaft selbst im weltfernen Nordwales auf dem Rückzug. So waren die Rucks fast die Einzigen, die das Heu noch mit der Hand wendeten und ihre kranken Schafe – alle hatten sie ein Gesicht und einen Namen – wieder gesund pflegten. Die anderen Bauern hatten sich allesamt mechanisiert, chemikalisiert und industrialisiert; oder hatten verkauft. Das Zeitalter der Großbauern war angebrochen. In Ruth Ruck war »die alte Tradition indes schon so tief verwurzelt«, dass sie in Carneddi weitermachte wie zuvor.

Ihr Buch bietet uns einige Gedankennahrung (und ist übrigens literarischer, als Rucks Stil wie »Geplauder am Küchentisch« vermuten lässt). Verfechter der Großlandwirtschaft sagen, das Wirtschaften nach alter Tradition sei unrentabel … eine seltsame Kritik von einem Metier, das sich nur dank Milliardensubventionen über Wasser hält und in dem Bauern nachts wachliegen und statt Schäfchen ihre Abschlagszahlungen für den neuen Trecker zählen, der leicht hunderttausend Euro und mehr kosten kann.

Natürlich bin ich auf Rucks Seite. Ich wende das Heu noch per Hand mit der Harke. Mein Trecker ist ein Oldtimer von 1956 – und wenn ich vom Landrover der Rucks lese, der »wieder mal Zicken machte«, klingelt es bei mir. Außerdem rede ich auch mit unseren Tieren.

Ruth gesteht, dass sie von der harten Arbeit »Falten und graue Haare bekam«. Sie romantisiert ihr Leben nicht, aber sie sieht seine Vorteile mit offenen Augen: Die Kinder können frei herumlaufen und im Fluss schwimmen, die Schönheit der Landschaft ist ein »steter Quell der Inspiration«. Und sie nennt ihre Art, Landwirtschaft zu betreiben, »seelenbereichernd«.

Hat die moderne Landwirtschaft überhaupt noch eine Seele? Hat sie noch Achtung für die Tiere, die in Fabrikhallen auf Latten stehen?

Ebenfalls von angenehm alter Schule ist Ruth' geistige Widerstandskraft, von der wir in ihrem Buch erfahren. Ihr Vater stirbt, ihre Schwester Mary stirbt, sie selbst erkrankt an Multipler Sklerose. Wie leicht hätte ihr Buch ein Memoir des Elends werden können.

Während ihr die Krankheit »wie ein schwer zu akzeptierendes Todesurteil vorkam«, suhlt sie sich nicht in Selbstmitleid, sondern beißt die Zähne zusammen und zieht wieder die Gummistiefel über, »wie man es auf einem Bauernhof eben macht«. Ihr Mann Paul – der meinte, »wenn er schon Hunderten von Schafen eine Spritze verabreicht habe, dann könne er das ja wohl auch bei seiner Frau tun« – spritzt Ruth ihre tägliche Medizin.

Und dann steht ein Lama auf dem Flur. Buchstäblich. Zwar züchten die Rucks weiterhin Schafe, Hühner und Welsh-Black-Rinder, aber sie verschließen die Augen nicht vor Neuem. Sie kaufen dem Knaresborough Zoo ein Lama ab, um etwas zu haben, »das uns aufheitert«, und nehmen es im Anhänger mit nach Hause, ohne Pomp und Papierkram. In den 1970er Jahren waren solcherlei Vergnügungen noch möglich; heute bräuchte man Transportformulare und Genehmigungen, online ausgefüllt und dreifach ausgedruckt.

Nun ist Ñusta da (»Prinzessin« auf Quechua). Ein Babylama mit großen Augen und noch größerem Appetit – auf mitunter ungewöhnliches Futter: Taschentücher, Schokokugeln,

Kirschlikör, Tic Tac, die *Radio Times*. Schon die erste Zeile des Buches bietet einen Vorgeschmack auf das, was uns erwartet: »Oh nein!«, rief Paul. »Es ist wieder am Zucker!«

Die Rucks wissen nichts über die Lamas im Hochland der südamerikanischen Anden; aber das geht den meisten anderen Briten ihrer Zeit genauso. Dafür verstehen sie viel von Tieren und umsorgen sie, sodass Ñusta nach einem etwas holprigen Start ein glückliches Zuhause in Carneddi findet, wo sie einen Ehrenplatz auf dem Kaminvorleger bekommt, gleich neben ihrer Spielzeugkiste. Sie »strahlt Ruhe, Würde und Schönheit aus« und lässt ihr leises melodisches Brummen erklingen.

Dem seelenvollen Dasein der Rucks fügt Ñusta noch eine besondere Note hinzu. Selbst auf dem Papier, Jahrzehnte danach, ist der Leser von Ñustas Persönlichkeit entzückt. Nach der Lektüre des Buches liebt man Lamas innig, trotz ihrer bekannten Angewohnheit, zu spucken. Wobei Ñusta für ein solches Verhalten viel zu vornehm ist. Zumindest meistens.

Kein dummes Tier, diese Ñusta. Wenn Ruth ihr in die Augen sieht, hat sie »das unheimliche Gefühl, dass darin jemand wohnte, jemand versuchte, mit mir zu kommunizieren«. Und wenn Ñusta den Blick erwiderte, sähe sie die Achtung in den Augen ihrer »Lamamama«.

Sorge für die Umwelt. Verbindung zur Natur. Selbstversorgung. Achtung der Tiere …

Natürlich hat *Als das Lama zu uns kam* etwas vom Geist eines Gerald Durrell, von »Familienerinnerungen an ein Leben mit seltenem Haustier«. Aber es ist noch sehr viel mehr. Es ist ein Wegweiser in die Zukunft.

Zu einem guten Leben.

1

Ab in die Hügel

»Oh nein!«, rief Paul. »Es ist wieder am Zucker!«

Alle stürzten zum Tier, das mit der Nase in der silbernen Zuckerdose steckte. Der Zucker verschwand derart rasant, als hätte jemand das Staubsaugerrohr an die Dose gehalten. Paul schnappte sich die Dose und gab sie hinter dem Rücken des Lamas an mich weiter, worauf ich sie hastig in den Vorratsschrank stellte und die Tür zudrückte. Das Lama legte die Ohren an, rollte mit den Augen und zog eine Fratze, als wollte es gleich spucken. Dann sah es den auf dem Boden verstreuten Zucker und saugte mit seinen flinken Oberlippen die letzten Körner ein. Darauf drehten sich die Ohren wieder nach vorn.

Bei drei Personen und einem Lama blieb nicht viel Platz in unserer kleinen Küche. Das Tier war inzwischen so groß, dass es mit dem Körper links und rechts gegen die Wand drückte. Mit seinem langen Hals reichte es an alle Regale bis auf die obersten, wo mittlerweile Zucker, Mehl, Haferflocken und Cornflakes Zuflucht genommen hatten.

Als das Lama mit dem Zucker fertig war, schaute es noch ein letztes Mal, ob es auch nichts übersehen hatte, was ihm gefallen könnte, dann hupte es leise wie zum Dank und trottete in die Wohnstube. Kurz herrschte Stille, gefolgt von Rascheln, dann wieder Stille und schließlich ein dumpfer Schlag. Ohne es gesehen zu haben, wusste ich, dass das Lama ins nächste Zimmer gegangen war und seine Spielzeugkiste umgeworfen hatte, um nach neuen Zeitungen oder Zeitschriften zu suchen. Dann hatte es sich, da es nicht in Papierfresslaune war, auf den

Flickenteppich begeben und die kleinen Hinterfüße wie eine Ballerina nebeneinandergestellt, um erst aufs rechte, dann aufs linke Knie niederzusinken, dabei leicht in den Sprunggelenken nachzugeben und schließlich mit einem dumpfen Schlag zu Boden zu plumpsen. Jetzt saß es da, in all seiner Pracht, den weißen Hals gereckt, während seine fließenden Wollgewänder in Malvengrau, Goldbeige und Rotbraun bis zum Boden wallten. Von den Beinen keine Spur. Wir nannten das die »Teehaubenposition«. Jetzt hörten wir ein Flappen. Das Lama schüttelte so schnell den Kopf hin und her, dass die langen Ohren kreisende Flugbewegungen machten – »helikoptern« nannten wir das. Dann war es wieder still.

Nach dem Spülen ging ich hinüber in die Wohnstube. Ein Lama auf dem Kaminvorleger hat etwas Besänftigendes, Behagliches an sich. Das Tier strahlt Ruhe, Würde und Schönheit aus. Man kann gar nicht oft genug hinsehen, auf die langen Ohren, den kleinen Kopf, die riesigen Augen unter dem schwarzen Fransenpony, auf die Konturen des in Wolle gehüllten Körpers. Alle in der Familie fanden, dass uns das Lama noch mehr Freude bereitete, als wir es uns anfangs ausgemalt hatten.

Die Idee zu diesem Lama war schon vor langer Zeit in mir aufgekeimt. Als Kind interessierte ich mich sehr für Tiere. Wir wohnten damals in Nottingham, aber immer wenn wir aufs Land fuhren, starrte ich stundenlang auf die Kühe, Ackerpferde und Schafe. Bald hatte ich meinen eigenen Hund, ein Kaninchen, sechs Hühner und zwei Ziegen, die in unserem großen Stadtgarten lebten. Dieser Kleinbauernhof machte mir große Freude, war mir aber längst nicht genug. Ich habe noch ein Notizbuch mit einer von Kinderhand geschriebenen Liste:

Ich will ein Pony
Ich will eine Kuh
Ich will ein Schaf
Ich will einen Elefanten
Ich will ein Lama

Aus dem Elefanten wurde nichts, aber der Rest hat geklappt.
Schon seltsam, wie viele Träume im Leben tatsächlich wahr
werden.

Die Jahre vergingen. Schließlich wurde aus meinem Spiel-
zeugbauernhof ein echter und aus Nottingham Nordwales.
Dazu geführt hatte eine Reihe zufälliger Ereignisse. An meinem siebzehnten Geburtstag endete der Zweite Weltkrieg.
Mein Vater, der im National Fire Service gedient hatte, verlor
seine Stelle, ich wurde plötzlich schwer krank und wäre sogar fast gestorben. Deshalb fuhren meine Eltern zur Erholung
mit mir in den Urlaub nach Nordwales. Dort hörten wir, dass
ein kleiner Bergbauernhof günstig zu kaufen war. Mein Vater passte ohnehin nicht in die Gussform des vorstädtischen
Brotverdieners, in die er umständehalber gepresst worden war.
Meine Mutter hatte einen unstillbaren Abenteuerdurst und
unser damaliges Kindermädchen Fred, das für meine Schwester und mich wie eine zweite Mutter war und die Familie zu-
sammenhielt, war ein Landei. Und ich sehnte mich schon immer nach einem Leben auf dem Bauernhof.

Wir waren wie berauscht von der Idee, diesen kleinen Hof
zu kaufen. Plötzlich war die Vorstellung, unserem bisherigen
Leben ein Ende zu setzen und Bergbauern zu werden, nicht
nur verlockend, sondern auch möglich – und bald sogar real.
Wir verkauften unser Haus in Nottingham und zogen mit allem Krims und Krams, Ziegen, Hühnern und Bienen auf den
Bergbauernhof in Carneddi an den Ausläufern des Snowdon,

mit Blick auf das zehn Kilometer entfernte Meer. Das war im Dezember 1945.

Das Ganze war natürlich Wahnsinn. Was uns auch alle sagten. Wir hatten kaum Geld und keinerlei Erfahrung, aber wir stürzten uns mit Begeisterung in dieses grandiose Abenteuer. Damals war noch kaum die Rede von »Umwelt«, »Ökologie« oder »Naturschutz«, und Subsistenzwirtschaft galt allenthalben als Randphänomen. All das sollte erst zwanzig Jahre später in Mode kommen. Aber wir wollten 1945 einen echten Neuanfang machen und der schien uns eher in der klaren Luft der nordwalisischen Berge und ihrer alten Bergbauerntradition möglich.

Wie die ersten zwanzig Jahre in Carneddi für uns waren, habe ich schon in zwei früheren Büchern erzählt, *Place of Stones* (»Ort der Steine«) und *Hill Farm Story* (»Geschichte eines Bergbauernhofs«) – wie viel Lehrgeld wir bezahlen mussten, wie wir uns durch Versuch und Irrtum alles selbst beibrachten, dass wir ohne Strom und fließend Wasser auskommen mussten und dass der nächste (und einzige) Einkaufsladen einen Kilometer entfernt lag und nur über einen steilen Pfad und matschige Felder zu erreichen war. Doch das Glück war auf unserer Seite. Land konnte man damals billig kaufen und die Lebenshaltungskosten waren niedrig, während landwirtschaftliche Erzeugnisse einigermaßen ordentliche Einnahmen brachten. Wir hatten in allen Himmelsrichtungen die besten nur denkbaren Nachbarn. Bestimmt haben sie sich mehr als einmal auf unsere Kosten amüsiert, aber sie waren immer und ausnahmslos freundlich und großzügig, was gute Ratschläge und das Verleihen von Geräten und Maschinen betraf. Ohne sie wären wir ziemlich aufgeschmissen gewesen.

Wir schnappten einige Bauernregeln und -weisheiten auf,

lernten Schafe hüten, Kühe melken, Heu machen und auf den paar Morgen kargen Ackers Getreide anbauen. Zu unserer eigenen Überraschung kamen wir damit über die Runden, auch wenn es immer knapp war. Ich konnte endlich meine Tierliebe ausleben und erwies mich, wie ich behaupten würde, als passable Viehzüchterin. Die umliegenden Hügel waren ein steter Quell der Inspiration, wie sie jahreszeitlich und nach Wetterlage ihr Gewand wechselten, und zumindest ich empfand das Leben von der Hand in den Mund als aufregende Herausforderung. Ich bekam Falten und graue Haare, aber ich führte meinen Überlebenskampf mit Wonne.

In meinen anderen beiden Büchern habe ich schon den schönen kleinen Bergbauernhof beschrieben, auf dem wir lebten und um den unsere Herde graste, wo wir einige reinrassige Rinder und Ponys züchteten, Hühner und Truthähne hielten und Getreide anbauten. Ich habe erzählt, wie Paul und ich 1960 heirateten und in das alte Cottage des »Tŷ Mawr«, des ehemaligen Haupthauses, einzogen, das nur ein paar hundert Meter von Carneddi entfernt liegt. 1966 kam unsere Tochter Ann zur Welt. Damit begann ein neues Kapitel in unserer Geschichte.

Es war wunderbar, eine kleine Tochter zu haben, aber leider war unser Glück von Krankheit bedroht. Ich litt unter einem gewissen Taubheitsgefühl und die Ärzte fanden heraus, dass ich Multiple Sklerose hatte. Eine niederschmetternde Nachricht, die mir wie ein schwer zu akzeptierendes Todesurteil vorkam. Zwanzig Jahre Arbeit und Träumereien für die Katz? Was sollten mein Mann und mein Kind mit einer kranken Frau? Außerdem lag Carneddi nicht gerade im Rollstuhlparadies. Wie sollte ich die Schafe hüten, wenn ich nicht mehr laufen konnte? Aber ich setzte einfach weiter einen Fuß vor den anderen und es ging. Offenbar war mir das Glück eines milden Verlaufs beschieden. Als Ann drei Wochen alt war, verlor ich auf einem Auge das Sehvermögen. Ich blickte aus dem anderen Auge in die Welt und weinte heimliche Tränen, aus Angst zu erblinden. Doch dann beschloss ich, dass es besser war, mich nützlich zu machen und dabei krank zu fühlen, als nichts zu tun und mich dabei krank zu fühlen. Daraufhin ging es mir bald wieder etwas besser und ich konnte sogar wieder ein wenig auf dem erblindeten Auge sehen. Ein paar Jahre lang schien die Krankheit abzuklingen. Zwar hatte ich ab und zu einen neuen Schub, aber ich versuchte, mir davon nicht mein Leben zerstören zu lassen, und wir alle machten weiter, so gut wir konnten.

Ein freudiges Ereignis, das mich die Unbilden der Krankheit vergessen ließ, war die Geburt unseres Sohnes John Piers am 29. Oktober 1968. Ein großer Junge mit einem breiten Mund und unbändigem Appetit. Nach seiner Geburt kam unsere Freundin Brenda herüber, um uns für zwei Wochen auszuhelfen. Sie war eine Hebamme aus dem Distrikt und mit unserem alten Freund Brian verheiratet, der die Illustrationen für meine ersten beiden Bücher gezeichnet hatte. Ihre Unterstützung war für uns von unschätzbarem Wert und sie nahm uns viel von der Last, die ein neugeborenes Baby bedeutet. Ich erinnere mich noch gut, wie Brenda John auf ihrem Schoß hatte. Er sah damals in seinem weißen Schlafanzug etwas priesterhaft aus. Wenn er seine zusätzliche Flasche zu schnell trank, musste er oft spucken. Dann klopfte Brenda ihm auf den Rücken und fragte: »Waren wieder Knochen drin?« Es war eine glückliche Zeit.

Vier Jahre später sollte sich unsere Familie noch einmal vergrößern. Pauls verwitwete Schwester Jean, die alle nur Beenie nannten, zog zu uns. Damit folgte sie vor allem unserem Hilferuf. Wir hatten uns allesamt mit einer unangenehmen und hochansteckenden Form von Windpocken infiziert und erholten uns nur langsam. In jenem Jahr hatten wir keinen Landwirtschaftsstudenten als Unterstützung und gerieten mit der Arbeit so sehr ins Hintertreffen, dass wir sie allein nicht mehr würden aufholen können. Da krempelte Beenie die Ärmel hoch und brachte wieder Ordnung in den Hof. Sie liebte das Leben auf dem Land, konnte Kühe melken und gut mit dem Vieh umgehen, außerdem war sie eine erfahrene Hausfrau. Wir konnten uns nicht vorstellen, dass sie uns wieder verließ. Beenie hatte unsere Gebete erhört.

Als unser einstiges Kindermädchen Fred nach Australien ging und einen Australier heiratete, fehlte sie uns sehr. Auch Betty, unsere fleißige Helferin und ehrenamtliche Pferdepflegerin, fehlte uns sehr, als sie uns verließ und heiratete. Die Pre-College-Studenten, die manchmal als Praktikanten zu uns kamen – wir nannten sie »Fronarbeiter« –, waren großartig, aber zu jung, um Verantwortung zu übernehmen, und zu unerfahren, um uns eine weitreichendere Hilfe zu sein. Beenie als zusätzliches Familienmitglied kam uns da gerade recht und verschaffte uns ein wenig Freiraum.

Im Herbst 1972 luden uns Brenda und Brian nach Harrogate ein. Beenie meinte, sie könne sich mithilfe von Jenny, einer sehr fähigen ehemaligen »Fronarbeiterin«, die noch einmal zu uns kam, ein paar Tage allein um den Hof kümmern. Paul und ich waren begeistert. Wir hatten jahrelang keinen richtigen Urlaub mehr gemacht. Ich freute mich, dass die Kinder etwas Neues sahen. Für sie gehörten das Meer, die Berge, grüne Wiesen und unsere Tiere zum täglichen Leben und sie fanden Züge, Busse, Fernstraßen und das Geschmeide der Zivilisation viel faszinierender. Sie sprachen über den Luxus einer Zentralheizung, über Teppichboden und saubere Bürgersteige, über die man gehen konnte, weil sie all das nicht kannten. Und sie freuten sich darauf, Tante Brendas neugeborene Tochter Helen Louise kennenzulernen.

Es war ein wunderbarer Urlaub. Ich kannte Yorkshire nicht und fand die Landschaft bezaubernd. Das Wetter war gut, die Bäume herrlich in ihrer herbstlichen Färbung. Wir besuchten die Fountains Abbey, die Bolton Abbey und den Stryd, fuhren nach Grassington und überquerten auf Trittsteinen den Wharfe. Wir besuchten Pauls Geburtsort Thorpe und stiegen in eine Kalksteinhöhle hinab, die Stump Cross Caverns. Wir ruderten auf dem Nidd, fuhren nach York und besuchten das großartige Museum. Im Marks & Spencer bestiegen die Kinder ihre erste Rolltreppe. Zweimal gingen wir in den Knaresborough Zoo – und hier beginnt die eigentliche Geschichte.

2

Ein Besuch im Zoo

Der Knaresborough Zoo war ein kleiner Zoo in einer Ecke des Conygham Estate. An einem sonnigen Morgen fuhren Paul und ich und die Kinder mit einem Picknickkorb dorthin. Vor dem Eingangstor rannte aufgeregt ein handzahmer Goldfasan auf und ab, der zurück in den Zoo wollte. Ihm war sein Zuhause offenbar lieber als die Freiheit, die er in der umliegenden Parklandschaft genießen konnte.

Drinnen gab es viel zu sehen. Neben den zooüblichen Tieren und Vögeln sahen wir auch einige größere Arten, Elefanten, Giraffen, Nashörner und Nilpferde, und ein paar besondere Exemplare, darunter den größten in Gefangenschaft gehaltenen Löwen. Simba, ein mächtiges Biest, das schon mehrmals im Fernsehen gewesen war und eine Hauptrolle in *Cleopatra* gespielt hatte. Der Zoobesitzer Mr Nyoka schien mit dem Löwen auf gutem Fuß zu stehen, denn als wir vorbeikamen, war er gerade bei ihm im Käfig und träufelte ihm aus einer Flasche Milch ins Maul. Der Löwe trank sie mit augenscheinlichem Genuss. Ann und John machten große Augen. So was hatten sie noch nie gesehen – ein Mann, ein Löwe und eine Milchflasche zusammen in einem Käfig. Der Zoo war an diesem Morgen fast menschenleer und Mr Nyoka hatte Zeit für einen Plausch. Durch die Gitterstäbe hindurch unterhielten wir uns mit ihm über die Angewohnheiten von Löwen im Allgemeinen und von Simba im Besonderen. Mr Nyoka kannte seine Löwen und war ein guter Entertainer.

Dann sahen wir noch eine riesige Netzpython, der Beschreibung nach die längste in Gefangenschaft gehaltene Schlange mit einer Länge von 8,33 Metern. Außergewöhnliche Tiere waren das, aber der Zoo hatte trotzdem etwas Nahbares, was mir sehr gefiel. Außer bei den besonders gefährlichen Tieren gab es keine großen Absperrungen zwischen Bewohnern und Besuchern, sodass man nahe an die Tiere herankam und sie sich gut anschauen konnte. Der Zoo glich einem exotischen Bauernhof und den Tieren schien es gut zu gehen. Wir sahen Mr Nyoka und seiner Frau beim Füttern zu, wie sie von Käfig zu Käfig gingen und für jeden Bewohner ein freundliches Wort hatten, so lässig und entspannt, als fütterten sie ihre Haustiere.

Ein freundlicher Nilgau, die große afrikanische Antilope, beugte sich über den niedrigen Zaun und ließ sich genießerisch von uns über das Gesicht schubbern, während er aus unseren Händen Blätter fraß. Er teilte sich sein Gehege mit einem kleinen Ochsen und mehreren Ziegen. Durch den ganzen Zoo zog sich ein Geruch von Ziegenbock. Ich sah, wie Aasgeier am Kadaver eines totgeborenen Kalbs nagten, und dachte bei mir, in einem kultivierteren Zoo würde den Tieren das Fleisch in anonymen Brocken verabreicht, um nicht das Zartgefühl der Besucher zu verletzen. Auf den Wegen pickten Pfauen und Perlhühner. Ein an einen Baum geketteter Husky wedelte mit dem Schwanz, als wir auf ihn zugingen.

In der Mitte des Zoos gab es ein Gehege mit sieben oder acht Lamas, in dem auch ein Stall und ein paar hohe Bäume standen. Das Gehege war von einem schulterhohen Maschendrahtzaun umgeben, der Boden kiesbedeckt. Ein oder zwei Lamas kamen zu uns herüber und reckten den Kopf über den Zaun. Offenbar fanden sie uns interessant. Als die Kinder feststellten, dass Lamas gern Blätter fressen, rannten sie hin und her, um das Laub aufzusammeln, das zwischen den Gehegen auf den Weg gefallen war. Paul und ich standen daneben und sahen zu. Die Sonnenstrahlen fielen durch die Bäume. Außer uns waren nur wenige Besucher im Zoo, alles wirkte sehr friedvoll. Ab und zu kreischten die Papageien und das tiefe Grummeln der Schwarzen Panther erinnerte uns daran, dass in dieser waldreichen Ecke von Yorkshire auch exotische Tiere aus fernen Ländern lebten.

Ich fand es spannend, die Lamas aus der Nähe zu sehen. Anfangs kamen sie mir irgendwie schafhaft vor, sie wirkten wie – zugegeben – sehr große Schafe mit sehr langen Beinen, sehr langen Hälsen und sehr langen Ohren. Bei genauerem Hinsehen waren sie jedoch ganz und gar nicht schafhaft. Ihre elegante, würdevolle Art war einzigartig, auch ihr ausdrucksstarker Einsatz der Ohren, mit denen sie ihre Gefühle mitteilten. Sie hatten keine gespaltenen Hufe, sondern kleine, zweizehige Füße mit einer schwarzen Kralle oder einem schwarzen Zehennagel an jedem Zeh. Als sie sich zu den Blättern vorbeugten, sah ich, dass die Oberlippe fast bis zu den Nasenlöchern gespalten war und als Greiforgan diente, mit dem sie die Nahrung bearbeiten konnten. Ich wusste, dass Lamas zur Familie der Kamele gehören und aus den Hochanden in Südamerika stammen, wo sie als Lasttiere eingesetzt werden. Sie waren ganz anders als die Tiere, mit denen ich bisher zu tun hatte. Es war faszinierend, sie aus dieser Nähe zu betrachten. Natürlich hatte ich schon einmal ein Lama im Zoo gesehen, aber noch nie von so Nahem, sondern immer nur in weiter Ferne auf einer großen, von Wassergräben umgebenen Koppel.

Während ich die Lamas ansah, kam in mir plötzlich wieder das Gefühl hoch, aus dem heraus ich vor vielen Jahren »Ich will ein Lama« in mein Notizbuch geschrieben hatte, dieser dringende Wunsch, der so lange in mir geschlummert hatte. Und genauso plötzlich wurde mir wie in einer Offenbarung klar, dass dieser Wunsch kein albernes Hirngespinst war, sondern im Bereich des Möglichen lag. Ich wusste nichts über Lamas, aber als ich sie sah, wusste ich, dass sich ein Lama auf unserem Bergbauernhof gut machen würde. Ja, sie hatten etwas Besonderes an sich, was mir bislang nicht klar gewesen war. Eine leise Stimme in meinem Kopf sagte mit Nachdruck: »Bald haben wir auch eins«, und es überkam mich große Freude. Wie im Traum stand ich da und betrachtete die Tiere und wusste, ich *musste* ein Lama haben. »Bald haben wir auch eins«, sagte die Stimme wieder.

Allmählich ging den Kindern der Laubnachschub aus und sie wollten etwas anderes sehen.

»Dann los«, sagte Paul. »Wir gehen zu den Seelöwen.«

So endete mein Traum und ich ging mit den anderen zum Seelöwenbecken.

»Wie fändest du es, wenn wir auch ein Lama hätten?«, fragte ich Paul.

Er überlegte einen Moment.

»Können wir schon machen«, sagte er. »Aber wir bräuchten wahrscheinlich einen soliden Zaun, damit es nicht abhaut.«

Eine praktische Erwägung. Paul war bei uns derjenige, der mit den Zaunproblemen rang, umgestürzte Mauern wiederaufbaute und Stacheldraht und Netze hochzog, um unsere wilden Bergschafe im Zaum zu halten. Lamas waren doppelt so groß wie Schafe und brauchten vermutlich ähnliche Zäune wie Hirsche, wobei wir nicht wussten, ob Lamas springen konnten. Aber ich sah, dass ihm die Vorstellung gefiel. Er war Bergsteiger und interessierte sich für alles, was mit Bergen zu tun hatte. Lamas waren hochspezialisierte Bergtiere.

»Es sind auf jeden Fall wunderschöne Tiere«, sagte er.

Dann fragte ich Ann und John, ob sie gern ein Lama hätten.

»Ja«, sagte Ann und »Ja«, sagte John.

Nachdem wir alles gesehen hatten, fuhren wir zurück zu

Brian und Brenda und erzählten ihnen, dass wir überlegten, ein Lama zu kaufen. Sie waren vielleicht etwas überrascht, fanden es aber eine gute Idee.

Am Ende des Urlaubs gingen wir noch einmal in den Zoo. Wieder blieb ich lange bei den Lamas stehen und wieder hatte ich das starke Gefühl, dass ein Lama für uns genau das Richtige war. Am nächsten Tag fuhren wir heim, erquickt und voller Gedanken nach einem schönen Urlaub. Jetzt machten wir uns an die Herbstarbeiten, ernteten Kartoffeln, sammelten Farnkraut für die Streu und bereiteten die weiblichen Lämmer für die Überwinterung vor. Dabei hatte ich die Lamaidee die ganze Zeit im Hinterkopf und manchmal sprachen wir auch darüber. Außer den Zweifeln, ein Tier anzuschaffen, mit dem wir keine Erfahrung hatten, gab es noch zwei uns unüberwindlich scheinende Hürden: Wo konnte ein Normalsterblicher ein Lama kaufen? Und woher sollten wir das Geld dafür nehmen? Es waren doch sicher ungeheuer teure Tiere.

Wir mussten uns also erst mal mehr Informationen über Lamas beschaffen. Deshalb schrieb ich einen Brief an den Direktor der Chester Zoological Gardens und fragte ihn, ob etwas dagegen spreche, auf einem Bergbauernhof ein Lama zu halten. Die Antwort war äußerst hilfreich. Nein, schrieb er zurück, es spreche nichts dagegen, man könne ein Lama genauso halten wie ein Pferd oder eine Kuh. Es seien ja auch Haustiere, nur dass sie die hässliche Angewohnheit hätten, zu spucken. Vom Spucken hatten wir schon gehört. Uns kam es harmloser vor als das Beißen, Treten und Aufspießen, zu dem unser Vieh imstande war.

»Wir könnten uns eins von diesen Schildern besorgen, die früher in den Bussen hingen«, sagte Paul. »›Spucken verboten. Strafe £ 5.‹«

In unseren zahlreichen Tierbüchern wurde nur selten ein Lama erwähnt. Das einzige Buch, dem wir ein paar Informationen entnehmen konnten, war der zweite Band der *Animated Nature* (»Lebendige Natur«) von Oliver Goldsmith von 1774. Unser Exemplar war aus dem Jahr 1815 und hatte meinem Großonkel gehört. Darin fanden wir vier Seiten unter der Überschrift »Eine kurze Geschichte des Lamas«. Eine faszinierende Lektüre. Dort stand, das Lama »ähnelt dem Kamel, nicht nur in seiner angeborenen Milde, sondern auch in seiner Eignung zur Dienstbarkeit, in seiner Mäßigung und seiner Geduld ... Wie das Kamel trägt es Waren über unzugängliches Gelände zu anderen Lasttieren; wie das Kamel ist es seinem Treiber gefügig, in einem Maße, dass es nicht selten unter ihm stirbt, sich aber keinerlei Quälereien widersetzt.«

»Arme Geschöpfe«, sagte ich. »Wenn wir uns eins anschaffen, dann versuchen wir aber, das Leid seiner Vorfahren wiedergutzumachen.«

Ich las, dass Lamas »die höchsten Regionen des gesamten Erdballs bewohnen und offenkundig reinere Luft benötigen, als Tiere aus niedrigeren Gefilden sie mögen«.

»Es ist zwar nicht besonders hoch hier, aber die Luft ist doch wohl mindestens genauso rein wie auf dem Rest der Insel«, sagte ich.

Ich las, dass Lamas in »Potosí und in anderen Provinzen Perus [Potosí liegt heute in Bolivien] den Indianern und Spaniern, die sie züchten, zu großem Wohlstand verholfen haben: Ihr Fleisch ist ein exzellentes Nahrungsmittel, ihre Haare oder Wolle kann zu wunderschöner Kleidung gesponnen werden und sie sind imstande, in den rauesten und gefährlichsten Gebieten Lasten sicher zu tragen, solange sie einhundert Gewichtstücke nicht überschreiten ... Desungeachtet sind sie schwache Tiere; nach vier oder fünf Stunden Arbeit sind sie genötigt, sich einen oder zwei Tage auszuruhen. In der Hauptsache werden sie genutzt, um die Reichtümer der Minen von Potosí zu tragen; und uns wurde gesagt, dass derzeit über dreihunderttausend dieser Tiere in Diensten stehen.«

Darauf folgte eine Beschreibung des Aussehens eines Lamas.

»Einen ›gespaltenen Huf wie ein Ochse‹ hat es sicher nicht«, sagte ich. »Und ein ›entfernt einer Lanze ähnelndes angehängtes Körperglied, das ihm beim Besteigen von Felshängen und zerklüfteten Wegen zu Hilfe ist‹, habe ich auch nicht gesehen.«

»Du musst bedenken«, sagte Paul, »dass das Buch vor zweihundert Jahren geschrieben wurde und Oliver Goldsmith wahrscheinlich nie in seinem Leben ein Lama zu Gesicht bekommen hat.«

»Na, hoffentlich stimmt wenigstens das hier.« Ich las vor: »›Es erfordert keinerlei Pflege noch Ausgaben für seine Versorgung; es ist mit einer warmen Hülle ausgestattet und erfordert daher keine Beherbergung; um sich zu ernähren, begnügt es sich mit Gemüse und Gras und will weder Mais noch Heu; es ist nicht weniger bescheiden in dem, was es trinkt, und an Besonnenheit übertrifft es sogar das Kamel.‹«

»Klingt nach dem idealen Tier«, sagte Paul.

»Hier steht was übers Spucken«, sagte ich. »›Es ist von der Natur mit so großen Mengen an Speichel ausgestattet, dass es ihn zu jeder Gelegenheit ausspuckt; der Speichel scheint die einzige Angriffswaffe zu sein, die diese harmlose Kreatur besitzt, um ihre Feindseligkeit auszudrücken … Vor dieser Flüssigkeit, die vermutlich in keiner Weise schädigend ist, haben die Indianer große Angst. Sie sagen, sie sei von einer solch beißenden Wesensart, dass sie, wohin sie auch fällt, entweder die Haut verätzt oder gefährlichen Ausschlag verursacht.‹ Hm, vielleicht müssen wir uns dann noch schlau machen, welche

Wundsalbe am besten gegen die Spucke einer beißenden Wesensart hilft!«

Ich fand die Sache mit dem Lama faszinierend. Ab und zu sprach ich mit meiner Mutter darüber. Anfangs war sie etwas überrascht. Sie hatte sich nie Gedanken darüber gemacht, ob es überhaupt möglich wäre, ein Lama zu kaufen, aber bald war sie überzeugt, dass es nicht nur möglich, sondern sogar notwendig war. Das war das Schöne an meiner Mutter – sie hatte einen vernünftigen Blick auf das Leben.

Mit meinem Vater konnte ich noch nicht über unsere Lamapläne sprechen. Es gab noch zu viele unbeantwortete Fragen. Er würde sich unnötigerweise Gedanken machen und vielleicht Probleme herbeireden, wo es gar keine gab. Ihm konnte ich es erst sagen, wenn die Angelegenheit in allen Einzelheiten geregelt war und die Ankunft des Lamas unmittelbar bevorstand. Ich hatte schon einmal vor Jahren auf diese Methode zurückgegriffen, noch in Nottingham, als ich meine Ziegen und meinen Schäferhund bekam. Das funktionierte wunderbar. Mein Vater war ein großer Tierliebhaber und ich war mir sicher, dass er begeistert sein würde, wenn das Lama erst da wäre.

Mit meiner Schwester Mary verhielt es sich anders. Ihr konnte ich von unserer Idee erzählen und auch die Lamafotos zeigen, die ich gefunden hatte. In Tagträumen von Lamas zu schwelgen war für sie eine angenehme Fluchtmöglichkeit vor ihrem düsteren Dasein. Sie hatte als Lehrerin eine beachtliche Karriere hingelegt und das Leben in Carneddi während der Schulferien sehr genossen. Doch dann wurde sie krank. Sie rannte von Arzt zu Arzt, aber als die Ursache ihrer Krankheit endlich erkannt wurde, war es schon zu spät. Sie hatte einen großen Gehirntumor, der jahrelang gewachsen war. In Manchester unterzog sie sich einer Operation und blieb acht Monate lang dort. Jetzt war sie wieder bei uns. Alles, was in dieser späten Phase für sie getan werden konnte, war getan worden. Sie war nun sehr krank, konnte wegen Schmerzen, Schwindel und Übelkeit nur schlecht lesen oder schreiben, gehen oder essen, während ihr beachtlicher Verstand so klar war wie eh und je. Zu den wenigen Vergnügungen, zu denen sie imstande war – sofern man in ihrem Zustand noch von Vergnügung sprechen konnte –, waren kurze Spaziergänge, auf denen unsere Mutter oder ich sie begleiteten, um sie zu stützen. Wir gingen langsam über einen der Wege von Carneddi, und nach vielleicht hundert Metern setzten wir uns auf eine Böschung oder einen Stein, wo man es bequem hatte. Bald kannten wir jeden angenehmen Sitzplatz in nächster Nähe des Hauses. Wir genossen den wundervollen Blick auf die umliegenden Berge und sprachen über schöne Dinge wie den Garten oder die Lamahaltung. Dann gingen wir langsam wieder zurück, ohne dass Marys Probleme im Geringsten gelöst waren; aber zumindest waren sie vielleicht noch einen weiteren Tag und für kurze Zeit ein wenig gemildert worden.

3

Der erste Schritt

Dann kam das neue Jahr, 1973. Wir rechneten damit, dass es ein ziemlich schweres Jahr werden würde, und das wurde es auch. Alle Ausgaben für den Bauernhof stiegen, nur die Preise, die wir für unsere Tiere erzielten, blieben gleich. Da unsere Familie weiter gewachsen war, wurde es nun noch schwieriger, über die Runden zu kommen. Marys Krankheit machte uns unentwegt solche Sorgen, dass wir manchmal schon ganz die Hoffnung verloren. Meine Mutter musste sie Tag und Nacht pflegen, was mich zusätzlich belastete. Mit ihren achtzig Jahren hätte sie wahrlich ein ruhigeres Leben verdient. Ich half ihr, so gut ich konnte, aber das reichte einfach nicht.

Den ganzen Sommer über war gutes Wetter. Es gab lange sonnige Tage, an denen Mary wunderbar spazieren konnte. Wir mähten, machten Silage und Heu und gruben die Kartoffeln aus, alles unter strahlendem Sonnenschein. Es regnete genug, dass das Getreide wuchs, aber nicht so viel, dass die Arbeit im Freien beschwerlich wurde. Die Kinder und ihre Freunde Amanda und Penny waren in diesem Jahr ganz verrückt darauf, Lagerfeuer zu machen. In der Glut kochten sie sich für ihr Abendessen Eier und grillten Kartoffeln. Abends sahen wir fast immer von ihrem Feuer im Hohlweg unterhalb des Hofes eine Rauchsäule aufsteigen. Reger Betrieb herrschte dort unten und wir hörten ihre aufgeregten Stimmen. Die Kinder waren glücklich und schmutzig und niemand verbrannte sich am Lagerfeuer die Finger.

Gewiss gab es Widrigkeiten, Probleme und Ängste; das

Bergbauernleben war nicht leicht und bot wenig Sicherheit, aber ich freute mich unbändig, dass sich die Kinder – unsere und andere – auf dem Hof so vergnügten. Wie schön, wenn sie wie wilde Pferde über die Hügel rannten, das Verhalten der Tiere und die Geschichten der Gegend kennenlernten, ohne zu wissen, dass sie gerade etwas lernten, rosige Wangen bekamen und dreckverschmutzt, glücklich und vor Kraft strotzend erschöpft heimkehrten.

Ann war jetzt sieben, hochgewachsen und hatte lange blonde Haare. Manchmal kam es mir vor, als wäre sie Ruth in jung, so sehr ähnelte sie mir – in Aussehen und Geschmack. Sie liebte die Ponys und ritt oft auf Princess, die wir 1962 zusammen mit einem weiteren Pony gekauft hatten. Die Ponyzucht war zwar nicht mehr so einträglich wie früher, aber Ann hatte so viel Spaß mit den Ponys, dass wir sie als unverzichtbaren Teil des Hofes ansahen. Princess war jetzt vierundzwanzig Jahre alt, bekam aber immer noch fast jedes Jahr ein Fohlen und war das beste Reittier von allen. Sie war schon ans Reiten gewöhnt, als wir sie kauften, und nicht nur unsere beste Zuchtstute, sondern auch das ideale Pony für Kinder. Unter einem fähigen Reiter war sie lebhaft und beherzt, unter einem Anfänger vorsichtig und bedacht. Fiel ihr Reiter ab, blieb sie stehen und wartete, bis das Kind wieder aufgestiegen war, wobei sie es mit mitleidvoller Miene ansah.

Amanda und Penny fanden die Ponys genauso toll. Sie waren ein oder zwei Jahre älter als Ann, aber die drei Mädchen spielten ausgelassen zusammen. Manchmal kam John dazu, obwohl er sich meist lieber zu mir gesellte; es fiel ihm mitunter schwer, mit den Großen mitzuhalten. Er war jetzt fast fünf und für sein Alter sehr stämmig, künstlerisch und musisch veranlagt, ein ziemlicher Perfektionist und, wie wir befürchteten, etwas schwerhörig. Die meiste Zeit lebte er in seiner eigenen Traumwelt. Vielleicht ähnelte er ein bisschen Paul, aber im Grunde war er vor allem er selbst.

Dann, im September, starb urplötzlich mein Vater. Paul und ich waren mit den Kindern in Mid-Wales zelten, als unser Urlaub nach vier Tagen durch die erschütternde Nachricht ein jähes Ende fand. Ich erlebte zum ersten Mal den Verlust eines engen Angehörigen, und wir fuhren sofort heim, um uns um alles zu kümmern. Ich war dankbar, dass mein Vater keine lange Krankheit hatte durchleiden müssen, und überwältigt von dem plötzlichen Verlust.

Nach der Beerdigung machten wir weiter wie zuvor, wie man es auf einem Bauernhof eben macht. Die Gegenwart und Unterstützung meines Vaters fehlten uns und wir sahen an jeder Ecke irgendeine kleine Aufgabe, die er übernommen hätte und die nun liegen blieb, oder Dinge, die er hergestellt hatte und die uns an seine Begeisterung für den Hof erinnerten.

Meiner Schwester ging es immer schlechter, meine Mutter zehrte offenbar nur noch von ihrer unglaublichen inneren Stärke und ich machte mir die meiste Zeit Sorgen um die beiden. Ich verbrachte die Tage zwischen Carneddi und Tŷ Mawr, immer in Eile, um hier ein paar Arbeiten zu tun, dann dort, und sah die ganze Zeit, wie sich die unerledigten Aufgaben weiter auftürmten. Beenie war unser Fels in der Brandung. Ich weiß nicht, wie ich es ohne sie geschafft hätte, und Paul und ich dankten dem Himmel, dass sie zu uns gekommen war.

An den meisten Abenden ging ich nach dem Essen nach Carneddi hinüber, um mich vor dem Schlafengehen noch für eine Stunde zu meiner Mutter zu setzen und zu versuchen, die Leere zu füllen, die der Tod meines Vaters hinterlassen hatte. Mary ging früh zu Bett und bekam um neun Uhr ihre letzte Pflege vor der Nacht. Abend für Abend hastete ich den Weg hinauf, wobei meine Gummistiefel in den Schlammpfützen schmatzten. Ich trug jetzt oft den gefütterten Mantel meines Vaters, der viel zu groß und sehr hässlich, aber warm war. Der Weg ging über Stufen im Fels zwischen Steinmauern hindurch, ehe er auf einen grünen Hang führte. Darüber stieg die Bergkuppe auf, bis schließlich das Haus und die Nebengebäude von Carneddi zu sehen waren. Dieser Grasweg war einer meiner liebsten Orte. Nach rechts tauchte das Land in die Eichenwälder unserer unteren Ländereien ab, dann in den Forst und hinab ins Tal, hinter dem der felsige Grat des Yr Arddu aufstieg. Vor mir sah ich die Tannenwipfel, die sich nahe dem Haus über die Anhöhe erhoben, und dahinter die Felsvorsprünge und die Heide unserer umzäunten höheren Ländereien. Links lag der massige Moel Hebog. Manchmal toste der Wind durch die Dunkelheit und der Regen peitschte mir ins Gesicht; dann war es wieder klar und friedlich und der Mond leuchtete auf die umliegenden Berge. Manchmal lief ich auf halbem Weg in eine Wolke, und eine Nebelwand reflektierte das Licht meiner Taschenlampe, während die Lichter unseres Hühnerstalls diffus in den Himmel schimmerten.

Abends hatten meine Mutter und ich viel zu tun. Sie war mit Stricken oder dem Ausbessern unserer Kleidung beschäftigt, ich mit einem großen Flickenteppich, den ich aus alten Decken und ausgedienten Wollkleidern unserer Familie zusammensetzte. Er sah schön aus und die Arbeit machte mir Spaß. Manchmal schauten wir uns auch die Nachrichten an und waren dankbar, hier auf unserem fernen Hügel zu leben, weit weg vom Trubel der Welt. Meist aber unterhielten wir uns bei einem Kaffee über die Arbeit. Wir sprachen darüber, wie der Tag verlaufen war, machten zuweilen gefällige Pläne für die Gartenarbeit der kommenden Jahreszeit. Ab und zu dachte ich auch laut darüber nach, wie es wäre, ein Lama zu haben.

Eines Abends dann sagte meine Mutter zu mir: »Wenn du ein passendes Tier findest, möchte ich dir gern ein Lama schenken.«

Natürlich wusste ich, dass meine Mum Spezialistin darin war, andere Menschen glücklich zu machen, und trotzdem schien es mir falsch, dass sie ihre mageren Ersparnisse für eine solch kostspielige Anschaffung ausgab, da sie selbst so viele Sorgen und Arbeit hatte und für das Geld sicher eine bessere Verwendung gehabt hätte.

»Nein«, sagte ich, »das geht nicht. Die sind doch viel zu teuer, das kannst du dir bestimmt nicht leisten – und außerdem, wo gibt's denn so was? Eine alte Frau, die ein Lama kauft?!«

»Aber ich möchte es gerne«, sagte meine Mutter. »Ich möchte gern eins haben. Wir brauchen etwas, das uns aufheitert.«

Also sprachen wir ausführlicher darüber. Meine Mutter wollte unbedingt das Lama kaufen. Sie meinte, wir bräuchten etwas Neues, Aufregendes, was uns von der Trauer über Vaters Tod und die Angst um Marys Krankheit ablenkte. Wenn ich wirklich ein Lama haben wollte, würde sie es mir, so sie es denn konnte, schenken.

»Wenn du wirklich eins kaufen willst«, sagte ich, »dann kann ich es dir ja später zurückzahlen, wenn uns das Lama etwas Geld eingebracht hat.«

»Ich will das Geld nicht zurück«, sagte Mum.

»Na, jetzt warten wir erst mal ab. Es wäre jedenfalls ein interessantes Thema für ein Buch und ich glaube, die Wolle ist auch ziemlich wertvoll. Außerdem könnten wir es als Lasttier für den Weg nach Clogwyn benutzen.«

Das Haus in Clogwyn lag auf halber Höhe des Hügels und war nur über einen steinigen steilen Fußweg zu erreichen. Kein Auto und kein anderes Fahrzeug kam auch nur in die

Nähe, sodass wir alles, was man dort brauchte, hinauftragen mussten. Wir richteten es als Ferienhaus ein, um es zu vermieten und auf diese Weise unsere bescheidenen Einkünfte aus der Landwirtschaft aufzubessern. Ein Lamashuttle würde dem Charme dieses abgelegenen Ortes gewiss zuträglich sein.

Als es Zeit war, schlafen zu gehen, schaltete ich für meine Mutter den Ofen und die Heizdecke an, machte ihren Nachttrunk, füllte ihre Wärmflasche, gab ihr ihre Pillen und einen Gutenachtkuss und wetzte den Berg nach Tŷ Mawr hinunter. Als ich das Haus betrat, saßen Paul und Beenie vor dem Kamin.

»Mum will uns ein Lama kaufen«, sagte ich.

»Ach, wie schön!«

»Großartig!«

Wir überlegten, wo wir ein solches Tier kriegen könnten, kamen aber zu keinem Schluss. Die ganze Idee glich nach wie vor einem fernen Traum. Bestimmt gab es Händler für Zootiere, aber wir kannten keinen, und es würde aufwändig und kostspielig werden, kreuz und quer durchs Land zu fahren und nach einem Händler zu suchen. Immerhin hatte sich für uns eine Tür geöffnet – wir hatten jetzt die Möglichkeit, überhaupt nach dem Kaufpreis für ein Lama zu fragen.

Im Herbst kam wieder Brenda mit Helen zu uns, die mittlerweile zwei Jahre alt war. Als ihre Heimfahrt anstand, meinte Brenda, dass Ann, John und ich doch mit nach Yorkshire kommen sollten, um mal was anderes zu sehen. Unser einziger Urlaub im Jahr zuvor waren die vier kurzen Tage gewesen, die wir in Mid-Wales zelten waren. Es wäre schade, wenn die Kinder in diesem Jahr gar keinen Urlaub machten, und so nahmen wir die Einladung freudig an. Wir hatten gerade keinen Landwirtschaftsstudenten, weshalb Paul leider nicht mitkommen konnte und mit Beenie und Mum daheimblieb, um sich um die Tiere zu kümmern.

Ich wollte in Harrogate unbedingt noch einmal in den Knaresborough Zoo. Mit der Offerte meiner Mutter im Rücken würde ich vielleicht herausfinden, wie man an ein Lama kam.

So besuchten wir an einem weiteren sonnigen Herbsttag den Zoo. Brian hatte uns eine Kamera geliehen und wir uns einen Farbfilm besorgt, um unseren Urlaub für Paul festzuhalten, vor allem aber, um im Knaresborough Zoo Bilder von den Lamas zu machen. Es waren weniger Tiere als noch im Jahr zuvor. Einige besonders schöne schwarz-weiße Exemplare fehlten, dafür gab es zwei Junge – ein weißes und eins mit bräunlichem Körper und weißem Hals. Die Lamas waren genauso schön und genauso freundlich, wie wir sie in Erinnerung hatten. Die Kinder sammelten wieder Blätter, um sie in Richtung der über den Zaun gereckten Köpfe zu verfüttern. Das kleine weiße Lama, das sehr zahm wirkte, kam mit seinen Altvorderen zu uns herübergetappt, während das braune störrisch im Hintergrund blieb und uns ignorierte. Die Jungtiere waren interessant zu beobachten. Ich schätzte ihr Alter auf zwei oder drei Monate, aber ohne große Erfahrung war das schwer zu sagen. Sie waren herrliche Tiere und glichen großen flauschigen Kuscheltieren.

Nachdem wir uns die Lamas ausgiebig angesehen hatten, fasste ich mir ein Herz und begab mich auf Erkundungstour. Jetzt war wohl die Zeit für einen Plausch mit Mr Nyoka gekommen. Ich fand ihn bei der Arbeit in den Tierkäfigen, ein kräftig gebauter Mann mit einem leichten Gehfehler. Er trug ein Buschhemd und sah aus wie der unverkennbarste Löwenbändiger oder der Weiße Jäger. Ich war dankbar, dass er sich so freundlich und zugänglich zeigte, wo es vielleicht etwas seltsam anmutete, wenn jemand – noch dazu eine adrett gekleidete Frau mittleren Alters mit Handtasche und gepflegtem Schuhwerk – Erkundigungen zum Erwerb eines Lamas einholen wollte. Ihm schien das einerlei. Und so unterhielten wir uns ausgiebig über Tiere. Wie ich feststellte, war er ein großartiger Entertainer und Geschichtenerzähler. Er erzählte uns, dass er im Zirkus geboren und nie zur Schule gegangen war, aber dafür zahlreiche Safaris in Afrika unternommen hatte, um Tiere zu holen. Ann und John hingen an seinen Lippen. Das war der Beweis, dass sie mit ihrer Vermutung, Schule sei unnütz, richtig lagen. Um ihnen eine Freude zu machen, holte Mr Nyoka Heringe für die Seelöwen und ließ die Tiere aus ihrem Gehege. Bellend kamen sie zu uns herangerobbt, während er ihnen die Fische zuwarf. Nach der Fütterung öffnete er ihr Gatter und sie robbten gehorsam in ihr Becken zurück.

Ich fand es faszinierend, einem Menschen zu begegnen, der mühelos mit so vielen verschiedenen Tieren umgehen konnte. Ich fragte ihn nach den Lamas: Ob es mit ihnen irgendwelche Schwierigkeiten gab? Und wie es um ihre Gesundheit stand? Nein, sagte Mr Nyoka, sie seien sehr pflegeleichte Tiere – er ließ aber auch durchblicken, dass seine Lieblingstiere die Raubkatzen waren und er die Lamas im Vergleich dazu etwas dümmlich fand. Ich erklärte ihm, dass ich ein junges Lama für unseren Hof kaufen wollte, und fragte, ob sie auch allein zufrieden seien, da sie ja von Natur aus Herdentiere sind.

»Das würde schon gehen«, sagte er. »Im Grunde ist es wie bei allen Tieren. Wenn Sie nur genug Sperenzchen machen, dann sind Sie ihr Freund und sie fühlen sich nicht mehr einsam.«

Ich fragte Mr Nyoka, ob er nächstes Jahr wieder Lamas bekomme und mir vielleicht eins verkaufen würde. Diesen Winter sei das Heu bei uns knapp und wir müssten uns erst darauf einstellen, ein Lama zu beherbergen, aber nächstes Jahr wollten wir unbedingt eins haben. Oh ja, sagte er, im Frühjahr würden sie bestimmt wieder Junge bekommen. Er sei gern bereit, mir eins zu verkaufen.

Ich war sprachlos. So einfach war das. Keinerlei Hürden. Als hätte ich nach einem halben Pfund Tee gefragt. Begeistert und mit vollgeknipstem Film verließen wir den Zoo.

Als ich am Abend die Kinder ins Bett gebracht hatte, rief ich Paul an, um zu hören, wie es in Carneddi lief, und ihm von unserem Erlebnis im Zoo zu erzählen. Er freute sich, dass es so einfach war, ein Lama zu kaufen, und sich unsere Befürchtungen nicht bestätigt hatten. Auch er meinte, wir sollten nächsten Sommer zuschlagen. So hätten wir noch etwas Zeit, um uns an die Vorstellung zu gewöhnen.

Unsere Urlaubstage verflogen mit netten Ausflügen und Picknicks für die Kinder. Ann, Helen und John vertrugen sich bestens und Brenda war das ideale Kindermädchen. Trotzdem musste ich die ganze Zeit an die jungen Lamas im Zoo denken. Warum sollten wir bis zum nächsten Jahr warten? Mr Nyoka würde uns bestimmt auch jetzt schon eins verkaufen. Gut, das Heu war wirklich knapp und Futter entsetzlich teuer, aber würde das denn nächstes Jahr anders sein? Ein Lamababy fraß doch wohl nicht so viel. Warum sollten wir deshalb ein ganzes Jahr verschenken? Immer stärker hatte ich das Gefühl, dass das hier eine einmalige Chance war. Das Gefühl, dass es jetzt darauf ankam. Was in zwölf Monaten nicht alles passieren konnte. Also rief ich ein paar Tage vor der Rückfahrt noch einmal Paul an und wir tauschten die neuesten Neuigkeiten aus.

Dann fragte ich ihn: »Was würdest du sagen, wenn ich jetzt schon versuchen würde, eins von den jungen Lamas zu bekommen? Wäre doch schade, ein ganzes Jahr zu verschenken. Ich hätte so gern jetzt schon eins. Es sind beides Weibchen. Ich glaube, sie sind noch nicht abgesetzt, das heißt wir hätten noch ein paar Monate Schonfrist, um alles zu arrangieren. Was meinst du – soll ich mit Mr Nyoka etwas aushandeln?«

»Einen Versuch ist es wert«, sagte Paul.

»Gut, dann schaue ich, was sich machen lässt.«

Am nächsten Tag trotteten Brenda und Helen, Ann, John und ich noch einmal zum Zoo. Diesmal zum Geschäftemachen. Wir kauften am Eingang unsere Eintrittskarten und liefen zwischen Lamagehege und Geierkäfig über den Kiesweg.

Es war noch ziemlich früh und außer uns schien niemand im Zoo zu sein. Die Kinder kannten schon den Weg und rannten vor, um sich ihre Lieblingstiere anzusehen – Ann das Pony und den Esel, John den Löwen, und die kleine Helen lief immerzu vom einen zum anderen. Mr Nyoka stand am Pantherkäfig. Er unterbrach seine Arbeit und grüßte uns freundlich.

»Ich habe noch einmal über das Lama nachgedacht«, sagte ich. »Mein Mann und ich würden doch schon gern dieses Jahr eins haben. Würden Sie uns eins der beiden Jungen verkaufen?«

»Ja«, sagte Mr Nyoka. »Welches möchten Sie haben?«

Ich meinte, dass das braune Baby besser aussah. Mir gefiel seine Farbe und es wirkte gesünder, wobei ich es andererseits verlockend fand, wie zahm das Weiße war. Eine schwere Entscheidung.

Inzwischen hatte sich Mrs Nyoka zu uns gesellt. Da zu dieser frühen Stunde keine Besucher im Zoo waren, hatte sie das weiße Lama und seine Mutter Grace aus dem Gehege gelassen, damit sie sich die Beine vertreten konnten. Sie sagten mir, das Baby heiße June. Grace freute sich über die Freiheit und stapfte vergnügt und hocherhobenen Hauptes über die Kieswege, wobei ihre Wollschöße bei jedem Schritt aufwallten, während ihr die kleine June hinterhertippelte. Ich sah ihnen fasziniert nach. Sie sahen wirklich seltsam aus, wie zwei wildgewordene, verwahrloste Herzoginnen, die von ihren Schals und Röcken umweht wurden und klappernde Perlen und Armreife trugen.

»Wir können June nicht verkaufen«, sagte Mrs Nyoka. »Sie ist mir zu sehr ans Herz gewachsen.«

Sie erzählte mir, dass Grace eine schwierige Geburt gehabt habe und June als Baby sehr schwach gewesen sei, sodass sich Mrs Nyoka viel um sie kümmern musste. Dadurch habe sie June besonders lieb gewonnen. Damit blieb mir also nur das Braune.

Das hieß Annie, wegen einer Zoobesucherin, die ihre Geburt miterlebt hatte. Albert, der große weiße Lamahengst, war ihr Vater, und ihre Mutter Victoria war ebenfalls groß und weiß, ein matronenhaftes, in einen struppigen Wollschal gehülltes Tier.

»Wie viel wollen Sie für Annie?«, fragte ich.

Mr Nyoka nannte mir den Preis. Es war eine Menge Geld, entsprach aber dem, was ich inzwischen über Lamapreise in Erfahrung gebracht hatte. Letztlich schien es mir vollkommen angemessen. An Feilschen war nicht zu denken, da Mr Nyoka genau wusste, was er tat. Er verhielt sich mir gegenüber ehrlich und unverblümt und es schien mir nur recht, das Geschäft anzunehmen. Also schüttelte ich ihm in walisischer Manier die Hand, um den Handel zu besiegeln, und sagte: »Wir nehmen sie.«

Wir einigten uns darauf, dass er Annie noch drei Monate dabehielt, um sie abzusetzen und an Kraftfutter zu gewöhnen. Dann würden wir sie abholen. Mr Nyoka fragte mich, ob ich eine kleine Anzahlung leisten könne. Es kämen häufiger Leute, die ein Tier kaufen wollten und ihn baten, es noch eine Weile zu hüten. Einige Male hatte er nichts mehr von ihnen gehört und überlegt, ob er sie an einen anderen Kunden verkaufen oder doch behalten sollte. Ich stellte ihm einen Scheck über zehn Pfund aus und schrieb meinen Namen und meine Adresse auf ein Stück Papier. Damit stand fest, dass wir Lamabesitzer werden würden. Ein großartiges Gefühl.

Am Abend rief ich Paul an.

»Ich habe das Braune gekauft«, sagte ich zu ihm.

»Gut«, sagte Paul.

4

Die südamerikanische Schönheit

Zwei Tage darauf waren wir wieder in Wales. Jetzt konnte ich Paul, meiner Mutter, Mary und Beenie unsere aufregende Lamaeinkaufstour in allen Einzelheiten erzählen. Alle sahen sich neugierig die Fotos an und fanden das kleine Braune genauso süß wie wir. Wir konnten es kaum erwarten, dass es nach Carneddi kam. Nur den Namen Annie mochte keiner so recht.

Unser Lama war im August geboren worden – am elften, wie Mr Nyoka meinte –, und wir rechneten uns aus, dass es ungefähr im Februar abgesetzt sein würde, vorausgesetzt, bei Lamas war das ähnlich wie bei Fohlen. Die setzten wir normalerweise nach sechs Monaten ab, aber natürlich war die Gattung *lama* nicht die Gattung *equus*, weshalb wir mit Vergleichen lieber vorsichtig waren. Zumindest aber waren Pferde und Lamas ähnlich lange trächtig, etwa elf Monate, weshalb wir annahmen, dass sie vielleicht auch ähnlich lange säugten. Wie dem auch sei, Mr Nyoka würde es uns sagen können.

Bis Weihnachten blieb das Wetter klar und das Gras wuchs und wuchs. Das freute uns. Es war gut für die Schafe und würde unseren bescheidenen Vorrat an kostspieligem Kraftfutter strecken. Der Sommer 1974 war nicht nur in Wales, sondern im ganzen Land katastrophal nass gewesen. Das hatte zu einer schlechten Ernte geführt, sodass Heu, Stroh und Mais jetzt nahezu unerschwinglich waren. Der Markt wurde mit Schafen und Rindern überflutet, für die die Bauern kein Winterfutter hatten. Die Bergbauern traf es besonders hart. Wir mussten sechs junge Ponys zu Schleuderpreisen verkaufen, weil wir sie nicht ernähren konnten, behielten aber so viele Tiere, wie wir uns gerade noch zutrauten. Wäre ein harter Winter gekommen, wären wir in ernsthafte Schwierigkeiten geraten.

Weihnachten feierten wir in gewohnter Manier mit allem, was dazugehörte – einem Truthahn aus eigener Schlachtung und Weihnachtsbaum und Stechpalme aus unserem Garten. Ann war begeistert von dem noch gut erhaltenen Sattel aus zweiter Hand, den ihre Oma ihr schenkte, während John über seine Dampfwalze frohlockte, die tatsächlich dampfte. Mary dagegen war zu krank, um sich über irgendetwas zu freuen.

Schnee und Frost gab es für gewöhnlich immer erst nach Weihnachten. Nach den Feiertagen richteten sich unsere Gedanken wieder auf das Lama und wir fragten uns, ob wir Schwierigkeiten bekämen, wenn wir so früh im Jahr die Pennines überqueren mussten, um es in Harrogate abzuholen. Durch die Küstenlage herrscht in Carneddi meist ein milder Südwestwind, sodass der Schnee schnell wieder schmilzt, aber im Osten konnte der Winter strenger sein. Mr Nyoka hatte sich noch nicht wieder gemeldet. Paul war von Anfang an etwas skeptisch gewesen und bekam nun Zweifel, ob das Geschäft noch galt. Wir hatten aus verschiedenen Quellen gehört, dass man eigentlich nicht an Lamas kam, vor allem nicht an Lamaweibchen. Dass wir so leicht eins gekriegt hatten, war fast zu schön, um wahr zu sein, und wir konnten nur hoffen, dass das kleine Braune wirklich bald bei uns wäre.

»Komm, wir rufen Brenda an«, sagte ich. »Wir bitten sie, in den Zoo zu gehen und die Lage zu peilen.«

Brenda tat uns den Gefallen und rief uns nachher an, um uns mitzuteilen, dem Lama gehe es gut und Mr Nyoka habe gesagt, wir könnten es jederzeit abholen. Ein paar Tage später bekamen wir einen Brief von ihm, in dem er das Ganze noch einmal bestätigte und uns auch darüber unterrichtete, dass das Lama inzwischen abgesetzt war und Kraftfutter fraß. Das wollten wir hören. Jetzt konnten wir die Vorbereitungen für unsere Reise treffen.

Allerdings kündigte sich bei mir leider wieder ein Schub an. Am Jahresanfang ging es mir oft nicht besonders gut. Meine Beine lahmten und mir wurde bei jeder schnelleren Bewegung schwindlig. Aber wir konnten nicht zulassen, dass einem so bedeutenden Ereignis wie dem Abholen eines Lamas etwas in die Quere kam. Ganz bestimmt würde ich nicht zu Hause bleiben. Lieber wollte ich meine Symptome ignorieren. Ich ließ mir von unserem Arzt Adrenocorticotropin und Injektionsspritzen geben. Adrenocorticotropin wurde damals zur Behandlung von Patienten mit Multipler Sklerose eingesetzt, weil es offenbar den Krankheitsschub verkürzte, die Nachwirkungen und die Symptome verringerte. Anfangs war eine zuverlässige Krankenschwester aus dem Distrikt zu uns gekommen, um mir die Spritze zu geben, je nach Bedarf zwei- bis dreimal die Woche. Inzwischen kümmerte sich Paul darum. Er meinte, wenn er schon Hunderten von Schafen eine Spritze verabreicht habe, dann könne er das ja wohl auch bei seiner Frau tun. Das bedeutete für alle weniger Zeitaufwand und Mühe.

Obwohl wir weiterhin keinen Praktikanten hatten, sagte Beenie, sie würde schon ein paar Tage allein zurechtkommen, wenn wir alle bei der aufregenden Reise dabei sein wollten. Normalerweise molken wir zwei oder drei Kühe, um unsere eigene Milch, selbstgemachte Butter und Sahne zu haben, und zogen die Kälber und die anderen Jungtiere groß. Dann gab es noch an die hundert Legehennen, die Ponys und die Hunde, aber Beenie sagte, für die kurze Zeit werde sie schon damit fertig werden.

Das nächste Problem war die Versicherung. Wir transportierten oft Ponys, hatten jedoch keine Ahnung, wie ein junges Lama reagierte, wenn man es von der Mutter trennte und in einen Pferdeanhänger steckte. Von einem Tierarzt hatten wir gehört, dass Lamas empfindliche Beine haben, was man sich bei ihrem Anblick schon denken konnte. Deshalb dachten wir, bei einem so wertvollen Tier müssten wir uns gegen horrende Arztrechnungen oder etwaige Unglücke finanziell absichern. Ein Freund von Paul, den er noch aus Armeezeiten kannte und der bei einer großen Versicherung arbeitete, versuchte uns eine Police zu organisieren, aber die Versicherung hatte leider kein Interesse an Lamas. Man wisse die Risiken nicht einzuschätzen und bedauere, uns nicht weiterhelfen zu können.

»Ach, lassen wir das doch einfach mit der Versicherung«, sagte Paul.

Wir waren beide keine großen Versicherungsfreunde.

»Wir verlassen uns einfach wie immer auf unser Glück und unseren gesunden Menschenverstand.«

Ich nickte.

Also machten wir uns an einem wolkenverhangenen Tag Ende Januar auf den Weg nach Harrogate. Kein Frost, kein Wind oder Schnee, die Straßen trocken. Die Kinder hatten sich hinten im Landrover mit Kissen, Mänteln und Wolldecken eingerichtet, sodass sie sich einmummeln und schlafen konnten, wenn sie wollten. Aber natürlich wollten sie nicht. Es war viel zu aufregend, nach Harrogate zu fahren, um ein Lama zu holen. Alles war faszinierend, die Ölraffinerie in Runcorn und ihr Geruch, wie wir über die Autobahn brausten und auch die kleinen Reihenhäuser am Stadtrand von Warrington. Die Kinder wunderten sich, wie man darin leben konnte.

»Hier kann man ja gar keine Ponys halten und reiten«, sagte Ann.

»Und die Hunde können nirgendwo spielen«, sagte John.

»Vielleicht beschäftigen sich die Menschen, die hier leben, mit anderen Dingen«, sagte ich zu ihnen.

Am späten Nachmittag waren wir in Harrogate, wo uns Brian, Brenda und Helen begrüßten. Den ganzen Abend sprachen wir über unsere Pläne. Das kleine Lama würde längst nicht den ganzen Platz in unserem Anhänger einnehmen, der für zwei Ponys ausgelegt war; Brian und Brenda mussten ein paar kürzlich gekaufte Betten zu ihrem Haus in Nantmor transportieren. Wir überlegten uns, dass wir im vorderen Teil des Anhängers einen kleinen Bereich für das Lama abtrennen könnten. Den würden wir leicht durch die Pflegertür erreichen und das Lama hätte es dort wärmer und wäre sicherer als am Hinterende vor der Ladeklappe. Da konnten wir gut die Betten verstauen. Nur zu schade, dass wir die Betten nicht nutzen konnten, um es dem Lama noch etwas behaglicher zu machen. Andererseits machte es auf uns auch nicht den Eindruck, diese Art von Tier zu sein.

Am nächsten Tag fuhren wir in den Zoo, um uns mit Mr Nyoka zu treffen und uns das Lama noch einmal anzusehen. Paul sah es zum ersten Mal und es gefiel ihm auf Anhieb. Seit Oktober war es ein bisschen gewachsen, wenn auch nicht besonders viel. Die Alttiere klaubten gerade in ihrem Gehege nach Heu. Diesmal konnten wir ihnen kein Laub anbieten. Der Tag war erneut wolkenverhangen, aber trocken und ziemlich kalt. Klein Annie fraß nichts und hatte sich irgendwo im hinteren Bereich verkrochen. Sie ahnte nicht, was am nächsten Tag mit ihr geschehen würde und dass sie bald ein walisisches Berglama wäre.

Mr Nyoka hatte einige Dinge im Pantherhaus zu erledigen und nahm uns mit. Im Futtergang hinter den Käfigen gab es keine Absperrungen, um die Besucher vom Stacheldraht fernzuhalten. Johns Gesicht erstrahlte, weil er so nah bei den Panthern sein durfte. Mr Nyoka schubberte durch den Draht hindurch die großen schwarzen Köpfe, aber als sich eine riesige weiche Pranke vorstreckte und fast schon die Gesichter der Kinder berührte, sagte er: »Geht ein Stück zurück.« Schnell traten Ann und John einen Schritt zurück, ohne erkennbar Angst zu zeigen. Sie genossen jede Minute, die sie hinter den Kulissen des Zoos verbringen durften.

Im hinteren Bereich des Pantherhauses lebte ein farbenfroh schillernder Papagei, der unablässig krächzte, pfiff und fluchte. Ein Privathaushalt hatte das verzogene Tier dem Zoo gespendet, weil es ihnen zu laut geworden war. Da Mr Nyoka keinen anderen Platz gefunden hatte, war es hierher verbannt worden. In der Tat konnten wir uns kaum unterhalten, aber immerhin gelang es Mr Nyoka, uns zu erläutern, dass er abends manchmal einen Panther oder einen Löwen im Park spazieren führte. Das hätte ich gern gesehen. Ich setzte zu einer Bemerkung an, wie man denn wohl Löwen zähmt, aber Mr Nyoka fiel mir gleich ins Wort.

»Löwen kann man nicht zähmen«, sagte er, »nur abrichten.«

Als er seine Aufgaben erledigt hatte, ging er mit uns zu seinem Wohnwagen, in dem er und seine Frau mit ihrem kleinen Sohn lebten. Der Weg dorthin war nicht öffentlich zugänglich, weshalb wir uns zuerst um die Sicherheitsabsperrung winden mussten. Auf der einen Seite war der Weg vom Maschendrahtzaun des Lamageheges begrenzt, auf der anderen von einem weiteren Maschendrahtzaun, der um eine Grasfläche mit zwei, drei hohen Bäumen gezogen war. Als wir daran vorbeiliefen, kam ein halbwüchsiger Löwe hervorgeschossen und sprang direkt vor John gegen den Zaun.

»Ein hübscher speckiger Junge zum Mittagessen, das würde ihm wohl gefallen«, sagte ich.

Auf Johns Gesicht zog ein breites Grinsen auf. Eine Minute später sagte er mit einiger Genugtuung: »Ich bin bestimmt der einzige Junge in meiner Schule, der von einem Löwen angesprungen worden ist.«

Die Großwildanekdoten fingen früh bei ihm an.

Der Wohnwagen der Nyokas war ziemlich groß und exotisch eingerichtet. Auf den Betten lagen gestreifte Decken aus Afrika. An den Fenstersimsen hingen afrikanische Schnitzereien und Fotos von Mr Nyoka mit riesigen Schlangen und Löwen. Ein Bett war mit einem Tigerfell bedeckt und an der Wand hingen ein Löwenkopf und Halsketten aus Zähnen. Die Kinder waren wie gebannt von all diesen faszinierenden Dingen. Derweil kochte Mrs Nyoka für uns Kaffee.

Die ganze Fahrt über hatte ich meine Handtasche fest umklammert gehalten, weil sich darin der Kaufpreis für das Lama befand, in Zehn-Pfund-Noten. Ich war es nicht gewohnt, so viel Bargeld bei mir zu führen. Jetzt sollte es also übergeben werden. Ich musste lächeln, während ich vor Mr Nyoka die Scheine durchzählte. Immerhin kauften wir zum ersten Mal ein Lama. Waren wir irgendwie nicht ganz richtig im Kopf?, fragte ich mich. Und wie würde die Geschichte weitergehen? Ich hatte keine Ahnung, aber das eindringliche Gefühl, dass wir das Richtige taten. Als läge auf dem Besitz eines Lamas eine Art Glückszauber. Ja, das hier war zweifellos eine große Sache.

Mr Nyoka gab mir eine Quittung für meinen Zehn-Pfund-Haufen und wir verabschiedeten uns, um mit Brenda Mittag zu essen. Am Nachmittag ging Paul los und besorgte Spanplatten für das Reiseabteil des Lamas. Die Betten mussten gut abgeschirmt werden und wir wussten aus Erfahrung, dass man ein nervöses Tier besser in einem eng begrenzten Raum transportiert. Dann konnte es nicht so viel herumspringen und sich verletzen und würde sich schneller beruhigen. Natürlich hatten wir auch im Kopf, dass es nicht versichert war. Die Kinder spielten zusammen im Garten, sprangen auf Helens Dreirad und fuhren damit durch die Gegend.

Dann kam Paul mit den Spanplatten zurück und machte sich an den Bau der beweglichen Trennwand. Zuerst mussten wir das Lama einladen und dann noch einmal wiederkommen, um die Betten abzuholen. Als die Trennwand fertig war, trafen wir alle Vorbereitungen, um am nächsten Tag früh losfahren zu können.

Das Wetter war am nächsten Morgen nach wie vor mild und schön, und nach einem raschen Frühstück fuhren wir sofort zum Zoo. Endlich war es so weit! Ich war aufgeregt. Paul und die Kinder vermutlich auch. Paul fuhr mit dem Landrover durch den Liefereingang auf das Gelände und stellte ihn so ab, dass der Anhänger vor dem Gatter zum Lamagehege zu stehen kam. Mr und Mrs Nyoka warteten schon auf uns.

Mrs Nyoka ließ Grace und die kleine June zu ihrem morgendlichen Trotten hinaus, sodass uns zwei Tiere weniger im Weg standen. Dann holte sie ein paar Äpfel und warf sie den erwachsenen Lamas zu. Die rangelten und balgten sich und schnappten nach den Äpfeln, die aber zu groß waren, um sie bequem zu verspeisen, weshalb die Tiere durchs Gehege wetzten und jedes auf seine Weise versuchte, seinen Apfel in handhabbare Portionen zu zerteilen. Sowie Albert, das große Männchen, und Mutter Victoria erfolgreich mundtot gemacht waren, wandte sich Mrs Nyoka der kleinen braunen Annie zu, die sich nicht für den Apfelsegen interessierte. Geschickt schob Mrs Nyoka das junge Lama durch das offene Gatter auf den Weg, auf dem Mr Nyoka, Paul, die Kinder und ich sämtliche Fluchtwege vor der Laderampe verstellten. Dann schloss Mrs Nyoka das Gatter und alle rückten näher. Annie stand unsicher da und überlegte, was sie machen sollte, doch bevor sie überhaupt etwas unternehmen konnte, hatte Mr Nyoka schon einen schnellen Schritt nach vorn gemacht, sie auf den Arm genommen und in den Anhänger verfrachtet. Als Paul und Mr Nyoka Annie weiterschoben, leistete sie noch kurz Gegenwehr, aber dann war sie auch schon in ihrem engen Abteil und die Rampe oben.

Ich frohlockte innerlich. Wir hatten Annie schnell und sicher und ohne Leid für irgendein Tier in den Anhänger bekommen. Es fühlte sich gut an, mit Leuten zusammenzuarbeiten, die wissen, was sie tun; sogar unsere Kinder waren ziemlich erfahren im Umgang mit Tieren. Uns war kein Fehler unterlaufen. Jetzt konnte es weitergehen.

Das Beste war, gleich loszufahren. Denn während der Fahrt ist das Tier damit beschäftigt, die Balance im schwankenden Anhänger zu halten. Nur wenn der Wagen steht, kann es problematisch werden. Deshalb verabschiedeten wir uns schnell von den Nyokas und fuhren davon. Dann hielten wir noch kurz bei Brenda, um die Betten aufzuladen. Ich öffnete die Pflegertür und sah hinein. Drinnen war es düster, aber ich konnte erkennen, dass sich das kleine Tier hingesetzt hatte und mit langgestrecktem Hals und nach vorn gelegten Ohren dasaß. Alles wunderbar. Wir hatten befürchtet, sie könnte panisch werden, wenn wir sie von ihrer Mutter trennten. Jetzt wollten alle schnell noch einen Blick hineinwerfen, achteten aber darauf, sie nicht zu stören. Flugs luden wir die Betten ein. Es durfte keine weitere Verzögerung geben, und ohne noch auf einen Kaffee hineinzugehen, machten wir uns nach einer raschen Verabschiedung von Brenda wieder auf den Weg.

Nach sieben oder acht Kilometern hielten wir an, um zu sehen, wie es dem Lama ging. Es saß immer noch da, die Beine adrett unter die Wolle gesteckt. Wir waren froh, dass es so gut auf seine empfindlichen Glieder achtgab, und staunten, dass es sich so ruhig verhielt und still dasaß, die Ohren aufmerksam nach vorn gerichtet. Es sah aus wie eine wohlerzogene junge Dame, die in ihren Spitzenschal gehüllt unerschütterlich allem Ungemach, was da kommen sollte, entgegensah und sich stolz in ihre Lage fügte, da sie sich ja ohnehin nicht ändern ließ. Wir waren erleichtert, dass sich das Lama so problemlos transportieren ließ. Bei einem derart gleichmütigen Tier kam es uns fast lächerlich vor, dass wir uns so viele Sorgen wegen der Fahrt gemacht hatten, und unsere Anspannung ließ allmählich nach. Als wir weiterfuhren, merkte ich, wie sich ein Lächeln auf mein Gesicht legte. Auf das der anderen auch. In bester Laune fuhren wir durch die Ortschaften und Dörfer, in denen keiner unserem schäbigen Landrover auch nur einen Blick schenkte. Wie sollten die Leute auch wissen, dass wir in unserem Anhänger gerade eine südamerikanische Schönheit transportierten.

Auf halber Strecke hielten wir an einer Tankstelle, um Diesel nachzufüllen. Als Paul bezahlte, sagte er zu der jungen Frau an der Kasse, sie solle raten, was wir in unserem Anhänger hätten.

»Ein Pony?«

»Nein.«

»Ein Esel? Eine Kuh?«

»Zweimal Nein«, sagten wir und öffneten die Tür einen Spalt weit, damit sie hineinsehen konnte.

»Grundgütiger!«, rief sie aus. »Was ist denn das?«

Wir sagten es ihr und fuhren grinsend davon.

Später machten wir noch eine Zwischenstation, um zu picknicken. Bevor wir aßen, stellte ich dem Lama eine Schüssel mit Mais- und Haferflocken, ein Büschel Heu und eine Schale Wasser hin, damit es ebenfalls picknicken konnte. Es reckte ein wenig den Kopf und wandte leicht das Gesicht ab, stand aber nicht auf. Da die Geste nach Ablehnung aussah, machte ich die Tür wieder zu und ließ das Tier in Ruhe. Als wir weiterfahren wollten, waren Futter und Wasser unangetastet, also nahm ich die Schüsseln wieder heraus und wir traten die letzte Etappe unserer Reise an.

Lange bevor wir durch Nantmor ratterten und auf den steilen Weg nach Tŷ Mawr einbogen, war schon die Januardämmerung hereingebrochen. Schnell wurde es dunkel. Paul fuhr auf den Parkplatz vor dem Doppelgatter, weil er mit dem schweren Anhänger nicht über das Feld zwischen dem Weg und dem Haus in Tŷ Mawr kam. Wir hatten gehofft, noch im Hellen anzukommen und das Lama zu dem Stall zu führen, den wir für es eingerichtet hatten, meinten aber nun, dass wir das nicht riskieren konnten. Schon das Lama durch die schmale Tür zu bekommen wäre heikel, und um die Rampe zu nehmen, hätten wir erst die Betten ausladen müssen. Wenn uns das Lama im Dunkeln entwischte, wäre es schwierig, es wieder einzufangen, weil wir keine Ahnung hatten, wie es sich verhielt, wenn es freigelassen wurde. Inzwischen fielen ein paar Tupfer Regen. Vielleicht war es das Beste, sie über Nacht einfach im Anhänger zu lassen. Sie hatte sich sicher schon ein bisschen an ihre Umgebung gewöhnt und noch mehr Aufruhr und ein weiterer neuer Ort waren nach einem ganzen Tag unterwegs vielleicht etwas viel.

Also ließen wir sie in Frieden und gingen ins Haus, wo Beenie und ihr Freund John Greaves, den wir alle nur J. nannten, gerade zu Abend aßen. Die Hunde begrüßten uns mit ihrem gewohnten Überschwang und breitem Grinsen, hielten aber plötzlich im Schwanzwedeln inne, um hochkonzentriert an unserer Kleidung zu schnüffeln. Ich sah förmlich das Fragezeichen in ihren Gesichtern. Was in aller Welt habt ihr uns denn da angeschleppt?, schienen sie zu fragen. Mit großen Augen und intensivem Schnüffeln versuchten sie die merkwürdigen Botschaften an unseren Händen und Kleidern zu entziffern. Während des Essens kamen sie immer wieder an, um uns erneut zu beschnüffeln, als trauten sie ihren Nasen nicht.

Ich brachte Ann und John ins Bett, dann ging ich mit J. noch einmal über das Feld, um einen letzten Blick auf das Lama zu werfen. Mein Hund Taff kam mit. Er schnüffelte erwartungsvoll an der Tür, als wir sie einen Spalt öffneten, um nach Annie zu sehen. Es schien ihr gut zu gehen, sie saß immer noch still da und hatte ihr Fressen nach wie vor nicht angerührt. Während wir zurückliefen, kam es mir falsch vor, sie dort allein im Dunkeln zu lassen, außer Hörweite des Hauses – dieses so seltsame, exotische Tier, weit weg von allem, was sie bislang kannte. Andererseits wusste ich auch nicht, was wir sonst hätten tun sollen.

5

Wieder daheim

Wir erwachten mit dem Gedanken, dass etwas sehr Schönes passiert war – wir hatten ein Lama bekommen. Kurz darauf waren Paul, die Kinder und ich schon draußen, um zu sehen, wie die Nacht für sie gewesen war. Fast beklommen öffnete ich die Pflegertür. Dem Lama ging es offenbar gut. Jetzt stand es im Anhänger und etwa die Hälfte von den Mais- und Haferflocken waren aus der Schüssel verschwunden. Wir gingen nach Tŷ Mawr zurück, um zu frühstücken und anschließend das Lama in sein neues Quartier zu bringen. Wir hatten kein Halfter, das für seinen schmalen Kopf eng genug war, und mit einem Halsband würde es sich womöglich selbst strangulieren; Annie war all das nicht gewohnt und wir erinnerten uns daran, wie energiegeladen die ungebändigten Fohlen wilde Kämpfe mit uns ausfochten.

»Sie ist so groß wie ein kleines Fohlen«, sagte ich, »aber wahrscheinlich nicht ganz so stark.«

»Ich fertige rasch ein Geschirr«, sagte Paul. Er fand ein langes Gurtband von einer Lastentrage und baute daraus ein Geschirr. Wenn Annie daran zog, würde sie zumindest nicht gewürgt. Dann liefen wir alle zusammen über das Feld zum Anhänger, Paul und ich, die Kinder, Beenie und J. Das Wetter hatte sich verschlechtert und es blies ein fester Südwestwind, der leichten Regen aus tiefen, dunklen Wolken brachte. Das Licht war schlecht, eigentlich zu dunkel zum Fotografieren, aber J. nahm trotzdem seine Kamera mit, um diese wahrhaft einmalige Szene festzuhalten.

Wir dachten, bei Tageslicht könnten wir das Lama durch die Pflegertür ins Freie holen; um die Betten auszuladen, war es zu feucht. Erst nahmen wir die Schüsseln mit dem Futter und Wasser heraus. Dann schlüpfte Paul durch die niedrige Tür, die ich hinter ihm schloss. Das Geschirr konnte er offenbar problemlos anbringen. Dann sagte er: »Mach auf.« Ich öffnete die Tür, und da stand das Lama und schaute hinaus. Paul gab ihr einen Schubser und sie hüpfte ins Freie. Ich fing sie mit den Armen auf. Sie war nicht besonders schwer. Während Paul wieder ausstieg, setzte ich sie auf den Boden. Ich weiß nicht, was wir erwartet hatten, was sie machen würde. Jedenfalls machte sie gar nichts. Sie hatte keinerlei Bedürfnis, sich zu bewegen, sondern stand einfach nur da, schaute sich um und hob und senkte den Kopf auf ihrem langen Hals, als wollte sie erst mal den Boden prüfen, ehe sie sich dem Horizont zuwandte. Sie versuchte auch nicht zu spucken. Obwohl sie noch ein Baby war, hatte sie weiterhin diese unfassbare Gemütsruhe, die sie auch auf der ganzen langen Reise von Harrogate an den Tag gelegt hatte. Paul hielt das Seil des Geschirrs fest in der Hand, falls sie einen plötzlichen Sprung in die Freiheit wagen sollte, aber sie regte sich nicht. Sie stand einfach da und ihr langer weißer Hals und die goldbraune flauschige Wolle strahlten vor den uns umgebenden Winterfarben. Sie sah aus wie von einem einzelnen Sonnenstrahl getroffen, der in die trübe Landschaft fiel – in starkem Kontrast zu den unscheinbar grauen Schafen, die in der Nähe grasten.

Wir überredeten sie dazu, ein paar Schritte zu gehen, und wieder hob und senkte sie den Hals. »Sie pumpt«, sagte Paul. Da hörten wir zum ersten Mal ihre Stimme. Sie gab ein leises *mmm* von sich. Es war weder ein Blöken noch ein Muhen, sondern einfach nur ein kurzer Ton, wie eine Note oder ein kurzes Tuten, unerwartet und wahnsinnig schön. Ein Zooverwalter hatte uns gesagt, dass Lamas stumm seien, was eine von vielen Fehlinformationen war, die wir bekamen. Denn unser Lama war alles andere als stumm. Später las ich in einem Buch, die Stimme des Lamas werde mit dem Klang einer Äolsharfe verglichen, einem vom Wind gespielten Musikinstrument. Obwohl ich noch nie eine Äolsharfe gehört hatte, schien mir das eine passende Beschreibung. In einem anderen Buch hieß es, das Lamamännchen habe eine »singende Stimme«.

Wir gingen langsam über das Feld, das kleine Lama in seinem Geschirr umgeben von bewundernden Menschen. Alle paar Schritte blieb sie stehen, um in ihrer fremdartigen Weise den Kopf zu heben und zu senken und leise Huptöne von sich zu geben. Außer diesem Pumpen machte sie aber noch eine andere seltsame Bewegung. In regelmäßigen Abständen reckte sie den Hals und ließ hoch oben in der Luft ihren Kopf kreisen.

»Was macht sie da?«, fragten wir uns.

»Kreiseln«, sagte Paul, aber warum sie das machte, blieb uns ein Rätsel.

Wir dachten eigentlich, uns mit dem Verhalten von Tieren gut auszukennen, aber jetzt begriff ich, dass wir es hier mit etwas völlig Neuem zu tun hatten. Dreißig Jahre lang hatte ich Schafe, Rinder, Ponys, Hunde, Katzen, Ziegen und jede Art von Federvieh gehütet; ich hatte zwei Kinder großgezogen, ich hatte Bienen und sogar Goldfische, Raupen und einen Wellensittich gehalten, aber das Lama glich keinem dieser Tiere. Urplötzlich fühlte ich mich überfordert. Das Lama war einfach etwas vollkommen anderes.

Jetzt lief sie weiter und stellte den kleinen flauschigen Schwanz auf. Er war ähnlich kurz wie bei den Ziegen, aber so dicht mit rotbrauner Wolle bedeckt, dass man kaum erkennen konnte, wie er stand. Jetzt war er also aufgestellt, sah dabei aber aus, als machte er eine Rückwärtsbeuge. So was tat keine Ziege.

Schließlich erreichten wir den Stall und steckten das Lama in eine Box. Nachdem wir ihr das Geschirr abgenommen hatten, ging sie langsam umher, und ab und zu schnüffelte, pumpte oder kreiselte sie. Ich stellte ihr einen Eimer mit frischem Wasser hin, dazu ein frisches Heunetz, eine kleine Schüssel mit Mais- und Haferflocken – Mrs Nyoka hatte uns gesagt, dass die Lamas von Knaresborough keine Kleie mögen – und ein paar zerhackte Möhren und Äpfel. Das Lama schnüffelte an meinen Gaben, drehte sich um und legte sich an der hinteren Mauer auf den Boden, wobei sie wie eine Kuh oder ein Schaf erst die Vorder- und dann die Hinterbeine einknickte. Nun setzte sie sich auf, ganz gerade und symmetrisch, reckte den schwanenhaften Hals und sah uns aufmerksam an. Wir schauten zurück. Im trüben Winterlicht, vor der alten Steinmauer sah sie hell und sauber aus. Ihr kleiner Kopf, die langen Ohren und der lange Hals waren strahlend weiß. Ihr Körper von einem Goldbraun, das an den Schultern in Malvengrau und am Schwanz in Rotbraun auslief. Zwischen ihren Vorderbeinen trafen sich die Brauntöne, als hätte sie sich einen Mantel übergeworfen und an der Brust zugeknöpft. Die Vorderbeine selbst – die wir gerade nicht sehen konnten – waren vornehmlich weiß, wobei sich der Grauton an einem Bein bis zum Knie zog. Die Hinterbeine waren beige.

»Ich glaube, sie ist ziemlich dünn unter der ganzen Wolle«, sagte ich. »Ich habe eben mal gefühlt, als wir über das Feld gegangen sind.«

»Wiegen wir sie doch mal«, sagte Paul.

»Gute Idee.«

Irgendwer sagte: »Ich finde ›Annie‹ nicht gerade den tollsten Namen.«

»Ich auch nicht«, sagte Ann. »Wir haben ja schon eine Ann in der Familie.«

»Wie wäre es mit ›Titicaca‹?«

»Zu lang. Und ›Titi‹ wäre wohl ein bisschen albern für ein Lama.«

»›Vilcabamba‹ – wie die untergegangene Stadt der Inkas?«

»Dann würden sie alle nur ›Bamba‹ nennen, und das klingt mir zu sehr nach Walt Disney. Ein Lama ist ja wohl interessanter als ein Rehkitz.«

Schließlich griffen wir auf eine Liste mit Wörtern auf Quechua zurück, der Sprache der Inkas, die heute noch von den indigenen Völkern Perus gesprochen wurde. Die Wörterliste fanden wir in einem Buch über die Eroberung Perus durch die Spanier, das wir uns in der Bibliothek ausgeliehen hatten. Trotzdem fiel es uns schwer, einen Namen zu finden. Natürlich war die Liste ziemlich begrenzt, da sich der Autor nicht mit der Namensgebung von Lamas befassen musste. Wir fanden heraus, dass *ñusta* »Prinzessin« bedeutet und »nyusta« ausgesprochen wird. Das schien uns ein passender Name für die Tochter von Victoria und Albert, und ohnehin fanden wir, dass sie eine große Würde ausstrahlte. Ich mochte den Klang nicht besonders, aber alle anderen schon und so tauften wir Annie in Ñusta um.

Jetzt wollten wir sie eine Weile in Ruhe lassen, damit sie sich an ihre neue Umgebung gewöhnen und vielleicht auch etwas fressen konnte. Also gingen wir auseinander und kümmerten uns um unsere verschiedenen Erledigungen.

Ich bedauerte, dass Brian gerade nicht bei uns war. Ich hätte gern schöne Fotos von diesem wichtigen Moment in unserem Leben in Carneddi gehabt, um ihn für später festzuhalten. Vielleicht würde ich ja irgendwann ein Buch über das Lama schreiben und dann brauchte ich auf jeden Fall Fotos. Aber

J. konnte auch ganz gut fotografieren und es war schön, ihn bei uns zu haben. Paul schoss ebenfalls großartige Fotos, aber er war meistens beschäftigt und mit den Gedanken woanders. Jedenfalls war ich froh, Fotografen im Haus zu haben. Ich hoffte, J. und sein Freund Miles Biggs wären so begeistert von unserem neuen Haustier, dass sie vielleicht irgendwann einen Kinofilm darüber machen würden.

»An Begeisterung mangelt es uns nicht«, sagten sie.»Nur an Zeit und Geld.«

Sie hatten schon einige 16-mm-Filme von unseren Ponys gedreht, aber die Kosten stiegen gerade rapide. Die beiden verbrachten den Großteil ihrer Freizeit mit Filmemachen. Unter dem Label *Wilderness Films* zeigten sie die Bewegung von Wellen, Wasser und Wind, Kräuselungen und Wolken, unterlegt mit klassischer Musik. Ihre Filme waren fantastisch.

Wir hatten Miles und J. vor etwa sieben Jahren kennengelernt. Ein besonders schöner Lohn der Autorenschaft sind die Menschen, denen man begegnet. Nach meinen beiden Büchern über unseren Hof kam ein stetes Rinnsal an Besuchern nach Carneddi. Es ist vielleicht nicht ganz passend und auch nicht ganz fair, sie »Fans« zu nennen – womit man ja immer unkritische Schwärmereien verbindet –, aber der Einfachheit halber taten wir das. Ann kam dann immer zu mir gelaufen und warnte mich in konspirativem Ton:»Mummy, ich glaube, da kommen gerade wieder Fans.« Fans gehörten einfach zu ihrer Lebenswelt; manchmal bekam sie zum Geburtstag sogar Glückwunschkarten und Geschenke von Leuten, denen sie noch nie begegnet war – weil ihr Geburtsdatum in einem meiner Bücher stand. John hatte da nicht so viel Glück, weil die lesende Öffentlichkeit nicht von ihm wusste.

Die meisten Fans waren sehr nach unserem Geschmack. Es handelte sich ja nicht um irgendeine zusammengewürfelte

Truppe von Leuten, sondern um einen vorausgewählten Kreis, der alle Eigenschaften mitbrachte, die uns gefielen: Es waren Menschen, die gern lasen, sie mochten Land und Natur, Tiere und Bauernhöfe, schätzten persönlichen Einsatz und Mühen und ließen sich nicht davon abschrecken, über enge steile Wege in die Berge zu steigen, um uns zu besuchen.

Miles' Eltern gehörten auch dazu. Paul redete gerade mit ihnen, als ich an einem Septembernachmittag 1968 ins Haus kam. Das war etwa einen Monat vor Johns Geburt. Zuerst dachte ich, sie seien zwei Fans unter vielen, die uns kennenlernen und mit uns quatschen wollten und dann wieder gingen. Doch im Laufe des Gesprächs erwähnten sie, dass ihr Sohn Miles zusammen mit einem Freund gerade einen Film in der Gegend drehte. Das interessierte uns und wir fragten, ob wir uns mit den beiden treffen könnten. Ein paar Tage später kamen uns Miles und J. besuchen. Keiner der beiden hatte meine Bücher gelesen und sie waren etwas überrascht, ins Haus einer unbekannten Autorin und ihres Mannes eingeladen zu werden – aber sie kamen.

Das war der Anfang einer bereichernden Freundschaft. J. und Miles kamen nun des Öfteren aus Liverpool, um übers Wochenende bei uns zu zelten; später schliefen sie dann auch in der Scheune oder dem alten umgebauten Hühnerstall, wohin ich mich zurückgezogen hatte, um in Ruhe mein Buch *Hill Farm Story* zu schreiben. Wir nannten ihn die Schreibhütte, obwohl sie schon lange nicht mehr zum Schreiben genutzt wurde. J. und Miles interessierten sich für den Hof und gingen uns mitunter auch hilfreich zur Hand. Nach einer Arbeitswoche in Liverpool brauchten sie frische Luft und Bewegung, sagten sie. Jauche karren, mähen und Mauern bauen war da genau das Richtige.

Ann und John hatten keinen Onkel, dabei sollte jedes Kind

einen haben. Am besten unverheiratet, fanden unsere Kinder, das wäre das Größte. Miles und J. waren hochkompetente Ehrenonkel. Wenn sie eine Gutenachtgeschichte vorlasen, war das viel, viel spannender als bei den Eltern. Nötigenfalls verwandelten sie sich in Pferde, Elefanten, Nilpferde oder Indianer. Zerrauft und erledigt kamen sie aus dem Gefecht und hatten uns einen wertvollen Dienst erwiesen. Zum Dank wurden sie von Ann und John geliebt.

An dem Nachmittag, als wir das Lama ausluden, war das Licht so schlecht, dass J. keine Fotos machen konnte und wir in dem düsteren Stall Jupiterlampen gebraucht hätten. Natürlich besaßen wir keine und J. fotografierte nicht mit Blitz. Also beschlossen wir, das Lama stattdessen zu wiegen und zu messen. Ich holte die Badezimmerwaage und stellte sie im Stall auf eine ebene Platte. Dann legte Paul dem Lama einen Arm um die Hüften und den anderen um die Brust. Als ihre Füße vom Boden abhoben, schlug sie wild um sich, beruhigte sich aber, nachdem Paul auf die Waage gestiegen war. Sie hielt den Kopf hoch erhoben, legte die Ohren an und setzte ein besorgtes Gesicht auf, wehrte sich jedoch nicht mehr. Die Nadel der Waage schwenkte vor und zurück, sodass es schwierig war, das Gewicht abzulesen. Ich kniete mich hin, wischte etwas Stroh beiseite, um die Zahlen besser zu sehen, und konnte schließlich, als die Nadel stehenblieb, den ungefähren Wert ablesen. Dann setzte Paul Ñusta wieder ab. Sie zog sich beleidigt in die hinterste Ecke des Stalls zurück und drehte uns den Rücken zu. Als Nächstes wog Paul sich selbst und als wir den zweiten vom ersten Wert abzogen, kam heraus, dass das Lama etwa achtundzwanzig Kilogramm wog. Ob das ein zufriedenstellendes Gewicht für ein Lama ihres Alters war, wussten wir allerdings nicht. Zufällig wog der sechsjährige John genauso viel. Er war ziemlich stämmig, während uns das Lama extrem mager vorkam mit den hervorstehenden Rippen und ihrem Rückgrat, das einer geriffelten Messerschneide glich. Das machte mir ein wenig Sorgen. Aber vielleicht waren die Mitglieder der Kamelfamilie auch von Natur aus knochig. Als Nächstes maßen wir Ñusta. An der Schulter war sie vierundachtzig Zentimeter hoch und bis zum oberen Ende des Kopfes über 1,20 Meter.

An diesem Tag fraß sie offenbar nichts von dem Futter, das ich ihr hingestellt hatte.

»Wahrscheinlich braucht sie noch Zeit, um sich einzugewöhnen«, sagte Paul. »Ich würde sagen, wir lassen sie jetzt in Ruhe, damit sie fressen kann.« Und das taten wir dann auch.

Vor dem Schlafengehen ging ich noch einmal zu ihr. Sie saß weiterhin still in ihrer Ecke und hatte ihr Futter nicht angerührt.

»Du musst fressen«, sagte ich zu ihr, »damit du richtig groß wirst.«

Aber sie sah mich nur aus ihren riesigen Augen an.

6

Eine sorgenvolle Zeit

Als ich am nächsten Morgen in den Stall ging, saß Ñusta immer noch in ihrer Ecke, so schön und exotisch wie eh und je, nur ihr Futter hatte sie nicht angerührt. Ich nahm alles weg bis auf das Heunetz und füllte frisches Wasser in den Eimer. Den ganzen Tag über versuchte ich sie mit verschiedenstem Fressen zu ködern. Ich probierte es mit samenlosem Heu, Ponyfutter, Haferschrot und Maisflocken – einzeln und gemischt, trocken und angefeuchtet –, Zweigen verschiedenster Bäume und warmer Milch und sogar mit Haferflocken und Cornflakes. Sie lehnte alles ab, außer einem Esslöffel trockener Maisflocken, die sie langsam und wählerisch auflas. Aber nicht einmal die Handvoll Flocken, die ich ihr vorgesetzt hatte, fraß sie auf. Angesichts der Gierschlundhaftigkeit unserer Rinder, Ponys und Hunde, die alles verschlangen, was ihnen vor die Nase kam, befremdete mich ihre Unlust am Futter.

Später am Tag kam meine Mutter von Carneddi herunter, um dem Lama zum ersten Mal Guten Tag zu sagen. Sie war entzückt von dem neuen Tier und erleichtert, dass es unbeschadet angekommen war. Nachdem ich meine Mutter zurückbegleitet hatte, drehten wir mit Ñusta eine Runde um das Feld vor unserem Haus. Sie benahm sich anständig und versuchte nicht, gegen das Geschirr oder die Leine anzugehen. Unzählige Male mussten wir anhalten, weil sie kreiseln und pumpen wollte, nur grasen wollte sie nicht. Ab und zu setzte sie zu einem kurzen Galopp an und brachte ihren Halter ins Laufen. Ann und John veranstalteten einen regelrechten Wettstreit, wer denn nun an der Reihe sei, das Lama zu führen. Alle waren von dem Tier bezaubert. Je länger wir sie ansahen, umso mehr kam sie uns vor wie ein Wesen aus dem Märchen.

Ich wünschte nur, sie würde fressen. An diesem Abend ging ich mit sorgenvollem Gemüt ins Bett.

Der nächste Tag war ein Montag, die Kinder gingen zur Schule.

Es war ein schöner, frühlingshafter Morgen, wie wir ihn manchmal schon früh im Jahr erlebten, auch wenn es später noch Schnee oder Frost gab. Bis jetzt war der Winter außergewöhnlich mild gewesen. Die Schneeglöckchen und Krokusse standen in Carneddi in voller Blüte und die Narzissenteppiche in Tŷ Mawr sprossen gelb.

Es war Ñustas dritter Tag bei uns, ohne dass sie mehr fraß als ein paar Maisflocken und gelegentlich einen einzelnen Strang Heu. Ich hatte sie noch nie trinken sehen und in ihrem Stall lag nicht der kleinste Köttel. Ich wusste zwar, dass Kamele tagelang ohne Futter und Wasser auskamen, aber ob das bei Lamas genauso war? Unseres Wissens hatte sie fast vier Tage lang fast nichts gefressen. Und sie hatte keinen Grund zu fasten, da sie Futter im Überfluss hatte.

Wäre sie rund und robust gewesen, hätte ich mir sicher weniger Sorgen gemacht, aber sie war unter ihrem goldenen Flaum so furchtbar dünn. Ich wusste, wie schnell es mit einem so jungen Tier bergab gehen kann, wenn es erst mal geschwächt ist, und dass sich sein Zustand dann oft nicht mehr besserte. Warum war sie bloß so dünn, wo sie doch direkt von ihrer Mutter zu uns gekommen war?, fragte ich mich. Vielleicht hatte sie Darmparasiten? Aber wie sollten wir das feststellen, wenn wir keinen Kot hatten, den wir zur Untersuchung ins Labor schicken konnten? Sie schien nicht viele Ressourcen zu haben, auf die sie bei Stress zurückgreifen konnte, und gerade stand sie trotz der Ruhe, die sie vordergründig ausstrahlte, zweifellos unter Anspannung. Lamas sind von Natur aus Herdentiere und nun war sie plötzlich an einem fremden Ort, bei fremden Menschen, ohne die Gesellschaft anderer Lamas. Vielleicht war es dumm von uns gewesen, unser Budget nicht auf zwei Tiere auszulegen. Denn offenbar sehnte sie sich nach einem Gefährten.

Mr Nyoka hatte gesagt, wenn wir sie zu unserem Haustier machten, wäre sie bestimmt zufrieden. Das versuchten wir jetzt. Abwechselnd setzten sich Paul, ich und die Kinder zu ihr ins Stroh, streichelten ihr weiches Nackenfell und sprachen mit ihr. An Menschen war sie gewöhnt, solange die im Zoo auf der anderen Seite des Zauns standen, und sie hatte sogar Tür an Tür mit einem Löwen gelebt, aber einen so engen Kontakt zu Menschen kannte sie nicht. Anfangs wich sie noch vor unseren Berührungen zurück, reckte den Hals und legte die Ohren an. Dann schien sie sich allmählich ein bisschen zu entspannen und begrüßte uns, wenn wir den Stall betraten, mit einem leisen *mmm*.

Paul und ich standen da und sahen sie an. Besonders glücklich waren wir nicht. Ñusta schien zwar alles in allem gesund zu sein, aber sie wollte partout nicht fressen. Unverwandt sah sie uns an, die Ohren aufmerksam nach vorn gerichtet. Bildete ich es mir nur ein oder war sie wirklich ein kleines bisschen schmaler und fragiler als am Tag zuvor? War da nicht in ihrer stillen, fügsamen Art ein Anflug von Verzweiflung zu erkennen? Bestand womöglich die Gefahr, dass unser kleines Lama still und leise dahinwelkte, bis nur noch ein Bausch Wolle und die mageren elfenbeinfarbenen Knochen übrigblieben?

Was Paul sagte, trug nicht unbedingt dazu bei, mir meine Sorgen zu nehmen.

»Ich hol mal das Alaun und den Salpeter«, sagte er, »dann bleibt uns wenigstens die Haut.«

Er hatte vor Kurzem eine Rezeptur zur Hautbehandlung bekommen, die diese Zutaten enthielt, und brannte darauf, sie auszuprobieren. Aber doch nicht an unserem Lama!

»So weit darf es nicht kommen«, sagte ich entschieden.

Ich hatte schon oft Tiere gepflegt, die schwer krank geworden waren; manche waren entgegen jeder Erwartung durchgekommen, durch puren Willen, wie ich mir gern einbildete. Natürlich waren viele moderne Medikamente Lebensretter, doch selbst wenn man sie den Tieren verabreichte, konnten sie sterben, wenn man bei der Behandlung im Geringsten nachlässig wurde. Schafe sind besonders schwierige Patienten. Sie können unglaublich viele Krankheiten bekommen und segnen leicht das Zeitliche. Hausschafe sind die besseren Patienten. Sie haben offenbar einen größeren Lebenswillen als wildlebende Tiere, die schnell sterben, wenn das Leben für sie zu mühselig wird – fast wie ein Abwehrmechanismus. Anns Lamm Mooey konnten wir gerade noch retten und obwohl ihr Todeskampf Wochen dauerte, war ich die ganze Zeit mit meiner ganzen Aufmerksamkeit und Fürsorge für das Lamm da. Mooey hatte Glück gehabt. Aber es gab auch andere Fälle, wo ein Patient schon mehrere schwere Tage überstanden hatte und ich dann in meinen Anstrengungen nachließ, in der irrigen Annahme, er werde schon gesund werden, und plötzlich war er tot. Natürlich war die Hoffnung auch manchmal vergebens, zum Beispiel ist eines unserer hübschen Fohlen an der Graskrankheit gestorben. Die Graskrankheit hat nichts mit Gras zu tun, sondern ist eine Nervenstörung unbekannten Ursprungs, die sich nicht behandeln lässt. Eine Farnkrautvergiftung ist, sobald die ersten Symptome auftreten, ebenfalls unheilbar. Wir haben dadurch im Laufe der Jahre einige Kälber verloren, aber ich weiß, dass sich Vergiftungen im Grunde nicht verhindern lassen. Meistens sind sie aufgetreten, wenn ich in meiner Sorgfalt nachgelassen und nicht mehr ausnahmslos alle Regeln eingehalten habe.

Alles in allem hatten wir aber Glück und verloren nur wenige der größeren Nutztiere. Tiere waren für uns nie einfach nur Verbrauchsgüter oder Massenware. Wenn eins unserer Tiere starb, trauerten wir. Manchmal mussten wir uns auch sagen: »Das hätte nicht passieren dürfen. Wir haben uns nicht genug um das Tier gekümmert.«

An Sorgfalt und Pflege sollte es dem Lama jedenfalls nicht mangeln, so viel stand für mich fest. Ich musste mich unbedingt mit vollem Einsatz der Frage widmen, wie wir sie zum Fressen bewegen konnten und was wir tun mussten, damit sie sich in ihrem neuen Zuhause – auch ohne die Gesellschaft eines anderen Lamas – wohlfühlte.

»Vielleicht könnte ihr Vitamin B$_{12}$ helfen?«, sagte ich zu Paul.

»Können wir probieren.«

Bei Tieren, die in schlechter Verfassung waren und nicht gut fraßen, hatte eine solche Vitaminspritze oft Wunder gewirkt. Sie half vor allem bei Appetitlosigkeit und Schwächezuständen, aber ich hatte gehört, dass sie gelegentlich auch Pferden vor Wettrennen verabreicht wurde, um ihnen einen zusätzlichen Schub zu verleihen, und dass sie bei Menschen etwa bei einem Kater oder bei Delirium tremens half. Ganz gleich, wie es genau wirkte, es war ein gutes Mittel.

Als Nächstes rief ich den Tierarzt an, der sich um die Tiere im Mountain Zoo in Colwyn Bay kümmerte. Ich kannte ihn zwar nicht persönlich, aber er hatte mir schon am Telefon kostenlose Ratschläge zu verschiedenen Lamafragen erteilt. Wenn er mich für verschroben hielt, sagte er es zumindest nicht, und er war immer sehr hilfsbereit. Er meinte, eine Spritze mit Vitamin B$_{12}$ könne durchaus etwas bewirken. Wenn wir unser Lama einer Wurmbehandlung unterziehen wollten, sollten wir aber noch warten, bis es sich ein wenig eingewöhnt habe. Ich war froh über diesen Rat. Da Ñusta so wenig fraß, würde sie wohl kaum das unters Futter gemischte Medikament zu sich nehmen, und die Vorstellung, ihr die Pille in den langen Hals zu schieben oder Medizin einzuflößen, behagte mir gar nicht. Bei Rindern kann man das gut machen, weil sie so riesige Mäuler haben und ihnen alles luftig leicht die Kehle runterrinnt. Ponys sind schon schwerer zu behandeln, weil sie sich das Medikament irgendwo hinten ins Maul schieben. Wenn einem dann schon der Arm schmerzt, weil man den Kopf des Tieres so lange hochgehalten hat, und man meint, endlich sei alles im Magen gelandet, kommt die ganze Chose wieder raus und rinnt einem den Ärmel runter. Womöglich war das bei Lamas wegen ihrer besonderen Fähigkeit, des Spuckens, ja sogar noch schlimmer.

Ich kochte also die Injektionsspritze ab, um dem Lama das Vitamin B$_{12}$ zu verabreichen. Paul kam, um mir zu helfen. Wir warteten nur auf unsere erste Spuckattacke. Paul hielt das Lama fest, während ich nach einer geeigneten Einstichstelle suchte. Aber ich fand keine. Unter der dichten Wolle war nichts als Knochen. Ich hatte schon den dürrsten Schafen eine Spritze gegeben, auch wenn es mir nicht sonderlich gefiel, aber jetzt war die Sache sehr viel heikler, weil das Lama ein so wertvolles Tier war und ich ihr gern weitere Unannehmlichkeiten ersparen wollte. Aber es musste sein. Also machte ich so schnell ich konnte. Als die Nadel einstach, zuckte Ñusta zusammen, aber es gelang Paul, sie festzuhalten. Dann war es auch schon vorbei, und die Sache war sogar ganz ohne Spucken über die Bühne gegangen.

»Gutes Mädchen«, sagten wir. »Das wird dir guttun.« Und hofften innig, dass es stimmte.

Ich holte eine Handvoll Maisflocken und legte sie ihr in die Schüssel.

»Wie Oliver Goldsmith gesagt hat: Du willst ›weder Heu noch Mais, um dich zu ernähren‹«, raunte ich. »Aber leider ›begnügst du dich nicht mit Gemüse und Gras‹, sondern rümpfst die Nase über unser Gemüse und zu dieser Jahreszeit gibt es leider kein Gras. Wenn du nicht frisst, kannst du nicht überleben.«

Da fiel mir ein, dass wir ja doch ein bisschen Gras hatten. In dem kleinen umzäunten Gemüsegarten in Tŷ Mawr, den wir noch nicht für die Pflanzungen im Frühjahr umgegraben hatten, wucherten außer Reichweite der hungrigen Schafe Simsen. Vielleicht wäre es für Ñusta besser, wenn sie im Freien herumstromern und sich ihr Futter selber aussuchen konnte. Gern wollte ich die letzten Kohlköpfe opfern, wäre sogar froh darum, wenn das Lama sie fräße. Paul hielt es für eine gute Idee und so brachten wir Ñusta in den Garten und ließen sie los.

Es war faszinierend zu sehen, wie dieses wunderschöne Tier in unserem kleinen Gemüsebeet aufblühte. Gespannt sahen wir zu, was sie machen würde, und standen parat, um einzugreifen, falls sie sich gegen den Zaun werfen sollte, der vom Alter schon etwas durchgebogen war. Das Lama inspizierte gemächlich sein neues Reich, schnüffelte mal hier, mal da, ging ein paar Schritte weiter und blieb immer wieder stehen, um den Kopf zu drehen – immer von rechts nach links, wie uns jetzt auffiel –, ihr wohlbekanntes seltsames Kreiseln.

»Warum sie das wohl macht?«, fragte ich. »Meinst du, sie hat was mit den Ohren? Oder macht sie es einfach, weil sie einen so schönen langen Hals hat und ihn gern bewegt?«

»Vielleicht ist es eine Art Übersprungshandlung«, sagte Paul, ganz in seinem Tierkundlerelement.

»Könnte sein. Aber welche Handlung überspringt sie?«

Auf die Frage wussten wir keine Antwort.

Das frische Ruchgras interessierte das Lama ebenso wenig wie der saftige Kohl, aber sie fand ein paar verkümmerte Erbsenhalme, die noch an den Stöcken vom Vorjahr hingen, und zupfte sie ab. Die Stöcke fanden ebenfalls ihr Gefallen und sie kaute einige kleinere trockene Zweige – nicht sonderlich nahrhaft, wie wir fanden, aber wir waren erleichtert, dass sie überhaupt etwas fraß. Vielleicht waren die Stöcke ja ein gutes Raufutter für sie. Allein lassen wollten wir sie aber nicht, weil uns der Drahtzaun nicht sicher genug schien, falls sie versuchte auszubüchsen. Der Zaun war wahrlich nicht darauf ausgelegt, ein Lama zu halten.

»Vielleicht bringen wir sie besser in Mums Garten«, sagte ich.

Der Gemüsegarten in Carneddi bestand aus einem kleinen Feld unterhalb des Hauses, vielleicht ein Drittel Morgen Land, das von festen Steinmauern umhegt war. Als wir vor dreißig Jahren nach Carneddi gezogen waren, bestand es nur aus einer Rasenfläche. In unserem zweiten Jahr auf dem Hof pflügte es unser Nachbar William Owen mit seinem Pflug und unserem Pferd für uns um. Das Feld stieg steil an, sodass man es nur bergab pflügen konnte. Die Pflugschar drang gerade mal fünf, sechs Zentimeter in den Boden ein, aber damit ließ sich schon das meiste Gras umpflügen und für den Anfang reichte uns das. Anschließend gruben wir die Erde um, düngten sie und transportierten per Schubkarre Steine und Findlinge ab, bis wir einen schönen Garten hatten, in dem Beeren und Gemüse in Hülle und Fülle gedeihen konnten.

In den letzten zehn Jahren hatten wir den Garten allerdings

arg vernachlässigt. Meine Mutter und ich, die beiden Gärtnerinnen in der Familie, hatten mehr zu tun, als wir schaffen konnten – ich mit meinen zwei kleinen Kindern, der Arbeit auf dem Hof und labiler Gesundheit, meine Mutter mit ihrer kranken Tochter, die sie pflegen musste, und ihren eigenen Altersgebrechen. Zuletzt hatten wir es gerade einmal geschafft, die obere Hälfte zu bewirtschaften, während wir den unteren Teil verwildern ließen. Im Sommer wuchsen Farne und Nesseln schulterhoch zwischen den Himbeeren und schwarzen Johannisbeeren. Das Farnkraut war zum Winter hin abgestorben, sodass es nichts mehr gab, was für das Lama schädlich wäre, und nichts, was sie beschädigen könnte, und die Steinmauern stellten eine solide Einhegung dar.

Langsam ging ich auf das Lama zu und hakte die Leine ans Geschirr. Mit Paul und Beenie als Geleit und J. als Fotograf, um die Prozession zu dokumentieren, führte ich sie hinauf nach Carneddi. Es war ein getragener Marsch, bei dem wir dem Lama gut zureden mussten, und ein historischer Moment: Ein Lama betrat eine Gegend, die noch nie zuvor ein Lama betreten hatte. Sie bewegte sich mit anmutiger Würde, über uns der blaue Himmel, die Februarsonne auf ihrer goldenen Wolle, im Hintergrund die wunderbaren Berge.

»Würde es dir etwas ausmachen, ein Lama in deinem Gemüsegarten zu beherbergen?«, fragte ich meine Mutter.

»Ich wäre entzückt«, sagte sie.

Also führten wir Ñusta hinein und ließen sie laufen, auf dass sie etwas Fressenswertes fand, das ihr guttun würde. Meine Mutter und Mary standen auf der oberen Terrasse des Blumengartens und schauten auf unsere südamerikanische Schönheit hinab, die in ihrem winterlichen Garten recht sonderbar aussah.

Wir blieben noch eine Weile, um zu sehen, was das Lama

fressen würde, aber entgegen unseren Hoffnungen machte sie sich nicht über die Grasbüschel her. Wieder pickte sie nur ein paar trockene Zweige und Blätter vom toten Farn und knabberte am Moos und an den Flechten auf den Steinmauern.

Als am Nachmittag die Sonne unterging, führte ich das Lama wieder zurück nach Tŷ Mawr. Sie hatte viel erlebt an diesem Tag. Ich hoffte, unsere Bemühungen würden sich auszahlen.

7

Eingewöhnung

Der nächste Tag war wieder klar und sonnig, aber kälter, die frühlingshafte Milde der letzten Tage war aus der Luft gewichen. Zum Frühstück fraß Ñusta nur einen Teelöffel voll Maisflocken, mehr wollte sie nicht. Im Stroh sah ich indes einige kleine Kotkugeln liegen. Das war ein gutes Zeichen, auch wenn es erbarmungswürdig wenige waren. Auf den ersten Blick glichen sie Schafkötel, bei näherer Betrachtung sah ich jedoch, dass sie ellipsenförmig waren und an jedem Ende einen flaschenartigen Hals hatten. Ganz eindeutig Lamakot und anders als aller mir bekannter Dung. Ich hatte gelesen, dass die Ureinwohner Südamerikas Brennstoff daraus machten. Für mich sahen die Kötel allerdings nicht nach einem besonders vielversprechenden Rohstoff aus. Ich fragte mich, wie sie damit ein ordentliches Feuer entzünden wollten. Aber zumindest sahen die Kötel gesund aus und zeigten keinerlei Anzeichen von Wurmbefall.

Pauls Lamageschirr war ein bisschen kompliziert anzubringen. Meist verfing ich mich in der Wolle, weshalb ich Ñusta dann doch lieber ein Hundehalsband umlegte, wenn ich sie zum Garten führen wollte. Wie beim ersten Mal kamen wir nur langsam voran. Immerhin wirkte das Lama jetzt selbstsicherer und entspannter. Das Halsband schien ihr ganz gut zu gefallen und sie schritt neugierig um sich blickend neben mir her. Ihre riesigen Augen standen weit aus ihrem kleinen Kopf hervor. Wahre Glubschaugen waren das, mit schweren schwarzen Wimpern, um die sie jede Filmdiva beneidet hätte. Die Iris von einem leicht blässlichen Vergissmeinnichtblau, und trotz der rechteckigen Pupillen, durch die man in unergründliche Tiefen sah, hatten ihre Augen etwas seltsam Menschliches. Die Augenpartie war von langen grau-weißen Haaren verhangen, die noch die Wimpernpracht betonten und ihrem Äußeren zusätzlichen Glanz verliehen.

Während wir liefen, waren ihre Ohren schwer beschäftigt. Ñusta hatte grotesk lange Signalohren, die an den Seiten ihres hornlosen Schädelgewölbes wie in einer Gelenkkupplung saßen. Sie konnten annähernd einen Dreiviertelkreis beschreiben und schienen unabhängig voneinander zu agieren. Unter den kurzen weißen Härchen, die dicht wie Plüsch waren, konnte man noch die dunkelgraue Haut erkennen. Die Ohren waren bananenförmig gekrümmt und drehten sich kurz vor der Spitze spiralartig ein. Ich hatte schon andere Lamas gesehen, deren Ohren ganz gerade aufstanden, und im Vergleich dazu kamen uns Ñustas Bogenohren besonders apart vor. Von einem kleinen Heiligenschein aus Haaren umflort, sahen sie wie wunderschöne Spezialanfertigungen aus. Manche Peruaner setzten ihren Lamas eine Ohrmarke ein, um sie zu identifizieren. Zwar machten wir dasselbe mit unseren Schafen, aber ein so perfektes Produkt der Evolution derart zu brandmarken, kam mir schändlich vor.

Dann fiel mir auf, dass die Schafe Ñustas Neugierde weckten. Immer wenn wir einem Schaf begegneten, schien sie sich größer zu machen, schnüffelte in die Luft und sah es sich aufmerksam an, die Ohren gerade nach vorn gelegt, worauf sie sich anschickte, ihm zu folgen. Die Schafe dagegen wandten sich nach einem flüchtigen Blick und Schnüffeln wieder ab. Das tat mir leid für Ñusta, die die Mutterschafe offenbar als untersetzte Lamas mit falscher Duftmarke ansah. Nach ein paar Wochen verlor sie aber das Interesse an ihnen.

Als wir in Carneddi ankamen, ließ ich Ñusta wieder in den Gemüsegarten. Wie meist blieb sie leicht verloren dreinblickend am Tor stehen und linste durch den Maschendraht, wobei sie einsam leise hupte. Ich betrachtete sie eine Weile. Jetzt lief sie in den Garten, um wieder an den toten Zweigen und dem trockenen Farn zu nagen. Ab und zu tat sie dabei etwas Merkwürdiges, was uns schon tags zuvor aufgefallen war. In einer flinken Bewegung legte sie eins ihrer spindeldürren Hinterbeine auf das Sprunggelenk des anderen und schubberte dann die Außenseiten der Hinterbeine aneinander. Es sah wirklich grotesk aus. Ich hatte so etwas noch nie bei einem Tier gesehen und hielt es eigentlich überhaupt nur für machbar, weil sie Beine wie weichgekochte Nudeln besaß. Es sah ungefähr so aus, als würde eine Stubenfliege die Beine aneinanderreiben.

Am späten Nachmittag führte ich Ñusta wieder zurück nach Tŷ Mawr und brachte sie in den Stall. Ich stellte ihr eine kleine Portion Mais, frisches Wasser und Heu hin. Am Abend kam einer der Tierärzte aus unserer Stammpraxis vorbei, um zwei unserer Kühe, Lovely und ihre Tochter Quix, auf eine Schwangerschaft zu untersuchen. Lovely war unsere älteste und beste Kuh. Sie hatte uns zehn prachtvolle Kälber geschenkt und trotz der dürftigen, steinigen Weiden jeden Abend und jeden Morgen eimerweise Milch gegeben. Ihre Mutter Heather, die inzwischen gestorben war, hatte uns ebenso viel Freude bereitet, aber wir warteten noch auf einen Abkömmling von ihrer Güte. Quix sah großartig aus und ließ die Kinder auf sich reiten, gab aber nicht so viel Milch und hatte bisher nur Bullenkälber zur Welt gebracht. Sadie, eine andere Tochter von Lovely, wollte partout nicht trächtig werden, weshalb ihr der Tierarzt eine Hormonspritze geben wollte.

Wir waren sehr zufrieden mit unserer kleinen Herde reinrassiger Welsh-Blacks und der vielen Milch, Sahne und selbstgemachten Butter, die wir ihr verdankten. In unserer abgeschiedenen Lage und bei einem so kargen Boden wäre es unwirtschaftlich gewesen, die Milch zu verkaufen, und es war uns auch lieber, sie allein zur Selbstversorgung zu nutzen. Alle Rinder stammten von einer Färse ab, die wir 1945 zusammen mit dem Hof für zehn Pfund gekauft hatten. Es gab bei uns kein Fremdblut. Wir hatten sie mithilfe reinrassiger Bullen hauptsächlich durch künstliche Besamung zur Reinrassigkeit gebracht. Inzwischen zogen wir in zehnter Generation Kälber auf und es hätten sogar noch deutlich mehr Generationen sein können, wenn wir nicht die besten Altkühe behalten und ihre Färsen verkauft hätten.

Als Beenie zu uns kam, übernahm sie das Melken, die Molkereiarbeit und die Kälberaufzucht. Sie war eine erfahrene Hirtin und stolz und glücklich über ihre schönen Tiere. Der Sekretär der Welsh Black Cattle Society, einer Stiftung, die sich für den Erhalt der Welsh-Black einsetzte, sagte mir einmal, es wundere ihn, dass wir so hochwertige Rinder züchteten, obwohl wir nur so wenige besaßen. Ich denke, unser Interesse an den Tieren hat einiges dazu beigetragen. Überrascht waren wir aber schon, als unsere Färse Carneddi Nerys 1967 den Ausstellungswettbewerb gewann und wir sie zum damaligen Rekordpreis verkaufen konnten.

Hätte Nerys ein anderes Temperament gehabt, hätte sie vermutlich nie Berühmtheit erlangt. Sie hätte ihr Leben friedlich auf den Hügeln von Carneddi verbracht, den Sommer über zwischen Farnen und Felsen gegrast, sich im Winter in unserem dunklen kleinen Kuhstall gewärmt und unser eigenes Heu und unsere Kohlrüben gefressen. Sie hätte gute Kälber zur Welt gebracht und uns zweimal am Tag den Milcheimer gefüllt, und wir hätten sie bis an ihr Lebensende bei uns behalten, weil sie genau die Art Kuh war, die wir mochten.

Sie war Heathers Tochter und entwickelte sich zu einer stämmigen kleinen Färse, die alle Vorzüge der Rasse in sich vereinte. Sie besaß jene kleine Extraportion Verstand, die mit guter Milchqualität einherzugehen schien. Mit Engelsgeduld suchte sie die kargen Weiden ab, stand zur Fütterungszeit immer als Erste parat und überwand als Einzige die Einzäunungen, die das Vieh vom wachsenden Heu fernhalten sollten, indem sie sich entweder darunter hindurchwand oder drüberkletterte. Überall, wo etwas Gutes zu holen war, war Nerys zur Stelle und holte es sich. Uns kümmerte das zunächst nicht. Erst als sie sich auch unkonventionelleren Speisen zuwandte, fanden wir, dass es vielleicht doch gut wäre, sie abzugeben.

Sie graste damals immer mit den anderen Jungtieren und den Ponys auf den Feldern rund um Tŷ Mawr. Eines Morgens fiel uns auf, dass eins der Ponys einen ungewöhnlich dünnen Schwanz hatte. Komisch, dachten wir, was ist denn mit ihm passiert? Am nächsten Tag war der Schwanz ganz verschwunden. An der Schweifrübe hing nur noch ein zerzaustes Büschel Haare; der wunderschöne, fast bodenlange Schwanz war dahin. Doch erst als ein weiteres Pony seinen Schwanz verlor, kamen wir dahinter, dass Nerys die Schuldige war. Wir ertappten sie, als sie gerade den dritten Schwanz verputzte. Das dazugehörige Pony stand still und friedlich da, während sie ihm Haar um Haar vom Schweif abzupfte. Diese merkwürdige Vorliebe konnte möglicherweise an Mineralstoffmangel liegen, was ich aber bezweifelte, weil wir den Tieren wie gewohnt Lecksteine aufgestellt hatten.

Wir brachten Nerys auf ein anderes Feld, auf dem ein Lamm graste, das Maden gehabt hatte und das wir unter Beobachtung hielten. Jetzt, da Nerys keine Pferdeschwänze mehr abknabbern konnte, fand sie heraus, dass auch Schafwolle schmackhaft war, und machte sich daran, dem armen Tier sein struppiges Vlies abzufuttern. Dem Opfer schien das allerdings nichts auszumachen.

Paul und ich brachten das Lamm an einen sicheren Ort, obwohl wir Sorge hatten, dass sich Nerys nachts hinausschlich und unserem Hengst den Schwanz abfraß. Im Flüchten war sie Expertin und der Hengstschwanz bedeutete uns viel. Ohne ihn war der Hengst nicht vorzeigbar. Wir hatten damals trotz enormer Konkurrenz mit unserem Füllen Carneddi Idris großen Erfolg im Schauring, aber ein Schwanz brauchte ein halbes oder sogar ein ganzes Jahr, um nachzuwachsen. Das Risiko konnten wir nicht eingehen. Und wenn Nerys solche abnormen Vorlieben entwickelte, würde sie sich am Ende vielleicht auch Plastiktüten, Nägel oder Stacheldraht einverleiben, was tödlich enden konnte. Wir mussten sie wirklich dringend verkaufen.

Also nahmen wir sie zum nächsten Verkaufstermin reinrassiger Welsh-Blacks mit. Sie sah gut aus und brachte uns mehr ein als eine durchschnittliche einjährige Färse. Angeblich kam sie nach Schottland.

Anderthalb Jahre hörten wir nichts mehr von ihr. Dann klingelte das Telefon. Ein benachbarter Landwirt, der auf der Jahresausstellung von Welsh-Blacks in Perth gewesen war, wollte uns zum überwältigenden Erfolg unserer Färse gratulieren. Wir waren erstaunt und erfreut, dass Nerys den Wettbewerb gewonnen hatte; nur schade, dass wir nicht auf der Empfängerseite des Preisgelds standen. Aber zumindest war es eine gute Werbung für den Zuchtnamen »Carneddi«. Hätten wir Nerys behalten, wäre sie auf unserem mageren Land niemals groß und fett genug geworden, um den Titel zu holen, sondern hätte ihr Leben unbeachtet im Schatten unserer

Hügel gefristet. Beherbergten wir womöglich noch weitere potenzielle Gewinner? Schon seltsam jedenfalls, dass eine Vorliebe für Ponyschwänze unserer Färse ihre fünfzehn Minuten Ruhm eingebracht hatte.

Als der Tierarzt mit seiner Arbeit fertig war, verkündete er zu unserer Freude, dass sowohl Lovely als auch Quix trächtig waren. Sadie bekam ihre Spritze und wir hofften, das würde den gewünschten Erfolg bringen.

Dann sagte ich zu ihm: »Wir haben im Stall nebenan ein Tier, das vielleicht demnächst zu Ihren Patienten gehört. Wollen Sie es sich schon einmal ansehen?«

Ich führte den Tierarzt zum Stall und wir gingen hinein.

»Ach du liebes bisschen«, sagte er, »ein Lama! Wo haben Sie das denn her?«

Ich erzählte es ihm. In den nächsten Monaten hörten wir diese Frage am häufigsten und meist auch als erste. »Wo haben Sie das denn her?« – als könnte man sich die außergewöhnliche Erscheinung des Tieres und unsere Gründe, es zu halten, anhand seines Herkunftsorts erklären.

Der Tierarzt sagte, er habe keine Erfahrung mit Lamas, zeigte sich aber höchst interessiert. Er fand sie ebenfalls sehr dünn; einen Rat, was ihrem Wohlbefinden zuträglich wäre und wir nicht selbst schon ausprobiert hätten, wusste er jedoch auch nicht.

Später am Abend ging ich noch einmal hinaus, um nach Ñusta zu sehen. Sie saß still in ihrer eleganten Teehaubenposition in der Ecke. Als ich in den Stall kam, regte sie sich nicht, sondern gab nur ein leises *mmm* von sich. Da sah ich, dass sie auf ihrem wiedergekäuten Futter mümmelte. Was für ein freudiger Anblick! Wie sehr hatte ich mich nach diesem Moment gesehnt. Jeder Besitzer eines Wiederkäuers weiß, wenn sein Tier sein Futter wiederkäut, ist das der endgültige

Beweis, dass es ihm gut geht und es zufrieden ist. Später las ich, dass Lamas zwar nicht zu den Wiederkäuern gezählt werden, aber dass sie wie alle Mitglieder der Kamelfamilie ihr Futter wiederkäuen und auch einen Pansen haben, der als der erste von vier Mägen fungiert. Manche Fachleute meinen, der dritte Magen, der Omasus oder Blättermagen, sei beim Lama anatomisch nicht genug ausdifferenziert, um ein eigenständiges Organ zu bilden. Kamele und Lamas stammen vermutlich von einem schweineähnlichen Tier in Nordamerika ab und haben also mit echten Wiederkäuern nur wenig gemeinsam. Das alles interessierte mich in dem Moment jedoch nicht; ich war einfach froh, dass Ñusta so zufrieden dasaß und kaute. Dann musste mit ihr doch alles einigermaßen in Ordnung sein.

Ich sah noch einmal genauer hin, um sicherzugehen, dass ich mich nicht verguckt hatte und sie nicht einfach mit den Zähnen knirschte. Aber es gab keinen Zweifel. Ich sah, wie ihr Bauch leicht krampfte und eine Sekunde später eine gut sichtbare Auswölbung ihren langen Hals hinaufstieg. Die Auswölbung erschien in ihrer Backe und das stete rhythmische Kauen setzte ein. Sie kaute etwas schneller als ein Schaf und sehr viel schneller als eine Kuh. Ihr Unterkiefer bewegte sich rasch hin und her, hin und her, hin und her. Mir war aufgefallen, dass Schafe und Rinder immer in einer Kreisbewegung kauen. Erst bewegen sie den Kiefer eine Weile im Uhrzeigersinn, dann halten sie inne und bewegen ihn gegen den Uhrzeigersinn. Auch in dieser Hinsicht war das Lama also anders. Sie kaute die Nahrung fünfzig oder sechzig Mal und schluckte sie dann hinunter. Die Auswölbung verschwand. Nach einer kurzen Pause krampfte wieder ihr Bauch und die nächste Auswölbung, der Bolus, ratschte den Hals hinauf. Den Blick in die Ferne gerichtet, widmete sie sich der bedeutsamen Arbeit des Wiederkäuens. Ich schaute fasziniert und beglückt zu, als hätte mir gerade jemand hundert Pfund geschenkt. Die Vitamin-B_{12}-Spritze hatte gewirkt. Und das Lama hatte in unserem alten Küchengarten offenbar tatsächlich etwas Fressbares gefunden.

Während ich ihr zusah, dachte ich darüber nach, wie unsere Gesellschaft aussähe, wenn wir Menschen uns in der Evolution zu Wiederkäuern entwickelt hätten. Eine Mahlzeit wäre wohl nur mehr eine verhuschte Angelegenheit, bei der wir riesige Portionen Gemüse in uns hineinschlängen. In jedem gut ausgestatteten Haus läge gleich neben dem Esszimmer das Wiederkäuzimmer, in das man sich zurückzöge, um in Ruhe zu kauen. Man würde sich nicht mehr nach dem Essen zu einem gemütlichen Plausch an den Kamin setzen und die Zahl der Medikamente gegen Magendrücken würde in die Höhe schießen, da ja nun jeder Mensch vier Mägen zu pflegen hätte. In größeren Städten gäbe es womöglich Bürgerruminatorien oder für die Hippies Wiederkäuerhöhlen. In jedem Fall würde das Leben einen langsameren Gang gehen. Dann kam ich aus meinem Tagtraum zurück in den Stall und lief zum Haus, um Paul die gute Neuigkeit mitzuteilen.

Das schien der Wendepunkt zu sein. Von nun an fraß das Lama immer besser. Eine Mahlzeit bestand jetzt aus zwei Handvoll Maisflocken, wobei Ñusta hinsichtlich ihrer Essgewohnheiten wählerisch blieb. Ihre Schüssel musste immer peinlich sauber sein, sonst rührte sie sie nicht an. Außerdem ließ sie jedes Mal ein paar Teelöffel als Anstandsrest übrig, wie es manch sittenstrenge Familie noch heute ihren Kindern beibringt. Ich stellte fest, dass ihr das hängende Heunetz nicht gefiel, sondern dass sie lieber kleine Mengen Heu fraß, wenn ich ihr eine Handvoll auf den Boden in ihrer Lieblingssitzecke legte.

Ja, das Blatt hatte sich gewendet. Wir würden kein Alaun

und keinen Salpeter benötigen, vorausgesetzt, es ereignete sich keine wie auch immer geartete Katastrophe. Am 10. Februar fraß Ñusta etwas Mais aus meiner Hand, was ich als einen weiteren Meilenstein in ihrer Entwicklung ansah. Wenn ein Tier von sich aus zu mir kommt, dann haben wir eine echte Verbindung aufgebaut.

Bei gutem Wetter führte ich das Lama jeden Tag hinauf zum Garten, wo sie bis zum späten Nachmittag blieb. Wenn wir wieder zurückgingen, folgte sie mir ohne Leine und ging freiwillig in ihren Stall, um zu fressen. Das war die nächste Etappe in ihrer Erziehung. Ließen wir sie frei laufen, beobachteten wir erstaunt, dass sie das offene Feld mied und lieber bis zur Mauer ging, um daran entlangzulaufen. Kam sie an ein Gatter, blieb sie zwar nahe davor stehen, trat aber nur höchst widerwillig hindurch. Die Zoo-Mentalität steckte noch tief in ihr. Sie hatte die ersten sechs Monate ihres Lebens in einem Gehege verbracht und erwartete von der Welt, dass sie von Zäunen umgrenzt ist. Auch war mir aufgefallen, dass es ihr nicht genehm war, den Felsweg zu besteigen. Sie machte um das kleinste Hindernis einen Zinnober und ging nur mit gutem Zureden weiter. Seltsam, dass ein Tier, das sich in Millionen von Jahren an das Leben in den Bergen angepasst hatte, plötzlich keinerlei Geschicklichkeit mehr besaß, nur weil es aus dem Zoo kam. Schließlich stellten wir fest, dass sie morgens nach dem Losbinden am liebsten am Haus blieb. Unsere Gesellschaft schien ihr zu gefallen und sie machte keine Anstalten zu fliehen.

Eines sonnigen Morgens Ende Februar sagte Paul, während Ñusta in der Nähe stand: »Wäre es nicht schön, das Lama mit ins Haus zu nehmen?«

Das fand ich auch. Wir hatten schon Ponys im Haus gehabt und die kleinen Lämmer konnte man sowieso nicht davon abhalten, sich hereinzuschleichen. Beides gefiel uns jedoch nicht besonders. Die Lämmer hinterließen immer eine Lache und eine Spur aus Kotkügelchen, während es uns bei den schwerfälligen Ponys oft kaum gelang, sie durch den engen Flur wieder rauszuschieben. Ab und zu kam auch eine Henne hereingestapft, nicht selten mit einem Fahnenschweif an Küken, um auf dem Küchenboden die Krümel aufzupicken. Ein Huhn legte gern seine Eier unter der Treppe ab. Ich mochte diese Invasion der Tiere, nur war ich danach meist mit Kehrblech und Feudel unterwegs. Einmal hatte sich offenbar auch eine Färse hereingeschlichen – auch wenn ich sie nie im Haus gesehen habe. Damals grasten mehrere Färsen auf dem Feld vor unserem Haus. Als ich einmal von Carneddi zurückkam, sah ich erschrocken, dass die Haustür offen stand. Kühe sind tollpatschige Tiere und fressen die ungewöhnlichsten Sachen, wenn sie die Gelegenheit dazu haben. Ich ging hinein und sah zu meiner Erleichterung, dass alles sauber und ordentlich schien. Glück gehabt. Alles war noch an seinem Platz. Doch dann schaute ich zufällig zum Kaminvorleger. Und da lag, genau in der Mitte, ein adretter, kreisrunder Kuhfladen, der unfehlbare Beweis, dass wir ein Rindvieh zu Besuch gehabt hatten, das sich von dieser Hinterlassenschaft abgesehen ganz und gar unrindlich benommen hatte.

Jetzt würden wir also noch ein Lama zu unserer Tierbesuchsliste hinzufügen. Mit einer Handvoll Mais lockte ich Ñusta durch die Haustür. Erst zögerte sie, aber sie war offensichtlich neugierig und folgte mir schließlich mit winkenden Ohren. Ihre kleinen ledernen Füße kratzten über die Schieferplatten im Eingangsbereich. In der Küche begutachtete sie alles mit großem Interesse und einiger Sorgfalt. Mit dem Kopf erreichte sie leicht die Höhe der Arbeitsflächen und konnte auch mehrere Regale inspizieren. Als sie sich an einem kleinen Teller mit gehackten Steckrüben, Möhren und Äpfeln zu schaffen machte, richtete ich ihr eine Portion davon her. Sie kam zu mir, um sie zu begutachten. Dann fraß sie das Gemüse direkt vom Hackbrett. Paul und ich beobachteten fasziniert, wie sie ihre Lippen dazu einsetzte. Ihre Oberlippe war bis hinauf zu den Nasenlöchern gespalten wie bei einem Hasen oder Kaninchen, wobei ihre zwei Lippenhälften sehr beweglich und muskulös wirkten. Sie konnte sie richtiggehend ausfahren wie zwei kleine Finger oder Miniaturrüssel und sich die Möhrenstücke damit ins Maul schieben. Metallisch grau waren diese Greiforgane, mit einem Flaum kurzer silberner Haare überzogen und makellos sauber.

Als sie eine Portion vom gehackten Gemüse gegessen hatte, folgte sie uns in die Wohnstube. Drinnen zu sein gefiel ihr offenbar, auch wenn sie es noch ein wenig befremdlich fand und auch uns gegenüber noch etwas scheu war. Wir setzten uns, um sie nicht abzulenken, und sahen zu, was sie machte. Neugierig inspizierte sie das Zimmer und bewegte sich dabei ganz vorsichtig, um nichts kaputt zu machen. Anschließend ging sie zum Kaminvorleger und nahm Platz, als wollte sie unserem Vorbild folgen. Die Füße aneinandergelegt, saß sie still und würdevoll da wie ein geladener Gast – was sie ja auch war. Paul und ich sahen uns schmunzelnd an; das hatten wir nicht erwartet. Wir staunten, in welchem Maße unser wunderschönes Tier domestiziert war, und über seine Zartheit, Reinlichkeit und sein gutes Benehmen. Jetzt hatten wir also eine adlige Dame im Haus.

8

Wo ist der Haken?

Weil wir gern von den Erfahrungen anderer lernen wollten, suchten wir nach Leuten, die sich auch ein Lama hielten. Abgesehen von Zoos und Zirkussen schien es jedoch niemanden zu geben.

»Ich frage mich, warum sich sonst niemand ein Lama hält«, sagte ich. »Wo sie doch in Südamerika als ganz normale Haustiere gelten.«

»Vielleicht ist einfach noch keiner auf die Idee gekommen«, meinte Paul.

»Ich kann mir nicht vorstellen, dass wir so einzigartig sind«, sagte ich. »Sicher gibt es irgendeinen Haken, von dem wir noch nichts wissen.«

»Das werden wir dann schon sehen, wenn es so weit ist«, sagte Paul. »Aber was könnte das sein?«

Wir, die wir uns zuvor noch nie über Lamas Gedanken gemacht hatten, waren inzwischen rundum begeistert von diesen Tieren. Je mehr wir über sie herausfanden, umso spannender fanden wir sie. Unsere goldene südamerikanische Schönheit entwickelte einen unüberbietbaren Charme und wurde zu einer echten Persönlichkeit; was wir an Informationen über die Geschichte der Lamas zusammentrugen, machte sie für uns noch faszinierender. Zuletzt hatten wir ein Buch über die spanische Eroberung Perus gelesen – das Buch, aus dem wir auch den Namen *ñusta* hatten. Eine betrübliche Geschichte von Grausamkeit, Betrug und Gier war das, aber die eingestreuten Erzählungen über Lamas waren sehr interessant. Es wurde gemutmaßt, die große Kultur der Inkas hätte sich ohne diese Tiere nie so weit entwickelt. Die Inkas hatten Lamas als Lasttiere eingesetzt und von ihnen Wolle, Milch und Fleisch bekommen. Sie lebten in den Anden und auf dem hohen, trockenen Altiplano hätte kein anderes größeres Säugetier überlebt; nur die Lamas konnten dort in über fünftausend Meter Höhe leben und zudem noch schwere Lasten tragen. Obwohl die Inkas weder Pfeil und Bogen noch das Rad, noch die Schrift erfanden, waren sie hochzivilisiert. Sie waren fachkundige Ackerbauern, meisterhafte Maurer, Straßenbauer und gewandte Schmiede, die wertvolle Metalle verarbeiteten. Obwohl der Inka – der Gott-König – und die herrschenden Klassen in großem Prunk schwelgten, sorgte ihr sozialistischer, als wohlwollende theokratische Diktatur organisierter Staat gut für das Volk. Auf herrlich anzusehenden Terrassen bauten sie an den Berghängen so viel Mais und Kartoffeln an, dass alle genug zu essen hatten. In großen Kornkammern und Speichern lagerte reichlich Nahrung für die mageren Jahre. Auf den Bergen grasten riesige Lamaherden und bei einem sogenannten *chaco* wurden bis zu 15 000 Tiere zusammengetrieben und geschlachtet. Die Bauern waren gute Tierzüchter und betrieben ihre Lamazucht mit Sorgfalt.

So lebten also die Inkas, hoch oben in den Anden in ihren steingemauerten Städten, wo sie ihre terrassenförmigen Felder bewirtschafteten und den Ertrag per Lamazug über die steilen gepflasterten Wege transportierten. In goldverzierten Tempeln, in denen Lamas und Maisähren in Silber und Gold für Fülle und Fruchtbarkeit standen, beteten sie die Sonne an und der Inka, der Gott-König und Sohn der Sonne, herrschte über alles. Lamas waren hoch geachtete Tiere. Die Inkas nutzten sie als Opfertiere, Wahrsager deuteten die Windungen ihrer Eingeweide und manchmal wurden sogar Tiere zusammen mit den Leichnamen ehemaliger Könige mumifiziert. Hier in der klaren dünnen Luft, wo die Sonne morgens über den hohen trockenen Berghängen auf- und abends wieder unterging, lebten die Sonnenanbeter, die Inkas.

Dann, im Jahre 1532, kamen die Konquistadoren, um den Heiden im Namen Gottes die Religion zu bringen und dabei vielleicht auch noch sich selbst und die Kirche zu bereichern. Die Konquistadoren hatten Speere, Schwerter und Rüstungen aus Metall und ritten auf Pferden. Die Inkas hatten noch nie zuvor ein Pferd gesehen und erschraken, als sie diese bewaffneten Zentauren sahen; doch dann ganz allmählich wandten sie sich den Fremden in freundschaftlicher Absicht zu. Die Spanier akzeptierten das Freundschaftsangebot, aber sie wollten auch Macht. Im November desselben Jahres nahmen die Konquistadoren den Herrscher der Inkas, Atahualpa, in Gefangenschaft. Er könne mit einem Lösegeld freigekauft werden. Wenn die Inkas einen sechs Meter langen und fünf Meter breiten Raum bis an die zweieinhalb Meter hohe Decke mit Gold und dann noch zweimal mit Silber füllten, wäre er frei. Zwei Monate Zeit bekamen sie dafür, und sie schafften es. Sie entnahmen den Tempeln die schweren Schätze aus Gold und Silber und ließen sie in langen Lamazügen herbeischaffen, bis der Raum dreimal gefüllt war. Damit war Atahualpas Lösegeld bezahlt.

Doch da beschloss Hernando Pizarro, der Anführer der spanischen Abenteurer, dass ihm Atahualpa bei seinen weiteren Eroberungen nur im Weg stehen würde. Heimtückisch wurde der Gott-König am 26. Juli 1533 hingerichtet. Es musste erst noch mehr Gold her; die Seelen konnten später kommen. Und so wurden elf Tonnen Gold, all die herrlichen Schätze aus dem Sonnentempel, in Cajamarca in die Schmelzöfen befördert, um Goldbarren daraus zu machen und sie nach Spanien zu bringen. An einem einzigen Tag kamen zweihundertfünfundzwanzig Lamaladungen des wertvollen Metalls aus Cuzco.

So wurde das Land der Inkas verheert und gebrandschatzt. Die Ureinwohner kämpften tapfer, kamen aber mit ihren primitiven Waffen nicht gegen die Reiter mit ihren Rüstungen, Schwertern, Speeren und ihrer wildwütigen Gier an, sodass sie sich immer weiter in die Berge zurückziehen mussten. Die Konquistadoren raubten die Tempel aus, besetzten die Städte, brachen die Kornkammern auf und metzelten die Lamas nieder, die sie das »Vieh« der Inkas nannten und deren Markknochen sie besonders schätzten. Zuletzt versklavten sie das Volk. Nach wenigen Jahren war die einstmals blühende Kultur hinweggefegt.

Wir sahen unser wunderschönes Lama an und fragten uns, ob vielleicht einer ihrer fernen Vorfahren über die königlichen Wege nach Vilcabamba geritten war, in die letzte Stadt der Inkas, und die Schätze für Atahualpas Lösegeld in die Schmelzöfen in Cajamarca gebracht hatte oder auf dem Sonnenaltar geopfert worden war. Ihr Glanz und ihre Würde wiesen für uns auf einstige Pracht, ferne Mysterien und eine uralte Tragödie.

Im Lauf der nächsten Tage gewöhnte sich Ñusta langsam an das Familienleben. Wir warteten darauf, bald den Haken an der Lamahaltung zu finden, aber noch lief alles glatt. Ihr Appetit verbesserte sich zunehmend und inzwischen fraß sie halbwegs angemessene Portionen. Ihre Wirbelsäule sah immer noch aus wie eine Messerschneide, aber nachdem wir einige Tage lang gedacht hatten, sie wäre kurz vor dem Verhungern, sahen wir jetzt mit großer Befriedigung zu, wenn sie sich einen Teller gehackte Steckrüben schmecken ließ. Sie probierte ihr Essen immer erst vorsichtig, wie eine Katze, und wenn es nach ihrem Geschmack war, begann sie zu fressen. Es war die reine Freude, sie so zu sehen, das Maul voller Rüben, mit zufriedener Miene, die Nase leicht nach oben gereckt, um das Essen leichter zu den Backenzähnen zu befördern. Und wie laut sie kaute. Keine Mutter, deren Kind beim Essen heikel war, hätte sich mehr freuen können als wir, wenn unser Lama zulangte. Beschädigte oder minderwertige Stücke schnippte sie mit ihren wählerischen Lippen beiseite. Nie fraß sie ihren Teller leer, sondern ließ immer einen kleinen Rest, um uns daran zu erinnern, dass sie eine nach wie vor anspruchsvolle Esserin war.

Wir wussten nichts über die Zahnstruktur der Lamas, hatten aber bemerkt, dass Ñusta oben keine Vorderzähne besaß, sondern wie alle Wiederkäuer nur eine Dentalplatte. Wenn sie gähnte, schoben sich ihre Lippen zunächst zu einem Schmollmund nach vorn und zogen sich dann zurück, sodass die schmale, dunkelgraue Dentalplatte zum Vorschein kam. Im Unterkiefer hatte Ñusta anscheinend vier Schneidezähne, die sehr groß und sehr breit waren und nicht wie Milchzähne aussahen, auch wenn wir sie dafür hielten. Sie waren lang und gelblich und neigten sich wie bei einem alten Pferd nach vorn. Später kamen noch zwei Schneidezähne dazu, sodass sie also insgesamt sechs davon im Unterkiefer hatte. Oft konnten wir sie ansatzweise sehen, wenn Ñusta irgendwo stand und in die Gegend blickte, wodurch sie wie eine hochgeschossene großbürgerliche Dame aussah, die das Treiben um sich herum beobachtet. Ihre Mahlzähne bekamen wir dagegen nicht zu Gesicht.

Nach ihrem ersten gelungenen Besuch in unserem Haus kam sie bald regelmäßig zu uns. Die Nacht verbrachte sie in ihrer Box im Stall, wo sie Kraftfutter und Heu bekam, und wenn sie am Morgen hinausgelassen wurde, trippelte sie gleich hinüber zur Haustür. Ein weißes Gesicht erschien an der Scheibe in der oberen Türhälfte und eine leise Stimme sagte: »*Mmm mmm.*« Ich hatte schon das Hackbrett mit Gemüse bereitstehen und so kam Ñusta hereinspaziert und beendete ihr Frühstück in der Küche. War sie satt, zog sie sich in die Wohnstube zurück und nahm auf der Matte Platz, wo sie ganz still und mit nachdenklicher Miene sitzen blieb. Manchmal käute sie ihr Essen wieder, meist aber saß sie einfach nur da. Ab und zu streckte sie den Hals auf dem Boden aus und legte den Kopf nieder. Dabei lag sie immer vollkommen symmetrisch und ihre Beine verschwanden unter ihrem wallenden Haar. Vermutlich nahm sie diese Position ein, um schnell wieder ins Stehen zu kommen. Erst Monate später, als sie volles Vertrauen gefasst hatte, legte sie sich auf die Seite und streckte ihre seltsamen Satyrhinterbeine aus, während die Vorderbeine weiterhin fein säuberlich unter ihrem Fell steckten.

Sehr überrascht waren wir, als sich Ñusta zum ersten Mal in der Wohnstube über den Boden rollte. Ein ganz und gar außergewöhnlicher Anblick war das, wie sich dieses große flauschige Tier auf unserem Boden räkelte und mit seinen spindeldürren Beinen in der Luft ruderte. Doch was uns am meisten überraschte, war der winzige Euter, auf den wir einen kurzen Blick erhaschten. Er hatte vier Zitzen. Ich weiß nicht, warum wir gedacht hatten, er würde nur zwei Zitzen haben wie bei Schafen, Ziegen oder Stuten. Aber das hatten wir nun einmal angenommen. Interessant, dass sie einen Mini-Euter besaß wie eine Kuh.

Jetzt, wo das Lama bei uns ein und aus ging, war ich stets gewappnet, um mit Feudel und Kehrblech durchs Haus zu ziehen. Das war meistens ohnehin vonnöten, wenn sich unser derzeitiges »Hauslamm« Eintritt verschaffte, aber wieder wurden wir überrascht. Lamas waren offenbar sehr anständige Tiere, die im Hause an sich hielten und keinerlei Unrat hinterließen. Wenn Ñusta hinauswollte, ging sie zur Tür und fragte. Dann rannte sie zu ihrem Lamaklo, das sie sich zwanzig Meter hinterm Haus unter den Pflaumenbäumen eingerichtet hatte. Im Laufe der Zeit bestimmte sie an verschiedenen strategisch günstigen Orten auf dem Hof mehrere Misthaufen, die sie bequem von ihren Pfaden aus erreichen konnte, ohne dass sie direkt auf dem Weg lagen. Zuverlässig suchte sie immer diese Plätze auf. Nur einmal gab es ein Malheur im Haus, was aber unser Fehler war. Es passierte, bevor uns bewusst geworden war, dass auch ein Lamababy durchaus schon stubenrein sein konnte – oder besser gesagt, dass ein Lama überhaupt stubenrein sein kann –, weshalb wir ihr Notsignal nicht erkannten. Danach waren wir schlauer. Wir fanden es großartig, ein exotisches Tier in unser Haus einladen zu können, ohne nachher feucht durchwischen zu müssen. Dadurch wurden wir in unserem Eindruck noch bestärkt, dass sie eine echte Dame war.

Aus unseren Büchern und auch vom Hörensagen wussten wir jedoch, dass Lamas die undamenhafte Angewohnheit hatten, zu spucken, »eine fiese Angewohnheit«, wie der Direktor des Chester Zoo es ausgedrückt hatte. Bislang hatte Ñusta es aber noch nicht getan. Wir hatten ihr schon zwei Spritzen gegeben, sie zum Wiegen hochgehoben, sie am Halsband über den Hof geführt – eigentlich genug Gründe, um eine Salve auszulösen. Aber nein. Inzwischen wünschten wir uns beinahe, sie würde uns endlich einmal anspucken, damit wir ihre lamahaften Eigenschaften in vollem Umfang zu Gesicht bekämen, doch nichts dergleichen geschah.

Sie war das ruhigste Wesen, das man sich vorstellen kann. Wenn Ñusta unten auf ihrer Matte saß und die Kinder oben eine Kiste mit Legosteinen auf dem ungedämpften Boden auskippten, reagierte sie nicht einmal. Feuerte John nur ein paar Meter von ihr entfernt seine Spielzeugpistole ab, saß sie einfach weiter da. Interessanterweise lasen wir in einer alten Heeresdienstvorschrift, dass Kamele gut mit Geschützfeuer zurechtkommen. Anscheinend galt das auch für Lamas. Wenn wir daran dachten, wie reizbar unsere Ponys waren, die bei lauten Geräuschen immer gleich zu zittern begannen und an jeder Ecke Gespenster sahen, kam uns Ñustas Gemütsruhe umso ungewöhnlicher vor.

Die Hunde, die anfangs noch sehr in Erregung geraten waren, wenn sie sie rochen, nahmen ihre Anwesenheit inzwischen nüchtern zur Kenntnis. Offenbar sprach sie in keiner Weise die Instinkte von Hütehunden an; ich habe nie gesehen, dass die Hunde ihr nachgejagt wären, sie angetrieben oder mit ihrem »Hüteblick« angesehen hätten. Sie stoben an ihr vorbei oder schlüpften, wenn die Route kürzer war, unter ihren Beinen durch, behandelten sie dabei aber immer, als hätten sie keinerlei Interesse an ihr. Umgekehrt ignorierte Ñusta die Hunde die meiste Zeit. Sie brachte nur ihr Missfallen zum Ausdruck, wenn sie sich zu nah neben sie legten oder wenn sie, während sie fraß, zwischen ihren Beinen herumscharwenzelten, um nach den Krümeln zu schnappen. Dann legte sie die Ohren an und ihr Gesichtsausdruck sagte unmissverständlich: »Zischt ab.« Jahre später lernte ich einen chilenischen Tierarzt kennen, der mich fragte, ob unser Lama Angst vor Hunden hätte. In Südamerika würden gelegentlich Lamas von Hunden getötet, vergleichbar mit den Nutztier-Rissen hier bei uns. Von diesem Problem blieben wir offenbar glücklicherweise verschont.

Obwohl Ñusta sehr zahm und rasch domestiziert war, mochte sie es nicht besonders, wenn man sie anfasste, vor allem Fremden gestattete sie es nicht. Sie duldete es zwar, wenn wir ihr ein wenig über den Hals strichen, aber wenn man sie irgendwo sonst am Körper betätschelte, zog sie sich mit angelegten Ohren zurück. Diese Freiheit erlaubte sie sich. Mir ließ sie dabei mehr Spielraum als den anderen. Wir wiederum fanden ihre Zurückhaltung verlockend. Es fühlte sich schön an, sie zu berühren, sie war warm und weich wie Seide und ihr sauberes trockenes Fell hinterließ keine Fettspuren auf der Hand. Auch war uns aufgefallen, dass sie einen sehr dezenten Duft abgab, den wir ganz liebreizend fanden. Ein Geruch, der wie alle Gerüche schwer zu beschreiben war. Wir hatten noch nie etwas Ähnliches gerochen, aber vielleicht könnte man sagen, dass er zwischen Moschus, Keks und Nüssen changierte, wie frisches Knetgummi oder ein gerade aus dem Ofen kommendes Gebäck oder, etwas prosaischer formuliert, wie ein trockener Hund. In ihrem Stall herrschte ein seltsamer Zoo- und Ammoniak-Geruch, der aber nur selten an ihr haften blieb. Sie war einfach unwiderstehlich knuddelig, wie ein lebendiger seidenweicher Teddy mit Zentralheizung. Wir hätten sie die ganze Zeit über herzen können, aber das war, wie gesagt, nur ausgewählten Personen und ihnen auch nur gelegentlich erlaubt. Gut gefiel ihr dagegen, wenn Paul oder ich sie bürstete, was wir fast jeden Tag taten, um ihr Fell in Ordnung zu halten. In ihren langen, feinen Haaren verfing sich schnell mal ein Körnchen oder Halm aus dem Stall oder von draußen. Nach der Fellpflege sah sie immer besonders bezaubernd aus.

Ich fühlte mich geschmeichelt, dass sie sich bei mir so anhänglich zeigte. Sie schien sich allgemein in Gesellschaft von Menschen wohlzufühlen, offenbar waren wir ihr Herdenersatz. Die meiste Zeit aber lief sie mir hinterher. Wenn ich morgens nach Carneddi hinaufging, um meine Mutter und Mary zu besuchen, kam sie immer mit und wartete auf dem Feld auf mich, ganz gleich, wie lange ich blieb. Inzwischen mussten wir sie nicht mehr in unserem ehemaligen Gemüsegarten einschließen; ich wusste, dass sie nicht davonlaufen würde. Auch das Halsband und die Leine brauchten wir nicht mehr. Wann immer sie konnte, lief sie mir nach und folgte mir in zehn Meter Abstand.

»Sie hält dich für ihre Lamama«, sagte Paul.

Das freute mich; die Mama eines Lamas zu sein erschien mir eine feine Sache.

Mit jeder Woche, die verging, stabilisierte sich Ñustas gesundheitlicher Zustand und gewannen wir an Erfahrung in der Lamahaltung. Vor Kurzem hatte Ñusta festgestellt, dass Gras fressbar war, und zu grasen begonnen. Zwar gab es zu dieser Jahreszeit nicht gerade viel davon, aber wir fanden, dass ihr alles guttat, was zusätzlich auf den Speiseplan kam. Sie war immer noch sehr dünn, aber zumindest fraß sie jetzt. Mit jedem noch so kleinen Meilenstein wuchsen unsere Zufriedenheit und unsere Begeisterung.

Ein weiterer Meilenstein folgte zu Ostern, als wir feststellten, dass Lamas gern Schokoladeneier mögen – zumindest unser Lama. Miles und J. waren zum Zelten über die Osterferien gekommen und hatten traditionsgemäß große Schokoladeneier für die Kinder mitgebracht. Zusammen mit den Eiern einiger anderer Wohltäter ergab das ein wahres Festmahl. Als Ann und John so viele verdrückt hatten, wie sie nur konnten, lagen immer noch in allen Ecken große, in glitzerndes Stanniolpapier verpackte Bruchstücke herum. Am Ostermontag waren die Kinder draußen zum Spielen. Ñusta kam ins Haus, um ihre Steckrüben und Möhren zu fressen, und zog sich dann in die Wohnstube zurück. Ich stand in der Küche und machte den Abwasch. Da hörte ich es in der Wohnstube rascheln und ging hinüber, um nachzusehen. Das Lama stöberte in unserer walisischen Anrichte. Sie drehte sich schuldbewusst um und sah mich an, während in ihrem Mundwinkel ein Stück Stanniolpapier aufblitzte.

»Hey, das kannst du nicht fressen! Das bekommt dir nicht.«
Ich konnte ihr das Papier gerade noch rechtzeitig aus dem Maul reißen, bevor es verschwand. Da wandte sie die Nase wieder den Überresten eines zerbrochenen Schokoladeneis zu und sog rasch gleich mehrere Stücke ein. Was noch übrigblieb, sammelte ich umgehend ein und legte es auf ein höheres Regal – wobei ich mehr Sorge hatte, dass sie das Stanniolpapier fraß als die Schokolade. Anschließend rannten wir um die Wette durch die Stube, wer als Erste alle Ostereier fand. Ich gewann. Als ich die Eier in Sicherheit gebracht hatte, wozu es bei einem Lama einer ziemlichen Höhenlage bedurfte, ließ ich sie noch ein Stück Schokolade aus meiner Hand fressen. Sie nahm es mit gieriger Begeisterung, die sie bis dahin noch für kein anderes Nahrungsmittel an den Tag gelegt hatte. Offenbar waren Lamas große Schokoladenliebhaber. Das zu wissen konnte uns noch nützlich sein, wenn wir sie einmal locken mussten oder belohnen wollten.

Ann und John freuten sich, als ich ihnen von der Hatz des Lamas auf ihre Eier erzählte, und liefen gleich zu ihr, um ihr noch mehr Schokolade zu geben. Sie fanden, auch Ñusta habe ein Anrecht darauf, Ostern zu feiern – und ich glaube, sie selbst hatten sich ohnehin schon längst daran übergessen.

9

Mooey

Das Lama hatte auf unserem Hof eine Sonderstellung. Sie war ein kostspieliges, exotisches und ungewöhnliches Tier. Durch den Kauf hatten wir mit allen in unserer Gegend geltenden Traditionen gebrochen. Wir wussten nichts über diese Art von Nutztier und kannten niemanden, der uns bei Schwierigkeiten mit seinem Fachwissen zur Seite stehen konnte, so wie bei allen anderen Tieren. Nicht einmal im Landwirtschaftsministerium saß jemand, der sich mit Lamas auskannte.

Als meine Eltern und ich vor vielen Jahren mithilfe der treuen Fred den Hof aufbauten, ohne Erfahrung in diesem Bereich zu haben, bemühten wir uns, den Bergbauerntraditionen der Gegend zu folgen. Das war auch der Grund, weshalb uns von allen Seiten Hilfe und Ratschläge anwehten und wir uns letztlich über Wasser halten konnten, wo andere vor uns gescheitert waren. Wir hatten große Achtung vor den Schafzüchtern und folgten ihrem Beispiel so gut wir nur konnten, auch wenn wir es niemals so weit bringen würden wie sie, die in diesen Beruf hineingeboren worden waren. Das Lama wiederum sahen wir als Ergänzung zur traditionellen Bewirtschaftung, nicht als Abkehr davon.

Da es in Wales keine Fachleute in Lamahaltung gab, hatten wir weder unsere Absicht verbreitet, ein Lama zu kaufen, noch erzählten wir herum, dass es bei uns angekommen war. Umgekehrt versteckten wir es aber auch nicht. Sagen wir, wir hielten uns bedeckt. Sollte sich unsere Lamaidee als Narretei herausstellen, war es besser, wir fanden es als Erste heraus. Und ob uns die Sache glückte, würde sich einfach mit der Zeit zeigen. Natürlich glaubten wir fest daran. Es gab gute Gründe anzunehmen, dass Ñusta als Nutztier zu gebrauchen war und uns wertvolle Wolle, Nachkommen und ihre Dienste als Lasttier bescheren würde. Aber noch wichtiger war vielleicht, dass es einfach Spaß machte, ein Lama auf dem Hof zu haben. Ich glaube, einen Bergbauernhof führt niemand, um damit Geld zu verdienen; man macht es, weil man es gern macht. Der alte John Williams von unserem Nachbarhof Beudy Newydd sagte vor langer Zeit zu mir: »Ich versuche nicht, mit den Schafen Geld zu verdienen. Ich halte sie aus reinem Vergnügen.« Bei uns war es mit dem Lama dasselbe.

Anfangs hatte ich gehofft, dass unser Nachbar Jones Williams, ein erfahrener, gewiefter Schafzüchter, dem Lama einmal zufällig auf dem Feld begegnen würde. Beim ersten flüchtigen Blick aus der Ferne sah sie einem Schaf ziemlich ähnlich. Damals war sie noch schafsgroß und natürlich hätte man in dieser Umgebung erwartet, dass es auch ein Schaf war, was man da sah. Auf den zweiten Blick jedoch ließen der lange Hals, die langen Ohren und die langen Beine erkennen, dass sie ein Schaf anderer Art war. Ich hatte gehofft, ich könnte Jones anblöken, er habe seinen Schafbock auf unsere Ponystuten losgelassen und jetzt wäre *das* dabei herausgekommen. Was er denn jetzt machen wollte? Aber leider bekam ich nie die Gelegenheit, ihn zu foppen.

Als Ann und John ihren Schulfreunden erzählten, dass sie ein Lama hatten, das bei uns im Haus ein und aus ging, glaubte ihnen keiner. Ein Lamm als Haustier, ja – ein Lama, nein. Manche Kinder konnten sich nicht einmal vorstellen, was für eine Art von Tier ein Lama überhaupt sein sollte. Ihre Ungläubigkeit machte es Ann und John doppelt schwer, ihnen das Lama zu beschreiben. Da dachte ich an die Fernsehkindersendung *Blue Peter*, in der manchmal ungewöhnliche Haustiere gezeigt wurden, und schrieb den Produzenten, dass es die Zuschauer vielleicht interessieren könnte, ein echtes domestiziertes Lama in Wales zu sehen.

Eine Woche verging, und noch eine, aber es kam keine Antwort. Wahrscheinlich passten Lamas nicht in die aktuellen Folgen, dachte ich. Dann klingelte das Telefon. Mrs Evans vom Postamt gab uns ein Telegramm durch: »BALDMÖGLICHST BLUE PETER ANRUFEN« und dazu die Telefonnummer. Da ich gerade das Mittagessen auf den Tisch gestellt hatte, überlegte ich mir, »baldmöglichst« müsse wohl nach dem Essen heißen. Also rief ich an, als wir zu Ende gegessen hatten. Der Produzent war begeistert von unserem Lama. Ob wir es in den nächsten Tagen nach Shepherds Bush bringen könnten, damit sie es in einer Live-Sendung zeigen konnten? Ich erwiderte, das sei wohl nicht möglich. Die Frage überraschte mich. Ich hatte gedacht, sie würden uns ein Filmteam schicken, um das Tier in den Hügeln seiner walisischen »Heimat« zu zeigen, was sicher ein herrliches Panorama abgäbe. Nein, das sei viel zu teuer, hieß es; das Budget sei knapp bemessen. Kamerateams wurden erst losgeschickt, wenn dabei zumindest drei Sendeminuten herauskamen. Ein Lama wäre vielleicht für eine Sendeminute gut, deshalb müssten wir es ins Studio bringen. Sie würden uns die Reisekosten erstatten, könnten aber kein Honorar für den Auftritt zahlen. Ob ich es mir noch einmal überlegen und mich noch einmal melden würde? Ich sagte Ja.

Ich besprach das Angebot mit Paul. Von welcher Seite wir es auch betrachteten, es erschien uns nicht besonders reizvoll. Natürlich wäre es für Ann und John ein Riesenerlebnis, aber vielleicht würden sich später auch noch andere Gelegenheiten bieten. Jetzt gerade hätten wir einen Haufen Reparaturen an unserem alten Landrover vornehmen müssen, um heil damit nach London zu kommen. Auch der Anhänger war in keinem guten Zustand. Der wichtigste Grund aber war vielleicht, dass wir das Lama erst seit Kurzem bei uns hatten. Sie gewöhnte sich gerade erst ein und war immer noch ziemlich dünn und schwach. Es schien uns nicht richtig, sie noch einem weiteren traumatischen Erlebnis auszusetzen, das nicht unvermeidbar war.

Allerdings war es eine Überlegung wert, mit dem Zug nach London zu fahren. Als wir von Nottingham nach Wales gezogen waren, hatten wir zwei unserer Mutterziegen im Dienstwagen transportiert. Das hatte hervorragend geklappt und ich konnte die meiste Zeit bei ihnen sein. Abgesehen davon, dass sie ein paar Gepäckaufkleber von den Koffern fraßen, benahmen sie sich anständig und wirkten zufrieden. Es würde sich also lohnen, diesbezüglich Erkundigungen einzuziehen, weshalb ich am Bahnhof in Bangor anrief.

»Können Sie mir sagen, ob Ziegen im Zug mitfahren dürfen?«

Leises Gekicher am anderen Ende, dann sah der Bahnbeamte nach, welche Vorschriften es hinsichtlich Ziegen gab.

»Ja«, sagte er, »Ziegen dürfen im Dienstwagen mitfahren.«

»Gut. Ich würde gern ein junges Lama transportieren, es ist ungefähr so groß wie eine Ziege, vielleicht ein klein bisschen größer.«

»Lama? Haben Sie Lama gesagt?«

»Ja, richtig. Lama. Aber es ist nur so groß wie eine Ziege.«

»Nein, das ist etwas anderes. Da muss ich in den Bestimmungen für Wildtiere nachsehen. Die müssen in einem Holzverschlag transportiert werden.«

Ich konnte mir nicht vorstellen, dass Ñusta Lust hatte, sich in eine Kiste sperren zu lassen.

»Lamas sind keine Wildtiere«, erklärte ich dem Bahnbeamten. »Sie sind seit Hunderten von Jahren domestiziert und sind ganz normale Nutztiere.«

Ich lieferte ihm einen kurzen Abriss der Geschichte der Lamadomestizierung. Das schien den Mann zu interessieren.

Schließlich sagte er: »Das Beste ist, ich rufe die Hauptgeschäftsstelle in London an. Ich melde mich morgen noch mal bei Ihnen.«

Am nächsten Tag rief er wieder an. Die Hauptgeschäftsstelle war in der Sache unzweideutig: Lamas durften nicht im Zug mitfahren. Damit hatte sich die Angelegenheit erledigt. Ich schrieb einen Brief an den Fernsehsender, um die Situation zu schildern, bekam aber nie eine Antwort. Paul und ich machten uns nichts daraus. Wir hatten schon zweimal für kurze Zeit im Rampenlicht gestanden, als meine beiden Bücher erschienen, und hatten es nicht gerade als das reine Vergnügen empfunden. Irgendwie hatte es schon Spaß gemacht, aber am Ende wurde man meist doch falsch oder aus dem Kopf zitiert oder beides und hatte wertvolle Zeit verschwendet. Trotzdem interessierte es uns, ab und zu einen Blick in diese andere Welt zu werfen, die sich von unserer so sehr unterschied.

Wie schon gesagt, hatte Ñusta eine Sonderstellung auf dem Hof, aber es gab auch noch andere besondere Tiere – nicht, weil sie exotisch oder ungewöhnlich waren, sondern wegen ihres Charakters oder besonderer Erlebnisse. Anns Hausschaf Mooey gehörte zum Beispiel dazu. Es war lustig, wie sich Mooey und das Lama zum ersten Mal begegneten. Aus irgendeinem Grund liefen sie sich erst über den Weg, als Ñusta schon zwei oder drei Wochen bei uns war. Damals war Mooey eine stämmige sechsjährige Matrone, ein Schaf in mittleren Jahren. Sie fraß uns aus der Hand und hatte vor keinem Hund Angst. J. machte gerade Urlaub bei uns und ich ging mit ihm hinauf nach Carneddi, um meine Mutter zu besuchen. Das Lama folgte uns mit zwanzig Meter Abstand. Ich sah Mooey bei der Garage, wo sie gern ruhte.

»Hallo, Mooey«, sagte ich.

»Blääär«, sagte Mooey.

Sie antwortete immer, wenn man sie ansprach, und Ann und ich erkannten ihr Blöken unter Dutzend anderen. J. und ich blieben stehen, um uns mit Paul zu unterhalten, der in der Remise arbeitete. Das Lama lief an uns vorbei, den Blick auf Mooey geheftet. Sie hatte immer noch die stille Hoffnung, dass Schafe sich vielleicht doch als Lamas entpuppen könnten, aber alle Schafe rannten auf und davon, bevor sie sie eingehender untersuchen konnte. Mooey dagegen wich nicht zurück. Sie war nicht leicht zu verschüchtern. Behutsam näherte sich das Lama ihr und senkte dabei langsam den Kopf, bis sie mit Mooey auf Augenhöhe war. Aus dem Augenwinkel sah ich, dass J. seine Kamera auspackte. Da berührten sich die Nasen der beiden Tiere. Klick, machte die Kamera. Ñusta zog den Kopf leicht zurück und sah Mooey eindringlich einige Augenblicke ins Gesicht. Auch jetzt wich Mooey nicht zurück. Dann drehte Ñusta sich um, offenbar in der Überzeugung, dass dieses Tier kein Lama war.

»Wie gut, dass du das Foto gemacht hast«, sagte ich zu J. »Es ist schön, eins zu haben, wo das Lama und die alte Moo zusammen drauf sind.«

Wir alle mochten Mooey. Im Gegensatz zu manch anderem Hauslamm, das wir großgezogen hatten, machte sie wenig Ärger. Im Sommer blieb sie mit den anderen Schafen oben auf dem Berg und im Winter brach sie nicht in unseren Garten aus. Das Kraft- und Hühnerfutter, das sie uns stibitzte, zahlte sie uns reich zurück, indem sie uns fast jedes Jahr hübsche Zwillinge schenkte. Außerdem erinnerte sie uns an die glückliche Zeit, als Ann noch ein kleines Mädchen war; die beiden waren zusammen groß geworden.

Mooey wurde im Frühjahr 1969 geboren, als Ann drei Jahre alt war. Wir hatten im Frühjahr oft ein oder mehrere Lämmer im Haus, die von ihren Müttern abgelehnt wurden, konnten sie aber meist nach ein paar Tagen bei einem Schaf in Pflege geben, das sein eigenes Lamm verloren hatte. Hauslämmer sind reizend, aber auch zeit- und milchraubende Wesen; sie belagern die Eingangstür und stürmen herein, sobald man sie öffnet, und bevor man sie wieder hinauseskortiert hat, haben sie meist schon eine Spur an Kügelchen und Lachen durchs Haus gezogen. Alles in allem haben wir lieber keine Lämmer im Haus.

Dieses Lamm hatte ich Anfang April durchs Küchenfenster hinter der Buchsbaumhecke gehört. John, der damals erst ein paar Monate alt war, musste gerade gefüttert werden, und auch für Ann war es Zeit fürs Abendbrot, aber ich lief schnell noch einmal hinaus, um nach dem Lamm zu sehen. Es stand auf dem grasbewachsenen Hof und trippelte davon, als ich näher kam, dann wand es sich unter dem Gatter zu den Feldern von Tŷ Mawr hindurch. Bevor es hinter der Mauerecke verschwand, konnte ich zumindest erkennen, dass es erst vor Kurzem geboren worden war. Es wirkte kräftig und lebhaft und hatte auf der linken Seite zwischen Auge und Ohr einen schwarzen Fleck von der Größe eines Shillings (oder vielleicht eher einer 5-Pence-Münze). Ich würde es leicht wiedererkennen. Von der Mutter war indessen nichts zu sehen. Inzwischen kamen hungrige Klagelaute aus dem Haus, weshalb ich wieder in die Küche ging. Als die Kinder gefüttert, gebadet und im Bett eingemummelt waren, kam Paul mit einem Mordshunger vom Melken herein. Im Hin und Her der häuslichen Aufgaben hatte ich das Lamm bald vergessen.

Als ich am nächsten Morgen das Frühstück zubereitete, hörte ich durchs Küchenfenster wieder leises Geblöke. Ich schaute hinaus und sah, dass das Lamm wieder auf dem Hof war. Weit und breit kein Mutterschaf, das zu ihm gehörte. Später am Morgen, als John sein Schläfchen hielt, machten Ann und ich uns auf, um nach der Mutter zu suchen. Der Boden war feucht und matschig, ein trostloser Tag mit kaltem Wind. Wir liefen die nächsten Felder rund um Tŷ Mawr ab, hielten uns aber in Hörweite des Hauses für den Fall, dass John aufwachte. Ann blieb ständig mit ihren kleinen Gummistiefeln im Schlamm stecken und ich lauschte mit einem Ohr auf irgendwelche Babygeräusche. Nicht gerade ideale Voraussetzungen zum Schafehüten. Wobei, viele Schafe sahen wir ohnehin nicht. Manche hatten bereits Lämmer, andere würden noch lammen.

Dann erblickten wir ein junges Schaf in der Nähe. Das konnte vielleicht die Mutter sein. Manchmal lammte ein junges Schaf, hatte aber keine oder zu wenig Milch und verlor das Interesse an seinem Nachwuchs. Wir versuchten, das verlorene Lamm zu diesem Mutterschaf zu treiben, aber es weigerte sich und wollte stattdessen lieber uns folgen. Das Mutterschaf rannte davon und verschwand in den Hügeln. Eigentlich hätte ich Ruff holen müssen, meinen alten Hütehund, um ein paar Schafe zusammenzutreiben und etwas ernsthafter nach der Mutter zu suchen, aber das war auf die Schnelle schwierig mit einem neben mir her stolpernden kleinen Kind. Mehrere hundert Meter morastigen Bodens aus groben Grassoden, das war ein schwer zu überwindendes Terrain für sie, weshalb sie nur langsam vorankam.

»Können nicht wir das Lamm füttern?«, fragte Ann. »Seine Mama will es ja nicht.« »Vielleicht hat sie Zwillinge bekommen«, sagte Ann, »und zwei Babys sind ihr zu viel.« »Ich hätte gern ein Lamm«, sagte Ann. »Ich würde es füttern. Ich habe gerade keins.«

Sie hatte im letzten Jahr schon ein Lamm gehabt und wusste um die Freuden der Aufzucht, aber ihr Lamm war inzwischen so groß, dass es keine Flasche mehr brauchte.

»Mir ist kalt«, sagte Ann. »Ich habe meinen Stiefel verloren«, sagte Ann, »und meine Socke ist nass. Ich will nach Hause.«

»Okay, in Ordnung«, sagte ich. »Wir nehmen das Lamm und gehen nach Hause.«

Ich zog den Stiefel aus dem Schlamm, schnappte mir ohne viel Aufhebens das Lamm und wir gingen zurück zum Haus. Plötzlich war Ann nicht mehr kalt und auch die nasse Socke war vergessen. Ich machte zwei Fläschchen, eins für John und eins für das Lamm. Ich erklärte, Johns Fläschchen sei für John und das Fläschchen für das Lamm sei für das Lamm und wir dürften die beiden auf keinen Fall durcheinanderbringen. Das Lamm hatte sein Fläschchen als Erster ausgetrunken.

Es war vermutlich ein Zwillingskind, das von seiner Mutter im Stich gelassen worden war, aber obwohl ich immer wieder Ausschau hielt, sah ich kein Schaf, das dafür in Frage kam. Ann war sehr zufrieden, ein neues Lamm zu haben.

»Wie sollen wir es nennen?«, fragte ich sie.

»Mooey«, sagte Ann, ohne zu zögern.

Sie gab nie eine Erklärung für ihre Namenswahl.

Es stellte sich heraus, dass Mooey ein Weibchen war. Nachts schlief sie in einem alten Umzugskarton im Schuppen. Tagsüber verbrachte sie die meiste Zeit zwischen meinen Beinen. Ann fütterte sie viermal am Tag und verteilte dabei großzügig Milch auf dem Fußboden. Ich kümmerte mich um die Abendfütterung.

Ann liebte ihr Lamm sehr. Sie fand heraus, dass Mooey ihr hinterherhüpfte, wenn sie den Grashang vor dem Haus hinunterhüpfte. Zusammen hüpften sie über die gelben Frühlingsnarzissen. Wohin Ann auch ging, das Lamm folgte.

Etwas später im Frühjahr hatten wir einen Wurf mit vier Welpen. Sobald sie laufen konnten, folgten sie Ann ebenfalls. Am unteren Rand des Feldes vor unserem Haus stand ein großer Fels, der nach hinten steil abfiel, aber zum Feld hin ein sanftes Gefälle hatte und eine zwei Meter lange Rutsche aus Naturstein abgab. Hier spielten Ann, das Lamm und die Welpen zusammen, sie kletterten auf den Felsen und rutschten wieder hinunter, mal absichtlich, mal versehentlich. Ich erklärte Ann, dass sie sich von der Hinterkante des Felsens fernhalten müsse.

»Ich fall da schon nicht runter«, sagte sie. »Ich bin doch schon ein großes Mädchen.«

Herunter fiel sie nicht, aber sie rieb mehrere Hosen aus Kattun auf, zerkratzte sich die Schuhe und polierte den Stein glatt. Mooey und die Welpen wurden immer größer und Ann immer abenteuerlustiger.

Im Oktober wurden die weiblichen Lämmer zum Überwintern weggebracht. Es ist unter Bergbauern üblich, die weiblichen Lämmer von Ende Oktober bis Anfang April zu einem Hof im Tal zu bringen. Dort gibt es keine Rangeleien mit ausgewachsenen Schafen und keine Schafböcke, sodass die Lämmer gut weiterwachsen können und nicht Gefahr laufen, trächtig zu werden. Das Überwintern der weiblichen Lämmer ist wichtig, um eine qualitativ hochwertige Herde zu erhalten.

Ann freute sich für ihre Freundin Mooey, dass sie mit den anderen Lämmern Winterurlaub machen durfte. Aber inzwischen war Mooey schon tüchtig groß und hatte ein ordentliches Fell bekommen. Aus der Flasche trank sie nicht mehr, aber sie hatte eine Vorliebe für Kraftfutter entwickelt und sah in sich selbst eher ein kleines Mädchen als ein Schaf. Wir hatten einige Schwierigkeiten, sie mit den anderen Lämmern in den Anhänger zu bekommen. Ann fuhr mit uns zu dem anderen Hof, um den Transport zu beaufsichtigen.

Wir luden die Lämmer auf dem neuen Feld ab und sie machten sich sofort daran, das frische Gras abzukauen – alle bis auf Mooey. Sie sah uns an, als wolle sie auf gar keinen Fall hier bleiben. Schnell schlossen wir das Gatter, stiegen in den Landrover und fuhren los. Das Feld verlief entlang der Landstraße. Laut blökend raste Mooey auf der anderen Seite der Hecke hinter uns her.

»Ist das Beste für dich«, sagte Ann herzlos.

Anfang Januar fuhren wir wieder hinunter, um den Lämmern ihre Medikamente zu verabreichen und zu sehen, wie es ihnen ging. Mooey war weiter gewachsen. Sie schien sich ganz gut eingelebt zu haben, hielt sich aber meistens fern der Herde. Offenbar war sie uns nicht mehr böse und nahm bereitwillig eine Handvoll Kraftfutter von Ann entgegen. Dann fuhren wir wieder nach Hause.

Zur verabredeten Zeit im April holten wir die Schafe zurück, die jetzt bald ihre erste Schur bekommen würden. Wir desinfizierten sie und brachten sie auf den Berg. Nur Mooey blieb bei uns, weil Ann ihre alte Spielgefährtin gern am Haus haben wollte. Und so führten wir Mooey durch das untere Gatter. Als es dämmerte, hatte sie schon wieder ihre alten Jagdgründe in Beschlag genommen, das Feld vor unserem Haus, den Rutschfelsen und die knorrigen Pflaumenbäume an der Mauer. Anns alte Gefährtin hatte keinerlei Ähnlichkeit mehr mit dem kleinen weißen Lamm, das mit ihr im Vorjahr durch die Narzissen gehüpft war. Auch Ann war gewachsen, aber Mooey war jetzt riesig. Sie hatte sich zu einem kräftigen wolligen Schaf mit vollem Fell und ausgewachsenem rötlich braunem Kopf gemausert. Der schwarze Schillingfleck zwischen dem linken Auge und dem Ohr war immer noch zu sehen. Ann freute sich, sie wieder in ihrer Nähe zu haben, und fütterte sie mit Kraftfutter. Als sie ins Bett ging, sagte sie: »Wie schön, dass Mooey wieder da ist.«

Am nächsten Morgen regnete es. Ann sah hinaus auf das durchnässte Feld.

»Wo Mooey wohl ist«, sagte sie.

Es waren mehrere Mutterschafe zu sehen, aber Mooey schien nicht unter ihnen zu sein.

»Sie hat sich bestimmt irgendwo untergestellt«, sagte ich zu Ann.

Am nächsten Tag war wieder besseres Wetter. Ann ging jetzt jeden Morgen zur Vorschule in Beddgelert, aber ich holte sie immer mittags wieder ab. Ein halber Tag Schule reichte erst einmal nach den ruhigen Jahren in Tŷ Mawr; sie war ja erst vier. Am Nachmittag war Mooey immer noch nicht zurück. Das wunderte und beunruhigte mich ein bisschen. Nach dem Desinfizieren war sie von ganz allein zu unserem Haus heruntergekommen und schien ihr altes Leben wiederaufnehmen zu wollen. Wo sie wohl war?

Es vergingen zwei oder drei weitere Tage, ohne dass Mooey auftauchte. Jetzt machte ich mir wirklich Sorgen. Ich bat Paul und den Lehrling, nach ihr Ausschau zu halten, aber auch sie sahen sie nicht. Vielleicht hatte sie den Wald hinter den unteren Feldern entdeckt und war dortgeblieben, weil es viel zu fressen gab. Vielleicht war sie auch den Berg hinaufgegangen, um sich zu den anderen Jungschafen zu gesellen, was mir aber eher nicht zu ihrem Charakter zu passen schien. Oder sie hatte sich in einem Brombeerstrauch verfangen und kam deshalb nicht mehr zurück. Das war wohl der wahrscheinlichste Grund. Junge Schafe vor der ersten Schur sind recht agil, haben sehr viel Wolle und sehr wenig Verstand. Wenn sich wer in einem Brombeerstrauch oder Draht verfängt, dann sie. Ich teilte meine Befürchtung Paul mit und bat ihn, noch einmal zu schauen, wo das hätte passiert sein können. Ich wäre zwar lieber selbst gegangen, fand aber kaum Gelegenheit dazu. John war jetzt achtzehn Monate alt, ein wackliger Läufer, aber zum Tragen ein zu dicker Brummer. Ihn mit auf einen Streifzug zu nehmen war Schwerstarbeit und weit kam ich eigentlich nie. Der sturzflutartige Regen machte die Sache nicht leichter.

Paul suchte noch einmal nach ihr, aber ohne Erfolg, und Ann fragte die ganze Zeit: »Wo ist Mooey?«

Etwa zwei Wochen nachdem Mooey verschwunden war, klarte es auf. Der Wind ließ nach und die Abendsonne schien auf die Felder und kahlen Wälder, wo die Lärchen das erste zarte Grün zeigten. John bekam früh sein Abendessen, wurde gebadet und war um sechs Uhr eingeschlafen. Der Abend war noch sehr schön.

»Können wir vor dem Baden noch einen Spaziergang machen?«, fragte Ann.

»Wenn du möchtest. Aber nur einen kurzen«, sagte ich. »Wir können runter in die Gors gehen und Holz fürs Feuer holen, aber wir können John nicht lange allein lassen.«

Wir zogen unsere Gummistiefel an und stiegen hinab, durch das Loch in der Mauer, vorbei an meiner alten Schreibhütte und über den Fels, der in die Gors abfiel. An der unteren Grenze unserer Ländereien führte der Gors Goch entlang, auch Red Marsh genannt, eine schmale Niederung mit Torfboden, die von Schilf und harten hohen Gräsern bestanden war. Es kam nie jemand an diesen verborgenen Ort. Nach oben wurde er von den steil abfallenden Eichenwäldern begrenzt, nach unten vom Forst. Hier fand man immer Zweige, die der Sturm abgerissen hatte und die sich gut als Brennholz eigneten. Ich fand einen passenden Scheit und Ann zog bereits einen großen Ast hinter sich her.

»Das gibt ein schönes Feuer«, sagte ich. »Dann können wir jetzt zurückgehen.«

»Komm, wir gehen außen herum«, sagte Ann.

Außen herum hieß, dass wir den Gors Goch zu zwei Dritteln abliefen und dabei auch an der verfallenen Scheune vorbeikamen, die vor Urzeiten Vieh und Heu beherbergt hatte, als das Feld noch mit der Sense gemäht worden war. Dann mussten wir einen steinigen steilen Weg hinauf und liefen am oberen Saum des Eichenwalds zurück zum Haus. Bei Anns Lauftempo und mit der Last des Brennholzes würden wir ganz schön lange unterwegs sein.

»Ich glaube, es ist besser, wir gehen zu John zurück.«

»John schläft und weiß nicht, dass wir weg sind«, sagte Ann. »Bitte.«

Sie hatte recht. Wenn John im Bett war, schlief er rasch ein und immer bis zum nächsten Morgen durch. Es war ein schöner Abend nach dem vielen Regen und die Luft roch schon ein wenig nach Frühling. Obwohl die meisten Äste kahl waren und im fahlen Farnkraut und dem Buchenlaub noch die Herbstfarben steckten, wurden die Lärchen allmählich grün und die Knospen der Birken hatten jenen purpurnen Glanz, der schon vom Aussprießen der ersten winzigen Blätter kündete. Es war ein herrlicher Abend für einen Spaziergang.

»Also gut, einverstanden«, sagte ich. »Aber wir gehen zügig.«

Wir nahmen unser Brennholz und liefen die verborgene Niederung entlang. Als wir etwa die Hälfte gegangen waren, sagte Ann plötzlich: »Da ist Mooey.«

Ich schaute in die Richtung, in die sie zeigte, und sah kurz vor dem Anfang des Steinwegs an der verfallenen Scheune ein graues Schaf liegen. Neben ihm ein weißes Etwas.

»Das kann nicht Mooey sein«, sagte ich. »Es hat ein Lamm.«

»Doch, das ist Mooey«, sagte Ann.

Gespannt liefen wir zu ihr und stellten fest, dass es tatsächlich Mooey war. Sie hatte ihren schwarzen Shilling am Ohr und das Lamm gehörte auch zu ihr, obwohl es uns ein Rätsel war, wie sie in ihrem Winterquartier hatte trächtig werden können. Aber irgendetwas stimmte nicht. Mooey stand nicht auf, um uns zu begrüßen, nur das Lamm lief ein paar Meter vor uns davon. Es war winzig. Mooey sagte mit einer Stimme, die nur mehr dem leisesten Flüstern glich: »Bläär.« Dann sah ich, was nicht stimmte. Ein Brombeerstrauch hatte sich in ihrer langen Wolle verfangen. Die Zweige hatten sich mehrere Male um ihren Hals gewunden und waren zu einem unentrinnbaren Gefängnis geworden. Man sah, dass sie lange verbissen gekämpft hatte, um sich zu befreien. Wie schlimm es um sie stand, wurde uns aber erst klar, als ich bemerkte, dass in einem kleinen Kreis rund um den Strauch der Boden tief gefurcht und vollkommen kahl war. Es gab nicht einen Grashalm mehr, den Mooey hätte erreichen können. Sie musste seit Tagen hier gefangen sein, war endlos im Kreis gelaufen und hatte dabei ihre Fessel nur immer fester gezogen. Wie Paul und der Lehrling sie hatten übersehen können, war mir ein Rätsel.

»Arme Mooey!«, sagte ich.

»Arme Mooey!«, sagte Ann. »Wir holen dich da raus und dann kriegst du so viel zu fressen, wie du willst.«

Mit dem Taschenmesser hackte ich auf den Brombeerstrauch ein. Es war furchtbar schwierig, weil sich so viele Zweige tief mit der Wolle verwoben hatten, aber irgendwann hatte ich sie befreit. Sie war zu schwach, um zu stehen. Sie musste hier in der Gefangenschaft gelammt haben, weil das Lamm noch sehr jung war. Ein, zwei Tage später wären sie wohl Futter für die Krähen gewesen.

»Wir müssen Mooey zum Haus bringen, damit wir uns um sie kümmern können«, sagte ich zu Ann. »Aber wir müssen uns beeilen wegen John. Ich kann sie tragen, wenn du dich um das Lamm kümmerst. Du darfst es nicht aus den Augen lassen, sonst haut es uns womöglich ab.«

Die Fesseln zu zerschneiden hatte offenbar einige Zeit gedauert, denn inzwischen war die Sonne hinter den Bergen verschwunden und das letzte Licht des Tages verging. Ann war damals wie heute in Notfällen ruhig und tatkräftig. Ich legte ihr das Lamm in die Arme. Ein winziges Wesen, das sich aber vehement wehrte. Obwohl Ann auch klein war, hielt sie es fest im Arm. Dann nahm ich Mooey hoch. Sie hatte eine gute Größe für eine Einjährige und ein bauschiges Fell, aber unter der Wolle schien sie nur noch aus Knochen zu bestehen. Sie war leicht und wand sich nicht. Dann traten wir auf die steilen Steinstufen. Das Brennholz musste liegen bleiben. Je länger wir hinaufstiegen, umso schwerer schien Mooey zu werden, und ich konnte nicht sehen, wohin ich trat. Ein schwieriger Aufstieg.

»Alles in Ordnung, Ann?«

»Ja.«

Wir mussten ganz schön pusten. Der Weg kam uns endlos vor, doch schließlich erreichten wir das Haus und legten unsere Lasten nebeneinander aufs Gras.

»Wir haben Mooey gerettet, oder, Mummy?«, fragte Ann.

»Ja«, sagte ich und hoffte, dass das die Wahrheit war.

Ich ging rasch nach oben, um nach John zu sehen, der friedlich schlief. Dann kümmerten wir uns um Mooey. Ich stellte sie auf die Beine. Sie wankte hin und her und begann zu grasen. Ann rannte los und kam mit einer großzügigen Portion Kraftfutter zurück. Heißhungrig stürzte sich Mooey darauf, aber nach zwei oder drei Handvoll drehte sie sich weg und wollte nicht mehr.

»Na komm schon«, sagte Ann, »die magst du doch so gern.«
Aber Mooey ließ sich nicht mehr locken. Wir boten ihr etwas
zu trinken an, das sie ebenfalls verschmähte. Langsam trottete
sie über das Feld davon, das Lamm im Schlepptau.

»Dann lassen wir sie doch jetzt machen, was sie möchte«,
sagte ich. »Es ist ja auch Badezeit.«

Mit einem strahlenden Lächeln auf dem Gesicht ging Ann
ins Bett.

»War das nicht gut, dass wir außen herum gegangen sind?«,
sagte sie immer wieder. »Sonst hätten wir Mooey vielleicht nie
gefunden. Aber jetzt haben wir sie gerettet.«

Ja, es war wirklich gut gewesen, dass wir außen herum gegangen waren. Ich wünschte nur, wir hätten es früher getan.

Am nächsten Morgen, als Ann wieder in der Schule war,
sah ich, wie Mooey mit ihrem Lamm unter einem Baum saß.
Ihr Blick war glasig und sie wirkte in sich gekehrt. Da es bald
regnen würde, lockte ich die beiden ganz langsam den Hang
hinauf, um sie in den Stall zu manövrieren.

Es ist schwierig, ein derart ausgehungertes Tier wieder auf-
zupäppeln, und ich wusste, ich würde alle Register ziehen
müssen, damit Mooey überlebte. Damals hatte ich noch nicht
von der magischen Wirkung der Vitamin-B$_{12}$-Spritze gehört.
Das hätte mir die Aufgabe durchaus erleichtert.

In ihrem Zustand konnte Mooey unmöglich noch ihr
Lamm ernähren, aber ich dachte, dass es gut wäre, wenn es
bei ihr blieb, um ihren Lebenswillen anzuspornen. Es war ein
lebhaftes kleines Wesen, aber zugleich dünn und zerbrechlich. Unser Lehrling nannte es Cuthbert. Ich versuchte ihm
die Flasche zu geben, aber es gehörte zu jener Sorte Lamm,
die sich vehement gegen die Gummizitze wehrte. Deshalb
ließ ich bald wieder davon ab. Das ganze Husten, Spucken
und Röcheln wäre in dieser Phase wohl zu viel gewesen und

hätte sich eher nachteilig ausgewirkt, vielleicht sogar zu einer Lungenentzündung geführt. Alsdann bot ich Mooey ein paar Sachen an, die sie besonders gern fraß, wovon sie aber nichts nehmen wollte. Jetzt bestand die letzte Hoffnung in meinem Spezialtrunk, der schon einige Male Wirkung gezeigt hatte. Der Trunk war eine Mischung aus warmem Wasser, Milch, Eiweiß, Glukose und Glycerin, die ich in kleinen Mengen in kurzen Abständen verabreichte. Eine gute Pflege war wohl unsere letzte Hoffnung.

Also ging ich in den nächsten drei Tagen alle drei oder vier Stunden mit meinem Trunk zu Mooey, drehte sie auf ihrem Bett herum und redete mit ihr. »Du musst wieder auf die Beine kommen. Du musst leben nach alldem.« Ich musste immer wieder daran denken, wie sehr sich Ann gefreut hatte, als sie ihre alte Gefährtin entdeckte, und mit welcher Entschlossenheit sie das Lamm heimgetragen hatte.

Die Flasche kam bei Cuthbert nicht gut an. Er würgte, rang nach Luft und zeigte deutlichen Unwillen gegenüber meinen Versuchen, ihn zu füttern. Lieber saugte er an Mooeys scheinbar leerem Euter, während sie auf dem Boden lag – sie war immer noch zu schwach, um zu stehen. Er wurde nicht größer, aber er schien auch nicht schwächer zu werden, also ließ ich ihn saugen.

Nach der Schule besuchte Ann Mooey jeden Tag in ihrem Stall. Sie machte sich Sorgen, weil sie so schwach war, schien aber keine Sekunde daran zu zweifeln, dass sie sich erholen würde und es nur eine Frage der Zeit wäre, bis sie wieder zusammen auf dem Rutschfelsen spielen konnten.

Am dritten Abend setzte ich Mooey in ihr Bett aus Farnkraut und gab ihr ihre letzte Portion für diesen Tag.

»Du musst unbedingt wieder auf die Beine kommen, allein schon wegen Ann«, erklärte ich ihr.

Wo Leben ist, da ist Hoffnung, dachte ich. Andererseits hatte ich schon zu oft mit angesehen, wie mir ein Schaf unter den Händen wegstarb. Ich durfte nicht nachlässig werden. Bei einem Schaf wie Mooey war der menschliche Kontakt sehr wichtig und ich bekniete sie buchstäblich, weiterzuleben. Um uns war alles still. Eine kleine Maus steckte den Kopf durch einen Spalt in der Steinmauer, sah uns an und verschwand wieder. Die Glühbirne reichte bei weitem nicht in alle dunklen Ecken unseres alten Stalls. Die Spinnweben unterm Dach schwangen leicht im Luftzug der offenen Tür. Bildete ich es mir nur ein oder war da wirklich ein wenig mehr Glanz in Mooeys goldenem Auge und freute sie sich zumindest ein wenig über die Flüssigkeit, die ich ihr in den Mund träufelte? Ich konnte es nicht mit Sicherheit sagen, aber auf dem Rückweg zum Haus verspürte ich doch ein wenig mehr Hoffnung.

Am nächsten Morgen gab es klarere Anzeichen für eine Besserung. Als ich den Stall betrat, hob Mooey den Kopf und nahm fast gierig die Flasche, die ich ihr seitlich ins Maul steckte. So hatte ich mir das gewünscht.

»Du gutes altes Schaf«, sagte ich zu ihr. »Ich glaube, du schaffst es.«

Sogar ein leises mütterliches Blöken an Cuthbert gelang ihr. Als ich Ann an diesem Tag von der Schule abholte, konnte ich mit Fug und Recht sagen, dass es Mooey deutlich besser ging.

Trotzdem dauerte alles sehr lang. Am nächsten Tag konnte Mooey aufstehen und etwas Heu und Efeu fressen. Kraftfutter nahm sie aber immer noch nicht. Am Tag darauf ließen wir sie hinaus, damit sie grasen konnte, weil zu viel unnatürlicher Schlabberfraß Wiederkäuern nicht guttut. Sie war noch schwach und langsam, aber sie trottete hinaus. Das Wetter war wieder besser, mit milderen Nächten und Sonnenschein am Tag. Wir beschlossen, sie über Nacht draußen zu lassen, damit sie länger grasen konnte. Am nächsten Morgen war Mooey wieder verschwunden.

Paul war schwer beunruhigt und rannte sofort los, um sie zu suchen, bevor sich noch eine weitere Tragödie ereignete. Er fand sie und das Lamm und fuhr beide behutsam heim. Mooey hatte sich an einen ziemlich seltsamen Ort zurückgezogen. Am untersten östlichen Rand der Ländereien von Tŷ Mawr gab es eine tiefe, von Bäumen überhangene Schlucht, durch deren Mitte ein Wasserlauf rann. Unter dem sommerlichen Blätterdach wuchs nur wenig Gras oder Farn, der Boden, die herabgefallenen Äste und die Findlinge waren von Moos und Flechten überzogen. Ein düsterer, einsamer Ort, wo keine Sonne schien und nur uralte Bäume standen. Hier fand Paul Mooey mit ihrem Lamm unter Felsen und Baumstämmen. Es war weit von unserem Haus entfernt und es gab wenig zu fressen, weshalb er sie wieder mitnahm. Am nächsten Tag lief sie erneut dorthin und unser Lehrling brachte sie heim. Beim dritten Mal holten Ann und ich sie. Als sie danach wieder in die Schlucht ging, ließen wir sie gewähren. Dieser einsame Ort hatte offenbar etwas an sich, was sie für ihre Genesung brauchte; früher hatte es sie nie dorthin gezogen.

Jeden Abend machten Ann und ich nun, wenn John im Bett war, einen Spaziergang zu Mooeys Rückzugsort. Eigentlich wäre ich lieber allein gegangen. Ann ärgerte sich, dass Mooey weggelaufen war, aber jeden Abend, wenn es dämmerte, bestand sie darauf, ihr Schaf zu besuchen. Ich hatte Angst vor dem, was uns erwartete, und war jedes Mal erleichtert, Mooeys traurige graue Silhouette zwischen den Baumstämmen zu sehen, mit Cuthbert an ihrer Seite, und zu wissen, dass die beiden noch lebten.

»Mooey!«, rief Ann, und »Bläär«, antwortete Mooey schwach.

Der Rosenkohl im Garten schoss gerade. Deshalb nahmen wir immer einen dicken Strunk mitsamt Grünzeug mit und boten ihn Mooey an, weil sie ihn so gerne fraß. Auch nahm sie immer mal wieder ein wenig Kraftfutter aus unserer Hand. Wenn wir sie jedoch zum Haus zurückzulocken versuchten, folgte sie uns nur ein paar Meter und blieb dann stehen. Kein noch so gutes Zureden half, sie auch nur einen Schritt weiter zu bewegen.

»Mooey, Mooey«, rief Ann. »Mooey, komm.«

»Blääar«, erwiderte Mooey mit ihrer dünnen Stimme.

»Lass sie«, sagte ich. »Sie will hier bleiben und sich erholen. Hier ist es ruhig und es geht ihr gut.«

Als wir über die Schulter zurückschauten, sahen wir Mooey unter den Bäumen stehen. Sie blickte uns nach, machte aber keine Anstalten, uns zu folgen.

»Auf Wiedersehen, Mooey«, rief Ann.

»Blääar«, machte Mooey traurig.

»Auf Wiedersehen, liebe Mooey.«

»Blääar.«

Und so ging der Abschiedsdialog weiter, bis wir Mooey aus dem Blick verloren, ihr schwermütiges Blöken nicht mehr hörten und Ann die Tränen über die Wange liefen. Ja, es war wahrlich ein aufwühlendes Erlebnis, Mooey jeden Abend ihren Rosenkohlstrunk und die Handvoll Kraftfutter zu bringen.

Nach ein paar Tagen fiel uns auf, dass Mooey uns jeden Abend ein Stück weiter folgte. Schließlich kam der Tag, an dem es uns gelang, sie aus der Schlucht hinaus aufs offene Gelände zu locken. Am nächsten Abend kam sie schon bis zum unteren Ende von Weirglodd, einem flachen Feld südlich unseres Hauses. Bevor Ann an diesem Abend ins Bett ging, nahm ich sie auf den Arm, damit sie aus der Dachluke sehen konnte, und da, am hintersten Feldrand, sahen wir den grauen Klecks,

Mooey, und daneben Cuthbert als weißen Punkt. Jetzt waren sie fast wieder daheim. Zum ersten Mal seit vielen Tagen schlief Ann an diesem Abend glücklich ein.

Von nun an ging es mit Mooey stetig bergauf und im Sommer war sie wieder ganz die Alte. Die Rettung war geglückt.

10

Lama im Haus

Wir hatten unser Lama im Januar 1975 aus Knaresborough nach Wales geholt. Im folgenden April verstarb meine Schwester Mary. Das Wunder ihrer Genesung, das wir erhofft und für das wir gebetet hatten, stellte sich nicht ein. Ihre Krankheit hatte verhindert, dass sie ihre anfangs vielversprechende Karriere weiterverfolgen konnte. Sie war nur vier Jahre älter als ich. Die letzten fünf, sechs Jahre waren für sie so leidvoll gewesen, dass sich niemand wünschen konnte, es würde noch lange weitergehen, und trotzdem hatten wir immer gehofft, sie würde auf wundersame Weise geheilt. Meine Mutter hatte über viele lange Tage und Nächte tapfer und unermüdlich alles dafür getan. Es war hart für sie, innerhalb von zwei Jahren gleich zwei Menschen zu verlieren, und der vielleicht schlimmste Verlust für eine Frau ist der ihres Kindes. Als ich meine zwei Kinder ansah, begriff ich, dass sich keine Frau von einem solchen Verlust jemals ganz erholt, egal, wie viel Zeit vergeht. Jetzt war ich die Einzige, die meiner Mutter noch blieb, und umso froher, dass ich nicht damals mit siebzehn gestorben war, sondern dem Tod gerade noch entrinnen konnte. Sie brauchte mich jetzt wie nie zuvor. Zum Glück waren wir uns immer sehr nah gewesen und hatten uns in schlechten Zeiten immer gegenseitig unterstützt. Paul war wie in jeder Krise eine starke Hilfe. Und Beenie auch.

Jetzt zeigte uns meine Mutter, dass das Leben weitergehen musste, so groß der Kummer auch sein mochte. Sie machte sich daran, ihren vernachlässigten Garten auf Vordermann zu bringen, nahm sich Zeit für ihre Enkel, zeigte wieder Interesse für den Hof und erfreute sich an unserem Lama. Ihr Mut und ihre unverbrüchliche Tatkraft rissen uns alle mit.

Wenn die Kinder im Bett waren, ging ich wie üblich hinauf nach Carneddi, um den Rest des Abends bei ihr zu verbringen. Das Lama kam jetzt auch häufiger mit und Mutter freute sich, wenn ich sie ins Haus bat. Ñusta erfüllte wirklich alle meine Hoffnungen, eine neue Facette in unser Leben zu bringen, uns einfach Freude zu machen und die ausgetretenen Pfade alter Traditionen, denen wir bislang gefolgt waren, etwas aufzubrechen. Sie scharwenzelte hinter mir in die Küche und blieb stehen, um meine Mutter zu begutachten. Sie hatte eine seltsame Art, den Menschen, die sie kannte, ins Gesicht zu sehen, vor allem, wenn sie saßen. Dazu bog sie ihren Schwanenhals herunter, bis sie mit dem Gesicht auf Augenhöhe war, dann stierte sie die Person etwa eine Minute lang an, wobei sie die Ohren nach vorn stellte und die Nase millimeternah an die Nase ihres Gegenübers hielt. So verharrte sie reglos. Manchmal, wenn wir alle zusammen in Tŷ Mawr am Tisch saßen, ging sie vom einen zum anderen und nahm auf diese Art Kontakt zu uns auf. Mir schien, dass sie uns etwas mitteilen wollte, ohne zu wissen, was. Bei Fremden tat sie es jedenfalls nur selten.

In Carneddi fühlte sie sich nicht ganz so wohl in der Küche wie in Tŷ Mawr, weil sie ihr nicht ganz so vertraut war, aber trotzdem kam sie immer gern herein, um durch den Raum zu streifen und alles zu untersuchen. Sie zeigte sprunghaftes Interesse am eingeschalteten Fernsehgerät und schien gern klassischer Musik zu lauschen, wohingegen sie bei Popmusik die Ohren anlegte. Paul und ich hatten uns gegen einen Fernseher in Tŷ Mawr entschieden. Wir hielten es für Zeit- und Geldverschwendung, Gehirnwäsche für die Kinder und einen Störfaktor bei unseren zwanghaften Lektüren. Mit dem Gerät in Carneddi standen uns indes alle Möglichkeiten offen. Ann und John konnten ein paar Kindersendungen schauen, um auf der Höhe der Zeit zu sein und mitreden zu können, ohne quadratische Augen zu bekommen, und die Erwachsenen konnten sich zum gemeinsamen Fernsehen verabreden, wenn ein besonders interessantes Programm lief. Mein Vater hatte ein Fernsehgerät gekauft, sowie wir Strom im Haus hatten, das war kurz vor Anns Geburt gewesen. Nach zwanzig Jahren im Schein von Öllampen genoss er den neuen Komfort aus der Steckdose, allen Annehmlichkeiten voran das Fernsehen. Es bot ihm gute Unterhaltung in seinen letzten Lebensjahren.

Es tat mir leid, dass er das Lama nicht mehr erlebte. Nachdem er für kurze Zeit Bedenken gehabt hätte, ein so ungewöhnliches Tier zu halten, und unsere Entscheidung angezweifelt hätte, wäre er ihr ganz sicher bald verfallen. Denn er war ein großer Tierliebhaber. Er hätte rasch einen Narren an ihr gefressen, ihr Süßigkeiten gekauft und sie ihr mit vertraulichem Gesäusel zugesteckt. Er hätte sie »mein Lama« genannt und seine Freunde mit Anekdoten ihrer Großtaten beeindruckt.

Ein Trost war, dass wenigstens Mary Ñusta gesehen hatte. Sie liebte Tiere ebenfalls sehr, vor allem wenn sie elegant und flauschig waren. Das Lama war für Mary genau richtig und sie bezeichnete es als »himmlisch«.

Abends, wenn Ñusta die Küche untersucht und alle Opfergaben, sprich: Apfelschalen, die Mutter ihr übrigließ, gefressen hatte, klappte sie sich ein und nahm mit einem dumpfen Plumps auf dem rot gefliesten Boden Platz. Für gewöhnlich wählte sie eine Position mit Blick zur Tür, nahe bei Mum und mir, die auf dem Sofa saßen. Von dort konnte sie gut an Mutters Tweedkleid knabbern. Das war ihr liebster Zeitvertreib. Sie hatte die seltsame Angewohnheit, an wollenen Stoffen zu knabbern und mit einer schnellen, geschmeidigen Bewegung ihrer Greiflippen die kleinen Knötchen abzuzupfen und zu fressen. Auf diese Weise graste sie einige meiner alten Pullover ab, bis sie wieder schön aussahen. Die flinke kitzlige Bewegung ihrer Lippen war angenehm – uns erschien es immer wie eine kleine Ehre, wenn sie uns auf diese Weise mit ihrer Aufmerksamkeit bedachte – und die Kleidung wurde von ihr dabei nie beschädigt oder auch nur benetzt. Sogar Pullover aus Acryl mochte sie. Paul meinte, wenn sie zu viel davon fresse, werde ihr Fell zu Acrylama.

In Carneddi entdeckten wir auch, dass Ñusta ein Faible für Zeitungen hatte. Der Tisch neben dem Sofa hatte eine Ablage, auf der Mutter alte Zeitungen, ausgelesene Zeitschriften und die letzten Ausgaben der *Radio Times* aufbewahrte. Aus ihrer Sitzposition zu unseren Füßen musste Ñusta nur den Hals ausstrecken, um die Papierstapel auf den Boden zu ziehen, ein paar Seiten abzuzupfen und aufzumampfen. Meine Ziegen hatten auch gern Papier gefressen, aber nicht in den Mengen, die Ñusta verschlang. Eine ganze *Daily Mail* oder eine halbe *Radio Times* waren schnell verputzt. Anfangs machte ich mir noch Gedanken, ob so viel Papier nicht schädlich oder sogar giftig war, aber sie fraß es regelmäßig, ohne Anzeichen von Krankheit zu zeigen. Tatsächlich verlangte es sie nach einer bestimmten Menge pro Tag, weshalb ich zu dem Schluss kam, dass sie es für ihre Ernährung brauchte. Als ich später einmal den Tierarzt fragte, inwiefern Zeitungen essbar seien, erzählte er mir, dass soeben in einem Experiment Zeitungsbrei an Nutzvieh verfüttert worden war. Den Kühen bekam er offenbar gut. Dann las ich, dass Lamas Rohfasern zu mindestens fünfundzwanzig Prozent besser verdauen können als Schafe. In Zeitungen waren vermutlich ziemlich viele Rohfasern, sie schienen also wirklich nahrhaft für Lamas zu sein.

Ñustas Papiergenuss konnte aber auch unangenehme Folgen haben. Einem Freund konnte man noch ganz gut erklären, dass man leider keine passende Antwort auf seinen Brief geben konnte, weil das Lama ihn gefressen hatte. Weniger Verständnis würden wahrscheinlich Rechnungs- oder Amtsträger aufbringen. Sie würden annehmen, man wolle ihnen eine Lüge auftischen. Wir fluchten immer, wenn wir Ñusta mit der letzten Ecke eines Blatts erwischten, das gerade in ihrem Maul verschwand. Welche Mitteilung war uns da gerade auf alle Zeit durch die Lappen gegangen? Wir würden es nie erfahren. Paul meinte, Lamas gäben sicher hervorragende Aktenvernichter ab und sollten in Unternehmen angesiedelt werden. Wichtige Papiere legten wir nun immer sorgsam beiseite, was allerdings in unserem übervollen kleinen Haus immer schwieriger wurde, je größer das Lama war.

Wir versuchten der Sache Herr zu werden, indem wir Ñusta ihre eigene Ration zuwiesen. Mutters Zeitungsablage in Carneddi genügte zu ihrem Glück und in Tŷ Mawr bekam sie eine Spielzeugkiste. Das war ein großer Karton, in dem ein Stapel Zeitschriften lag und manchmal auch ein, zwei dicke Holzscheite. Sie knabberte gern an den Scheiten, die nützlicherweise das Papier flachpressten, sodass sie es gut auseinanderzupfen konnte. Am besten gefiel ihr aber der Karton. Vom Rand aus zog sie Streifen davon ab und nach zwei, drei Tagen brauchte sie meist schon wieder einen neuen.

Nach einiger Zeit brachte sie das Wort »Spielzeugkiste« mit dem Gegenstand in Verbindung. Wenn wir sie von den Unterlagen auf Pauls Schreibtisch ablenken wollten und ihr vorschlugen, mit der Spielzeugkiste zu spielen, hielt sie meist kurz inne, als würde sie überlegen, dann drehte sie sich um und trottete zu ihrer Kiste hinüber. Wenn sie in der rechten Stimmung war, setzte sie sich auf die Matte und spielte. Es dauerte nicht lang, dann waren die Scheite herausgeflogen und der Boden übersät von Zeitschriften und halbgefressenen Seiten. Ohne das Gewicht der Scheite fiel es Ñusta schwerer, den Karton in Stücke zu reißen. Dann biss sie in eine Kante und schüttelte den Karton in der Luft wie ein Terrier eine Ratte. Ein merkwürdiger Anblick war das, wenn sie so dasaß und der Karton um sie wirbelte. Ein- oder zweimal stülpte er sich über ihren Kopf, worauf sie einen Moment lang erstarrte und dann den Karton wieder abschüttelte. Johns Plastiklaster gefiel ihr auch gut und wenn er in ihrer Nähe auf dem Boden lag, schnappte sie ihn sich und ließ ihn vor- und zurücksausen.

Bei meinen abendlichen Besuchen in Carneddi war mir aufgefallen, dass Ñusta im Dunkeln Angst hatte. Es blieb zwar immer länger hell und auf dem Hinweg war vielleicht gerade erst die Sonne untergegangen, aber wenn wir heimgingen, war es oft stockduster. Sie folgte mir überallhin und wusste immer gern, wo ich war. Wenn sie mich verlor, rannte sie durch die Gegend, um mich zu suchen. Dabei hupte sie vor Aufregung. Ihr tiefes, musikalisches *mmm* verwandelte sich dann in einen verzweifelten Schrei, der immer schriller wurde. Wenn sie dagegen wusste, wo ich war, ließ sie sich, selbst wenn sie mich nicht sah, nieder und konnte unerhört lange Zeit warten. Anfangs hatte ich sie immer mit in die Küche genommen, doch als Mutter im Frühling überall Töpfe mit Samen und Zimmerpflanzen stehen hatte, ließ ich sie draußen. Dort machte sie einen ganz zufriedenen Eindruck. Sie setzte sich beim Gartentor unter die Tannen. Nur im Freien ließ sie sich zumindest abends nicht gern nieder, sondern lehnte sich mit dem Rücken gegen die Mauer und sah die ganze Zeit um sich. War das die angeborene Angst vor Raubtieren oder fühlte sie sich unsicher, weil sie nicht zu einer Herde gehörte, an deren Spitze ein Männchen stand, das sie beschützte? Manchmal fragten wir uns, ob der Gedanke an einen Puma hinter dieser Angst steckte, weil sie ein ausgeprägtes Interesse an Katzen hatte. Dieses Interesse war zwar nicht von Furcht geprägt, aber es war offensichtlich, dass Katzen für sie eine besondere Bedeutung hatten. Sie beobachtete hochkonzentriert jede ihrer Bewegungen. Natürlich konnte es aber auch sein, dass sie sich einfach an ihren Nachbarn, den Löwen in Knaresborough, erinnerte.

Jedenfalls stand ihr Interesse an Katzen in deutlichem Gegensatz zu ihrer Gleichgültigkeit gegenüber Hunden. Die ignorierte sie einfach, es sei denn, sie standen ihr im Weg. Bei den Rindern und Ponys war sie etwas vorsichtig, weil sie so groß waren und ihr manchmal nachjagten, auch wenn sie Anns Pony Dolmen sehr mochte. Es war ein freundlicher Hengst und die beiden gaben sich Nasenstüber und pflegten einen vertrauten Umgang.

Wenn ich abends Carneddi verließ und durch das Gartentor ging, ertönte ein leises Hupen und Ñusta erschien neben mir. Ihr normaler Gang war langsamer als meiner, aber im Dunkeln legte sie einen Schritt zu und blieb nah bei mir. Erst dachte ich, dass sie nachts nicht gut sah, weil sie auf den Felsen manchmal stockte und zurückblieb. Dann leuchtete ich ihr mit der Taschenlampe und sprach ihr Mut zu. Anders als die Augen von Hunden, Katzen oder Schafen, die grün leuchten, schimmerten ihre Augen im Strahl der Taschenlampe rötlich. Sie gab ein ängstliches Hupen von sich, kraxelte über das Hindernis und kam dann wieder an meine Seite gerannt. Als sie älter wurde, gewann sie im Dunkeln allmählich an Selbstsicherheit und hielt sich bald nicht mehr ganz so dicht bei mir.

Einmal ging ich in der Abenddämmerung von Carneddi heim. Der Himmel leuchtete noch, aber es war alle Farbe aus der Landschaft gewichen. Die Berge waren nur mehr dunkle

Silhouetten und der Süden von den fernen Lichtern von Harlech erhellt. Ich schaute zurück, um zu sehen, ob das Lama mir folgte. Während ich den Grünweg nach Tŷ Mawr hinabging, stieg sie gerade über die Hügelkuppe dreißig Meter hinter mir, vom Himmel konturiert. Immer wenn ich sie ansah, dachte ich bei mir, wie schön und wie seltsam sie war, aber jetzt sah sie *wirklich* seltsam aus. Sie kam direkt auf mich zu, wobei das Licht so schwach war, dass ich nicht erkennen konnte, ob sie vorwärts ging. Für einige Augenblicke war sie nur eine große, wabernde Silhouette. Die langen Ohren, die aussahen wie gestutzte gespaltene Hörner, stachen in den Himmel. Das blasse Wesen schien zu schimmern, halb Tier, halb Mensch, die Augen dunkle, eher erahn- denn sichtbare Flecke. Sie sah aus wie ein seidendünnes Gespenst. Hätte ich nicht gewusst, dass sie mein Lama war, hätte ich mich zu Tode erschreckt. Ich hoffte nur, dass kein nächtlicher Wanderer ihr jemals in der Finsternis begegnete.

Bald darauf hatte sie den Horizont überschritten und trapste zu mir.

»Du bist wirklich ein wunderliches Tier«, sagte ich zu ihr.

»*Mmm*«, sagte das Lama.

Zum ersten Mal spuckte Ñusta im Mai desselben Jahres, als sie etwa acht Monate alt war. Wir hatten die Spuckfrage schon fast vergessen und waren dementsprechend überrascht. Eine holländische Freundin war zu Besuch und Brenda und Helen waren für den Nachmittag aus Nantmor gekommen. Das Lama trat ein, wurde bewundert und setzte sich auf die Matte. Sie wünschte offenbar an der Gesellschaft teilzunehmen, aber nach einer Weile bemerkte ich, dass sie hektisch wurde. Ständig kamen die Hunde hereingerannt und schwänzelten um die Besucher herum, und Helen und John, die auf dem Boden neben ihr spielten, machten einen ziemlichen Krach. Das Lama sah aus, als fühlte es sich bedrängt oder gar bedroht. Es hielt die ganze Zeit die Ohren angelegt und reckte den Kopf. Ich erwartete, dass sie jede Minute aufstehen und sich einen ruhigeren Ort suchen würde. Da trat Helen einen Schritt zurück, stolperte und fiel über Ñustas Rücken. Das war zu viel für sie. Blitzartig spuckte sie ins nächstbeste Gesicht. Das gehörte bedauerlicherweise Els, unserer holländischen Freundin, die auf dem niedrigen Sofa neben dem Lama saß. Keine Vorwarnung, kein »Drei, zwei, eins, ich schieße«, sie feuerte einfach los. Ein Schuss aus der Hüfte. Alle waren wie vom Donner gerührt. Eine Sekunde lang begriff Els gar nicht, was passiert war. Ihr Gesicht und ihre Brille waren von einem feinen grünen Spray benetzt und ein unangenehmer Geruch von verfaultem Kohl lag in der Luft. Ein peinlicher, bedauerlicher Unfall, der die internationalen Beziehungen unseres Hauses kaum verbessern würde, dachte ich bei mir, aber zum Glück waren wir schon so lange mit Els befreundet, dass unser Verhältnis hoffentlich keinen nachhaltigen Schaden nehmen würde. Els wusch sich das Gesicht und wir entschuldigten uns für das unerwartet undamenhafte Benehmen unseres Tieres. Es tat mir leid, dass ausgerechnet Els ihr erstes Opfer war, aber davon abgesehen freute es mich, dass unser Lama offenbar doch zu diesem lamahaften Verhalten fähig war. Wir hatten uns schon gefragt, wie das Spucken wohl wäre. Jetzt wussten wir es: unerwartet, herabwürdigend und übelriechend, aber auch nicht sonderlich dramatisch.

Fortan spuckte Ñusta, wann immer sie meinte, dass die Gelegenheit es erfordert, alles in allem aber nicht sehr häufig. Manchmal spuckte sie die Hunde an, wenn sie um ihre Beine streiften, während sie in der Küche aus ihrer Schale fraß. Manchmal spuckte sie unter ähnlichen Umständen auch

Leute an. Wenn sie gerade den Mund voller Nüsse hatte, schossen sie dabei dramatisch durch die Küche, als würde man aus dem Pusterohr beschossen. Im Allgemeinen signalisierte sie uns aber früh genug ihre Absicht, sodass wir Zeit zum Rückzug hatten. Ihre Ohren schlugen nach hinten und sie machte schlängelnde Bewegungen mit dem Kopf, drückte einem von uns ihr Gesicht an die Nase und stierte ihn an, während sie mit leicht geöffnetem Mund malmte. Manchmal stieß sie auch tiefe Grunzlaute aus. Ihr Verhalten war so fern von allem, was wir als tierisch bezeichnet hätten, dass wir zuweilen dachten, sie wolle uns einen flüchtigen Kuss geben. Wer sich nicht schnell genug bewegte, sollte aber umgehend eines Besseren belehrt werden.

»Ein bisschen Spucke und enormer Glanz«, sagte Paul einmal, als er sich nach einem solchen Vorfall das Gesicht abwischte.

Ñusta zielte immer nur auf Gesichter. Wenn man sich eine Hand oder Schale oder ein ähnliches Schutzschild vors Gesicht hielt, konnte man ihren Angriff unterbinden. Sie musste das Weiß in unseren Augen sehen, ehe sie auf den Auslöser drückte. Dadurch blieben wir manches Mal unversehrt. Es half auch, den Kopf zu senken und das Gesicht abzuwenden, um sich dann aus der Gefahrenzone zu schleichen. Es machte unser Leben in jedem Fall noch aufregender.

Manchmal, wenn wir Ñusta aus dem Haus ausgesperrt hatten, spuckte sie auf Besucher, die eintreten wollten. Oft spuckte sie, wenn jemand sie an der Zuckerschale oder Blumenvase erwischte und herbeihechtete, um das Objekt in Sicherheit zu bringen. Eine schnelle, aggressive Bewegung löste für gewöhnlich eine schnelle, aggressive Spuckreaktion ohne Vorwarnung aus. Nie konnte man das Lama einfach beiseiteschieben, wenn sie im Weg stand, denn dann wirbelte ein missgelauntes Gesicht herum und feuerte zum Missbehagen ihres Gegenübers einen Parthischen Schuss ab. Führen konnte man sie aber immer. Mussten wir sie aus dem Haus verfrachten, konnten wir ihr einfach ein Seil um den Hals binden, worauf sie uns nach kurzem Zögern widerspruchslos in die gewünschte Richtung folgte.

Manchmal drohte sie mir und manchmal bespuckte sie mich. Ich blieb also keineswegs verschont, durfte mir aber immerhin mehr Freiheiten bei ihr erlauben als irgendjemand anders. Ab und zu gelang es mir, sie zu besänftigen, indem ich einfach mit ihr sprach. Dazu musste ich nicht einmal mein Gesicht abschirmen. Die Schlangenbewegungen ihres Kopfes verebbten, die Ohren stellten sich wieder nach vorn und sie fraß frohgemut weiter.

Der Direktor des Chester Zoo hatte uns gesagt, Lamas hätten »die hässliche Angewohnheit zu spucken«. Wir fanden das Spucken zwar in der Tat hässlich, aber doch nicht allzu hässlich. Es war für Ñusta mehr oder weniger die einzige Möglichkeit, sich zu verteidigen, und ohne sie hätte sie vielleicht doch zu milde und duldsam oder gar hilflos gewirkt. Dieses Mittel, ihre reichen, vielfältigen Gefühle auszudrücken, verlieh ihr ein wenig mehr Gewicht. In jedem Fall aber ließ es ihren Aufenthalt in unserem Haus ein kleines bisschen wagemutiger erscheinen.

11

Mantel und Pantoffeln

Im Frühjahr 1975 kamen Fred, mein altes Kindermädchen, und ihr Mann Norman aus Australien zu Besuch. Es war Normans erster Aufenthalt in der Alten Welt und Fred hatten wir seit unserer Hochzeit vor fünfzehn Jahren nicht mehr gesehen. Fünfzehn Jahre sind eine lange Zeit, aber es kam uns vor wie gestern, als Fred durch die Haustür trat. Sie war immer noch die Alte, die über meine Kindheit gewacht, sich für meine Schulzeit interessiert, die Hoffnungen und Ängste meiner Pubertät mit mir geteilt und mir bei den ersten Schritten als Bergbäuerin geholfen hatte. Ihre Haare waren etwas grauer geworden, aber in den großen dunklen Augen glomm noch das alte Feuer. Und dick war sie geworden.

»Ja, ich bin dick geworden«, sagte sie verärgert und klopfte auf ihren Rettungsring.

Aber sie war die gute alte Fred, die man aufziehen und gernhaben konnte, und wir machten einfach da weiter, wo wir aufgehört hatten. Norman war nett, genau wie ich ihn mir nach den Fotos, Briefen und Tonbandaufnahmen vorgestellt hatte. Allerdings war das Problem mit Norman zumindest für meine Begriffe, dass er immer irgendwohin fahren und etwas sehen wollte. Das heißt, er sauste mit Fred in die hinterletzten Winkel der Britischen Inseln und Europas, während ich sie lieber hier in Carneddi gehabt hätte, um unser altes Familienleben wiederaufzunehmen. Das war egoistisch von mir und das wusste ich auch, und natürlich freute ich mich, Fred überhaupt wiederzusehen.

Fred war ebenfalls froh, nach so vielen Jahren zu ihrer alten Dame Mrs Ruck zurückzukehren, aber auch traurig darüber, meinen Vater nicht mehr gesehen zu haben. Mary sah sie noch, aber sie starb am Tag nach Freds Ankunft. Nun war Fred mit ihrer alten Pflegefamilie in Trauer vereint. Es war ein großer Trost, sie in dieser schweren Zeit bei uns zu haben.

Im Mai backte Fred einen Geburtstagskuchen für mich, was mich wieder zurück in meine Kindertage versetzte. Angesichts all dessen, was passiert war, hatten wir eine schöne Feier. Brenda und Helen waren da, Norman, Fred und ihre Schwester Elsie und unsere ganze Familie. Der Kuchen sah toll aus, sogar mit ein paar Geburtstagskerzen, auch wenn nicht genug Platz für die richtige Anzahl war. Fred hatte aus Wolle ein kleines Lama gefertigt, das sie auf den Kuchen setzte, daneben eine Figur, die mich darstellen sollte und die dem Lama eine echte Malteser-Schokoladenkugel gab. Alle fanden es wunderbar. Ann und John hatten Fred nicht für so feinsinnig gehalten. Ich hatte ihnen jahrelang Geschichten über sie erzählt, sodass sie für die Kinder eine Art Legende geworden war. Jetzt, mit sechs und neun Jahren, waren sie beide zu schüchtern, um ihr einfach wie ich in die Arme zu fallen und sie zu knuddeln. Trotz meiner Geschichten war sie immer noch eine Fremde für sie. Aber Fred hatte ein gutes Händchen für Kinder.

Jetzt konnte sie sich alle Neuigkeiten auf dem Hof anhören und mit eigenen Augen sehen, was sich in den letzten fünfzehn Jahren verändert hatte. Sie sah zum ersten Mal die Ponys, vor allem Princess, die Begründerin unserer Herde, die schon siebenundzwanzig Jahre alt war, aber viel jünger aussah. Sie sah die neuen Generationen der Hütehunde – die schlimmer waren als die alten, wie wir uns manchmal mokierten – und lernte Mooey kennen, die sie an unser allererstes Hauslamm Topsy erinnerte. Auch sah sie sich die Rinder an, die allesamt von Kühen abstammten, die sie selbst noch gekannt hatte. Wir erklärten ihr, wie wir Clogwyn, das kleine abgelegene Bauernhaus weiter oben am Hang, renoviert hatten und nun als Ferienhaus vermieteten. Natürlich wollte ich vor allem, dass sie das Lama kennenlernte. Im Herbst wäre Fred wieder in Australien, 19 000 Kilometer weit weg, aber wenigstens hätte sie unsere jüngste Schönheit erlebt.

Das Lama mochte Fred und Fred mochte das Lama. Fred konnte immer schon gut mit Tieren. Sie identifizierte sich mit ihnen und die Tiere sprachen auf ihre direkte, spontane Art an. Ich führte Ñusta in Carneddi in die Küche und Fred, Norman und Elsie staunten, ein so großes, elegantes Wesen im Haus zu sehen. Ñusta inspizierte einen nach dem anderen und machte sich dann auf ihre gewohnte Tour durchs Zimmer, um zu schauen, ob es irgendwo etwas Gutes zu fressen gäbe.

Allzu bald verließen Fred und Norman Wales wieder, um ihr Sightseeing andernorts fortzuführen. Wir waren traurig, als sie abfuhren, aber Fred versprach, bald wiederzukommen. Dann standen die Arbeiten des Frühlingsendes und Sommers an, wir bewirtschafteten wie jedes Jahr die kleine Ackerfläche mit Kartoffeln und Grünkohl, desinfizierten die jungen Schafe und Lämmer und führten sie zum Sommerweiden auf den Berg.

Ende Juni war Schurzeit. Wir überlegten, ob wir Ñusta zusammen mit den Schafen scheren sollten, entschieden uns aber letzten Endes dagegen. Die Aufgabe erschien uns doch zu schwierig und wir wussten auch nicht genau, ob es richtig wäre, es jetzt zu tun. Ñusta war noch keine zwölf Monate alt. Insofern wäre es, als würden wir ein Lamm scheren, und das taten wir für gewöhnlich nicht. In einem Fachbuch hieß es, die indigenen Völker Südamerikas würden ihre Lamas nicht scheren, sondern kämmen, um an die Wolle zu gelangen.

Einer anderen Quelle zufolge schoren sie sie genau wie Schafe. Wie dem auch sei, wir ließen es vorerst bleiben. Ich bürstete Ñusta ziemlich häufig und bewahrte die wenigen ausfallenden Haare auf. Das ergab nur wenig Wolle, aber wir dachten, dass sicher bald ein Haarwechsel käme, der uns einiges mehr bescheren würde.

Beenie und ich sträubten uns dagegen, ihr das schöne Vlies abzunehmen. Es war in den letzten Monaten stark gewachsen und umgab das Lama wie elegant wehendes Tuch. An windigen Tagen kräuselte sich ihr langes Haar wie ein Maisfeld in einer Böe. Ñusta liebte den Wind, tobte und tollte mit frech gespitzten Ohren und flatternden Rockschößen umher. Normalerweise bewegte sie sich so langsam und vornehm, dass es uns überraschte, wenn sie sich plötzlich im Auge des Sturms so kühn gebärdete wie ein riesiges Herbstblatt, das im Wind davonwirbelt.

Ihr langes Haar kleidete sie mittlerweile wie ein Gewand. Ihr weißer Hals schloss an der Brust mit einem perfekten »V« ab, an dessen Saum sich symmetrisch das graubraune Fell legte, als hätte ihr jemand ein Halstuch angenäht. Die Beine waren in kurzes, dichtes Fell gehüllt und glichen weißlichen gefleckten Strümpfen, während die Körperbehaarung in gleichmäßig langen Fransen über Kniehöhe hing wie ein federweicher Minirock. Bei aller Eleganz hatte ihre Erscheinung auch etwas leicht Komisches.

Ihr ganzer Körper, vor allem der Hals, war mit langen einzelnen Haaren bedeckt, die ihre Konturen verwischten, sodass es im Gegenlicht aussah, als trüge sie einen Heiligenschein. Ihr Schwanz war ein dicker fuchsroter Mopp. Wir nannten ihn nur »den Staubwedel«. Damit schien sie außergewöhnliche Dinge vollführen zu können. Wenn sie mit ihm auf und nieder schlug, sah er aus wie ein am Fenster ausgeschütteltes

Staubtuch oder eine große winkende Hand. Er war etwa dreißig Zentimeter lang, aber Ñusta erlaubte niemandem, ihn aus der Nähe zu betrachten. Manchmal trug sie ihn auf dem Rücken, dann sah man die blanke Haut der Unterseite. Paul und John fanden bald heraus, dass der Staubwedel schon bei der leichtesten Berührung der Unterseite spektakulär nach unten schnellte, um vor ihrem blanken Hinterland einzuschnappen.

»Hört auf, das Lama zu foppen!«, heischte ich sie an.

Manchmal schwenkte Ñusta den Schwanz auch lebhaft hin und her. Er schien ein kraftvolles und äußerst bewegliches Körperglied zu sein.

Die flauschige Körperbedeckung des Lamas hatten wir immer »Wolle« genannt, aber jetzt las ich, dass der richtige Begriff wie bei Alpakas, Vicuñas und Kamelen »Fasern« war. Ich erfuhr, dass die Faser der Camelidae in ihrer molekularen Struktur dem Menschenhaar ähnlicher war als der Schafswolle. Ñusta schien zwei verschiedene Arten von Fasern in ihrem Fell zu haben – lange, eher grobe und gerade Haare und dazwischen eine weiche Masse hauchdünner Fäden. Von ein paar Grassamen und Dreckkrümeln abgesehen, die im Fell hängenblieben und die ich jeden Tag versuchte auszubürsten, war ihr Vlies erstaunlich weich und rein. Es kam offenbar ganz ohne Fett aus und wenn man es streichelte, fühlte sich die Hand nachher genauso sauber an wie zuvor. Ñusta war an das Leben in trockenem Klima angepasst, weshalb sie kein Fett brauchte, um Regen abzuhalten.

Wir fragten uns, wie gut ein Lama mit seinen trockenen Fasern wohl das feuchte walisische Klima verträge. Wir kamen hier in den Genuss von zweihundertdreißig Zentimetern Regen im Jahr und es konnte zwei Wochen ohne Pause durchregnen. Dass Ñusta keinen Regen mochte, stand außer Frage. Sobald ein Guss kam, galoppierte sie los, um einen Unterschlupf zu suchen, worunter sie dann die Ohren zur Seite kippte und den Kopf senkte. Waren weder Stall noch Haus offen, krampfte sie sich in irgendeiner geschützten Ecke ein und blieb mit resignierter Miene sitzen, bis der Regen vorbei war. Die wenigen Male, die sie gründlich durchnässt wurde, begutachtete ich ihr Fell. Obwohl es nicht in erster Linie dazu diente, Wasser abzuweisen, kam es doch ganz gut mit dem Regen zurecht. Die Tausende feiner Fäden fingen die Wassertropfen wie in einem Spinnennetz auf, dann leiteten die dicken längeren Haare sie nach unten ab. Wenn ich ihr Fell auseinanderdrückte, war die Haut darunter warm und trocken. Die äußerste Faserschicht allerdings brauchte lange, um nach dem Regen zu trocknen. Ñusta schüttelte sich indes nur selten.

Gegen kurze Schauer war sie also gut gewappnet, aber mir schien, dass ihr Vlies einem längeren Regenguss kaum standhalten würde. Deshalb brachten wir sie immer in den Stall, wenn für den Abend anhaltender Regen angekündigt war, und ließen sie bei Dauerregen tagsüber drinnen. Ideal wäre es gewesen, wenn sie mehrere offene Unterstände gehabt hätte oder zumindest einen in Carneddi und einen in Tŷ Mawr, um sich bei Bedarf unterstellen zu können. Die hatten wir aber leider nicht. Paul meinte, er werde ein paar Lamaställe bauen, sobald er Zeit dafür finde. Wenn unser Auto an einem regnerischen Tag vor der Garage stand, parkte Ñusta selbst darin, was ihr große Befriedigung verschaffte.

Feuchtes Klima konnte bei Lamas auch zu Problemen mit den Füßen führen. Mr Humphreys, der Tierarzt aus Colwyn Bay, hatte uns schon gewarnt, dass Nässe oder schlammiger Untergrund zu Hautkrankheiten an Füßen und Unterschenkeln führen konnten. Allerdings bekamen Lamas zumindest nicht die sogenannte Moderhinke, die Schafe befiel und die sehr schmerzhaft und unangenehm war, dafür unterschied sich die

Anatomie des Lamafußes zu sehr vom Schafhuf. Das war uns natürlich auch schon aufgefallen. Ñustas merkwürdige Füße gehörten zu ihren faszinierendsten Körperteilen. Sie waren für ihre Größe überraschend klein. Jeder Fuß war tief gefurcht und bildete zwei Zehen mit einem großen, schwarzen, leicht gebogenen Zehennagel, der Klaue. Ñustas Fußabdrücke sahen aus wie die Hufspuren von Hirschen, nur mit einem Klaueneindruck vor jedem Zeh. Hufe besaß sie aber natürlich nicht. Ihre Fußsohlen waren von zähem, blankem Leder überzogen, das sich warm anfühlte. Vor allem die Hinterfüße wirkten an ihren langen, stabähnlichen Beinen lächerlich klein. Sie erinnerten mich an die winzigen abgebundenen Füße einer Chinesin aus alter Zeit und sahen so flach aus, als litte sie an Miniaturplattfüßen. Ich hatte gelesen, dass manche Tiere, zum Beispiel Gazellen, besonders kleine Füße haben, um die Trägheit zu verringern. Da Ñusta nicht gerade flink war wie eine Gazelle, fragten wir uns, ob dasselbe auch für Lamas galt. Ihre Füße waren jedenfalls so geformt, dass ihre Abdrücke selbst an den regennassesten Tagen nur leicht feuchte Spuren auf dem Fußboden im Haus hinterließen, ganz anders als die Schlammpaddel, die uns die Hunde bescherten.

An den Sprunggelenken hatte Ñusta zu beiden Seiten längliche blanke Stellen mit horniger Kruste. Sie erinnerten mich an die Kastanien bei Pferden, auch wenn es offensichtlich keine waren. In einem Buch wurden sie als »Drüsenregion am Mittelfußknochen« bezeichnet, aber welche Funktion die Drüsen hatten, wurde nicht erwähnt.

Uns fiel auf, dass Ñustas Zehennägel allmählich zu lang wurden, deshalb wollten Paul und ich sie schneiden. Wir hatten einige Erfahrung damit, wie man Schafen, Ziegen und Ponys die Hufe schneidet, und einer Kuh hatte ich auch schon mal, wenn auch mit einiger Mühe, den Huf gestutzt, aber bei einem Lama war das doch etwas anderes. Der Hufschneider, den wir für die Schafe benutzten, eignete sich vermutlich am besten dafür, auf jeden Fall eher als ein Messer. Er sah aus wie eine Gartenschere mit geraden, zugespitzten Schneidbacken. Damit ließen sich leicht kleine Stücke Horn abschnipseln. Wir legten Ñusta ihr Halsband an und Paul hielt sie fest, während ich mir ihren Huf griff. Ñusta protestierte. Offenbar dachte sie, wir würden ihr wieder ihre Freiheit nehmen wollen, und stellte sich auf die Hinterbeine. Jetzt war sie über zwei Meter groß. Ich hängte mich an ihren Vorderfuß und Paul gelang es, sie auf den Boden zurückzuziehen. Da preschte sie nach vorn und noch einmal nach hinten. Wir konnten sie kaum noch im Zaum halten. Doch dann, nach einigem Hin und Her, schien sie sich zu sagen, das Ganze sei doch unter ihrer Würde und wir ließen uns ja ohnehin nicht so leicht abschütteln. Mit verärgertem Gesichtsausdruck sank sie zu Boden. In dieser Position, fast auf dem Kopf stehend, setzte ich den Hufschneider an und schnitt ihr ein bescheidenes Stück Horn ab. Ich hatte mich immer gegen den alten Ratschlag der Schäfer gewehrt, wer einen Fall von Moderhinke behandeln wolle, brauche ein scharfes Messer und ein hartes Herz. Ich wollte nicht riskieren, ihr ins Nagelbett zu schneiden, und da ich nicht genau wusste, wo es sich befand, blieb ich auf der sicheren Seite und schnitt nur ein kleines Stück ab. Als Ñusta wieder aufstand, sahen ihre Zehen gleich viel adretter aus.

Während des Prozederes war Beenie mit einer Tüte Malteser um uns herumgelaufen. Wir dachten, Ñusta würde vielleicht gar nicht bemerken, was wir machten, wenn ihre Aufmerksamkeit auf ihre Lieblingsleckerei gelenkt war. Aber das funktionierte leider nicht. Ñusta zeigte sich nicht willens, sich bestechen zu lassen, da wir ihr eine derart schlimme Körperverletzung zufügten. Als alles vorbei war und sie wieder auf den Beinen stand, schien sie es jedoch leichterhand zu vergessen und nahm würdevoll und wohlwollend einige Malteser entgegen.

Im Laufe der nächsten Wochen sahen wir freudig, dass die Beine und Füße unseres Lamas gesund aussahen, obwohl wir den gewohnt generösen Anteil nassfeuchter Tage hatten. Ich achtete darauf, dass der Boden im Stall immer sauber und trocken war, damit ihre Füße über Nacht trocknen konnten. Außerdem schabte ich den Schlamm auf dem Hof so gut es ging beiseite, damit sie mit halbwegs sauberen Füßen über die Wege gelangte.

Mit den Hinterklauen kratzte sich Ñusta gewandt an nahezu jedem beliebigen Körperteil. Sie balancierte auf drei Beinen, sah gedankenvoll in die Ferne und zog mit der Oberlippe eine Schnute, während ihr langes Hinterbein hochpräzise auf sein Ziel zusteuerte. Die Verrichtung sah extrem schwierig aus, als wollte sich jemand mit einer Bootsstange kratzen, aber für sie war es vermutlich eine leichte Übung. Dort, wo sie mit keiner Zehe herankam, kratzte sie sich mit ihren langen unteren Zähnen. Dazu drehte sie ihren Schwanenhals in weitem Bogen nach hinten auf den Rücken und harkte dann die kitzlige Gegend mit leicht geöffnetem Mund durch. Währenddessen stieß sie ein Geräusch aus, das nach einem kollernden Truthahn klang, und ihre weichen Ohrenspitzen verfielen in ein schnelles Vibrato.

Wegen der ständigen Kratzerei fragte ich mich, ob sie vielleicht Parasiten hatte. Die Rinder und Ponys hatten ein Flohproblem und wir mussten sie im Winter meist zweimal einpudern. Wie sorgfältig wir dabei auch vorgingen, ganz los wurden wir die Flöhe nie und ich vermute, dass sich die Tiere an den alten Eichentrennwänden und Trockenmauern unserer Gebäude neue holten. Wenn das stimmte, war auch

Ñusta gefährdet. Ich untersuchte regelmäßig ihre Haut, fand aber nie Anzeichen ungebetener Gäste. Erst viel später erfuhr ich, dass Lamas fast ausschließlich spezifische Lamaparasiten haben, weshalb es unwahrscheinlich war, dass sie sich auf unserem Hof welche einfing.

Auch nach Zecken hielt ich Ausschau. Diese Parasiten gediehen gut auf unserem Land und befielen in den Sommermonaten die Schafe, Rinder, Ponys und Hunde. Die Katze hatte auch ab und zu welche und gelegentlich fand sogar ein Mensch eine an seine Haut gezweckte Zecke. Sie waren Träger einer gefährlichen Fieberkrankheit, die in unserer Gegend Rotwasserfieber genannt wurde und die ausgewachsene Rinder befiel. Wenn ein Kalb in einer Gegend mit Rotwasserfieber aufwuchs, wurde es gegen die Krankheit immun, kamen aber ausgewachsene Tiere aus einem fieberfreien Gebiet in ein Infektionsgebiet, erkrankten sie oft. Wir hatten damit keine Probleme, weil unsere Rinder allesamt Eigenzüchtungen waren, aber ich fragte mich, ob sich auch Lamas damit anstecken konnten. Doch selbst nach ausgiebigen Nachforschungen fanden wir dazu keinerlei Informationen. Das hieß wohl einfach Daumen drücken.

Etwas anderes fanden wir indes heraus, nämlich dass Lamas für Schafzecken kein großes Genussmittel darstellten. Im Sommer hatte Ñusta eine einzige Zecke, die sich ein Stück unter ihrem Auge auf ihre Wange gesetzt hatte. An den Innenseiten der Oberschenkel oder auf den blanken Stellen der Vorderläufe, den bevorzugten Futterstellen der Zecken, waren keine. Nur die eine auf ihrer Wange. Ich versuchte mehrmals, sie zu entfernen, aber sie war ziemlich klein und Ñusta wollte nicht stillhalten. Als es mir schließlich gelang, sah ich, wie verschrumpelt und unterentwickelt sie aussah, ganz anders als die sonst saftvoll prallen Exemplare. Sie wirkte, als wäre sie mangelernährt.

Auch fiel uns auf, dass sich Fliegen Ñusta gegenüber anders benahmen. Sie schwirrten in einer kleinen Wolke über ihrem Kopf, aber schwärmten nie zu ihren Augen aus oder ließen sich auf ihrem Körper nieder wie bei den Rindern und Ponys. Nie sah ich, wie eine Regenbremse, Dasselfliege, Pferdelausfliege oder ein anderes fies beißendes Insekt Ñusta belästigte. Vielleicht war ein Lama für sie ein ebenso befremdliches Tier wie für uns.

12

Das Lamadrama

Schon als wir den Namen Ñusta auswählten, konnte ich mich nicht so richtig dafür begeistern. Ich mochte ihn nur so halb und es war schwierig, etwas Besseres zu finden. Gut fand ich aber, dass wir uns für ein Wort der Inkas entschieden hatten. In der Theorie passte der Name perfekt zu unserem Lama, nur in der Praxis irgendwie nicht. Im Laufe der Zeit bekam Ñusta jedoch wie viele unserer Tiere verschiedene alberne Spitznamen, die an ihr haften blieben. Sie lernte, auf sie zu hören, und die Namen sorgten bei uns für einige Erheiterung. Ñustas Hauptspitzname war »Um« wegen der leisen *mmm*-Töne, die sie von sich gab. Sodann inspirierte uns ihr Klangrepertoire, vor allem das Hupen, zu den Namen »Toots« und »Tootie-Frootie«. Später wurde daraus »Tootles«, »Frootifer« und »Frootington«. Absurde, lustige Namen, die auf eine verschrobene Art zu dem Lama passten. In einem Winkel meines Herzens fand ich es einfach irre komisch, unser Lama Frootington zu nennen, gerade weil sie so charmant und knuddelig und einfach ein entzückendes Tier war.

Manchmal stellte sich Um von Angesicht zu Angesicht vor mich, um ein ausführliches *mmm*-Gespräch mit mir zu führen. Wenn sie hupte, war es mal ein tiefer melodischer Ton, mal nur ein leises Flüstern, ein kaum hörbarer Hauch von einem Hupen. Wollte sie ins Haus, konnte sie aber auch laut werden. Dann *mmm*te sie von der Tür bis zum Fenster und zurück, bis irgendjemand Mitleid bekam und sie hereinließ. Zuweilen stieß sie dabei auch einen langgezogenen Ton aus, der mit zunehmender Verzweiflung höher und schriller wurde. Man musste schon ein sehr hartes Herz haben, um nicht darauf zu reagieren.

Ñusta wurde nun immer mehr zu einem Teil der Familie. Sie wurde richtig *ummm*gänglich, wie Paul es nannte. Wo immer etwas los war, wollte unsere Um dabei sein. Wenn wir abends die Schafe hereinholten, kam sie angerannt und gesellte sich dazu, wohlgemerkt nicht als Teil der Herde, sondern im Pulk der Herrschenden. Las ich den Kindern eine Geschichte vor, setzte sie sich zu uns und lauschte. Kamen Besucher im Auto, lief sie ihnen entgegen, um sie einer Befragung zu unterziehen. Ihren riesigen Augen und ihren Radarohren entging nichts. Sie wollte bei allem, was geschah, immer mittendrin sein.

Besonders gut gefiel ihr in diesem Sommer das Heumachen. Sie wollte keine Sekunde verpassen und stand die ganze Zeit dabei, um den Vorgang zu beaufsichtigen. Besonders interessierte sie sich für die Mähmaschine, verstand aber offenbar, dass das Gerät gefährlich war, weshalb sie gebührenden Abstand hielt. Wenn wir das Heu mit der Handharke wendeten, setzte sie sich vor uns auf den Boden und nahm aus nächster Nähe teil. Dann mussten wir um sie herum harken und hinterließen kleine lamaförmige Flecken aus ungewendetem Heu hinter uns. Die Heuschwaden und Heuhaufen, die sich wie durch ein Wunder auftürmten und eine neue Landschaft vor ihr erstehen ließen, faszinierten sie. Sie rannte zu jedem einzeln hin, um ihn zu inspizieren, und wenn sie sich schließlich einen genauen Überblick verschafft hatte, ließ sie sich neben einem Haufen ihrer Wahl nieder und fraß. Offenbar war sie der Meinung, wir würden das Heu extra für sie machen, und sie zog es auch dem immer länger werdenden Gras vor.

Uns war aufgefallen, dass sie sich sehr viel häufiger niedersetzte als all unsere anderen Hoftiere. Vielleicht waren ihre schlanken Beine nicht für langes Stehen gemacht. Lamas seien »schwache Tiere«, hatte Oliver Goldsmith gesagt, die oft »genötigt« seien, sich auszuruhen. In der Tat ruhte sie sich sehr viel aus, wobei sie aber die Zeit des Ausruhens auch zum Fressen nutzte. Mit ihrem langen Hals konnte sie, wenn sie auf dem Boden saß, bequem in einem breiten Halbkreis um sich herum grasen. Tatsächlich verbrachte sie etwa die halbe Zeit, die sie graste, im Sitzen. Wenn wir eine Pause von der Arbeit machten, kam sie zu uns und setzte sich dazu. Wir fanden es herrlich, ein Tier zu haben, das sich so intensiv dafür interessierte, was wir machten, und das so große Begeisterung dafür zeigte.

Es war ein heißer Sommer, ideal zum Heumachen. Als wir nach Carneddi kamen, machten alle kleinen Bergbauern in der Gegend ihr eigenes Heu, aber mittlerweile waren wir die Einzigen. Ich hatte immer daran geglaubt, dass man sich mehr oder weniger selbst versorgen kann, und in unseren Anfangstagen hatten uns unsere walisischen Nachbarn in diesem Glauben bestärkt. Alle hatten genug Heu, um ihr Vieh den Winter über zu füttern, und wenn sie es nach einem feuchten Sommer erst Ende September machten, fanden sie auch daran nichts Ungewöhnliches. Alle Bauern bauten Hafer und Kartoffeln an. Was sie auf ihrem eigenen Acker nicht ernteten, darauf verzichteten sie. Diese Einstellung rührte von einer langen Tradition der Selbstversorgung als Überlebensstrategie in einem armen Distrikt. Es war ein hartes Leben. Als die Älteren in den 1950er und 1960er Jahren starben oder wegzogen und sich die Wirtschaftsstruktur wandelte, änderte sich das. Landwirtschaft wurde jetzt nur noch auf größeren Höfen betrieben, wovon weniger Menschen leben konnten. Die walisischen Bauern kauften ihr Heu in Shropshire oder gar in Lincolnshire oder Sussex und ihre kleinen, verhutzelten Heufelder wurden wieder zu Hutungen oder Brachland.

In mir war die alte Tradition indes schon so tief verwurzelt, dass wir trotz aller Veränderungen um uns herum mit dem Heumachen fortfuhren. Im Sommer 1946 schnitt ich noch das gesamte Gras mit einem Pferdemäher. In den Jahren darauf spannten mein Vater und ich einen alten Jeep der US Army vor den Mäher. Noch später dann überließen wir das Mähen einer Firma und schließlich kaufte Paul einen kleinen Trecker. Aber auf welche Weise wir es auch machten, harte Arbeit war es immer. Auf unseren schmalen, abfallenden Feldern konnten wir keine Strohpresse einsetzen, weshalb wir das meiste Heu per Hand wendeten und lose zu den Heuscheunen karrten. Eine ziemliche Schufterei, um Heu einzufahren, für das man vielleicht 12 Pfund pro Tonne bekam, doch als 1974 der Preis auf fast 70 Pfund schoss, erschien uns die Mühe gleich lohnender. Aber auch unabhängig vom Heupreis verschaffte es uns große Befriedigung, unser eigenes Heu einzufahren und es auf dem Hof zu wissen, sodass wir sicher durch die Wintermonate kommen würden.

Während dieses heißen Sommers arbeiteten wir mit wildwütiger Begeisterung und schweißtriefenden Körpern. Wie der alte John Williams zu mir zu sagen pflegte: »Heu ist immer am besten, wenn viel Schweiß drin ist.« In diesem Jahr hatten wir gutes Heu. Am späten Nachmittag ließen Ann und John die überhitzten Erwachsenen alleine weiterschuften und ritten mit ihren Freundinnen Amanda und Penny nach Tanrhiw, um in einem Gumpen zu schwimmen. Es war hübsch anzusehen, wie die Kavalkade an uns vorbeigaloppierte, noch mit einem wild ausschlagenden Fohlen und zwei, drei rasenden Hunden hinterdrein.

Der Gumpen war eine Ausbuchtung des Nantmor, eines

kleinen Flusses einen guten Kilometer oberhalb des Tals. Hier hatten wir früher immer ein paar Tage vor der Schur die Carneddi-Schafe gewaschen. Auf den Bergbauernhöfen war das eine alte Tradition. Für gewaschene Wolle wurde mehr gezahlt als für fettige, wobei sie durch das Waschen auch etwas an Gewicht verlor. Es waren harte Zeiten und da zählte jede Münze, weshalb sich niemand zu schade war, die Arbeit auf sich zu nehmen.

Der Waschgumpen gehörte zu Tanrhiw, einem kleinen Gehöft. Ein paar Tage bevor wir uns an die Arbeit machen wollten, ging einer von uns zu Mrs Jones, der der Hof gehörte, und fragte sie, ob wir unsere Schafe in ihrem Gumpen waschen dürften. Er war dafür genutzt worden, seit irgendjemand denken konnte, und die Antwort lautete jedes Mal »Ja«. William Owen, unser Nachbar in Corlwyni, wusch seine Schafe auch dort. Er ging immer zum Fluss, um den Damm auszubessern, wenn die Winterfluten Steine weggespült hatten. Am linken Ufer gab es gute Steinhürden, die er ebenfalls überprüfte.

Wenn Waschtag war, trieben wir mit zwei, drei Nachbarn die gesamte Herde ins Tal, überquerten den Bach an der Furt und liefen dann noch ein paar hundert Meter flussaufwärts bis zu den Hürden von Tanrhiw. Hier reichten wir die Schafe von Hand zu Hand weiter und warfen sie in den Gumpen. Ich stand oben auf einem Felsen, der in den Fluss ragte, und tauchte mit einem langen T-förmigen Stock die Schafe unter, damit ihr Fell gründlich durchgespült wurde. Wenn die Tiere mit kräftigen Zügen durchs tiefe Wasser davonschwammen, leitete ich sie zu einem flachen Steinufer, wo sie leicht an Land klettern konnten. Schließlich trieben wir die abgekämpfte nasse Herde wieder heim.

Im Laufe der Jahre zerfielen die Steinhürden. Mrs Jones bewirtschaftete Tanrhiw nicht mehr. William Owen ging in

Rente. Dann baute ein anderer Nachbar am rechten Ufer eine Netzhege, die wir benutzen durften. Sie war sehr praktisch, weil die Böschung an dieser Stelle höher war, sodass die Schafe tief ins Wasser tauchten, bevor sie weiterschwammen.

Im Laufe der Jahre meinten mehr und mehr Bauern, dass sich der Arbeitsaufwand auch trotz der gestiegenen Preise für die gewaschene Wolle nicht mehr rentierte. Die Netzhege am rechten Ufer zerfiel und wurde nicht mehr repariert. Damit gehörte das Schafewaschen bei Tanrhiw der Vergangenheit an. Wir bauten uns unsere eigene Hürde auf einem Feld von Clogwyn, das an einen Gumpen in einem Zufluss des Nantmor grenzte. Hier wuschen wir unsere Schafe noch einige Jahre lang. Es ging nicht so gut wie in dem großen klaren Gumpen bei Tanrhiw, aber er erfüllte doch seinen Zweck, bis auch wir aus Mangel an Arbeitskräften das Waschen aufgaben.

Zum Schwimmen war der Gumpen aber weiterhin wunderbar. Er lag in einer kleinen Schlucht, wurde von einem Wasserfall gespeist und war von Haselnüssen, Birken und Eichen überhangen. An der richtigen Stelle konnte man sogar richtig untertauchen und er war breit und lang genug, um ein paar Züge zu schwimmen. Es blieb nicht aus, dass auch Touristen ihn entdeckten, und mit den Jahren verschwanden die schönen alten Hürden, weil die Leute die Steine ins Wasser warfen oder Dämme damit bauten. An einem heißen Sommernachmittag wurden die badenden Touristen zuweilen von Cowboys und Indianern aus Carneddi überrascht, die angaloppiert kamen, um mit ihrem kompletten Anhang, Ponys und Hunden, in dem Gumpen zu schwimmen.

Eines warmen Tages, als wir mit der Heuernte fast fertig waren, beschlossen Paul und ich, die Kinder zusammen mit Becky, dem Schüler und einem Freund zum Gumpen zu begleiten. Wir fanden, das hatten wir uns verdient.

»Komm, wir nehmen Um mit, dann hat sie etwas Auslauf«, schlug Paul vor.

Bis dahin hatten wir mit ihr noch nie den Hof verlassen, aber sie folgte uns immer und überallhin, so sie es durfte. Es würde ihr bestimmt gefallen. Wir packten Handtücher, Badesachen und Kekse in einen Rucksack und gingen los. Die Reiter vorneweg. Für den Anfang hielt ich Ñusta an Halsband und Leine, weil sie manchmal arg hinterherzottelte und ich nicht wollte, dass sie auf für sie noch unbekanntem Terrain den falschen Weg einschlug. Sie folgte mir widerspruchslos.

Hinter dem Gatter nach Corlwyni lagen offenere Felder, weshalb ich Ñusta von der Leine ließ. Ich war mir ziemlich sicher, dass sie uns weiter folgen würde. Das tat sie auch. Mehr noch, sie wollte unbedingt mitten im Getümmel sein. Ihr normalerweise leicht getragener Schritt war langsamer als unserer, sodass sie immer mal wieder ein paar schnellere Trotte einlegen musste, um nicht zurückzufallen. Ihr war offenbar bewusst, dass sie gerade Neuland betrat, und sie betrachtete alles mit großer Neugierde. Während sie so neben mir her zuckelte, hielt sie ihren Hals aufrechter als sonst und der Staubwedel fiel in einem kecken Winkel. Alle paar Meter hupte sie leise. Ihren riesigen Augen entging kein einziges Detail. Die langen Ohren hatte sie nach vorn gedreht, um jedes kleinste Geräusch einzufangen. Fast meinte ich, gleich würde sie sagen: »Ist das nicht toll? Ist das nicht aufregend? Wenn ich in ihrer Nähe bleibe, kann mir nichts passieren. Wenn ich ihr folge, bin ich in Sicherheit. Dann los! Mal sehen, was da vorne ist!«

Es war ein großes Vergnügen, ein so manierliches, begeisterungsfähiges Tier auszuführen. Dass sie sich so sehr über diesen Spaziergang freute, steigerte noch unsere eigene Freude. Ich kam mir vor, als würde ich mit meinen Kinder auf Abenteuerreise gehen.

Als wir Gelli erreichten, das flache Feld, das bei Clogwyn an den Fluss grenzte, schnallte ich Ñustas Leine wieder an. Jetzt mussten wir den Fluss überqueren. Wir konnten entweder hindurchstaken oder über den Steg gehen, der zwei Bretter breit war und dessen Handlauf aus ein paar wackligen Drähten bestand. Ich führte das Lama zum Steg, wohin sie mir willig folgte, bis sie schon fast mit beiden Vorderfüßen auf den Brettern stand. Da bäumte sie sich plötzlich auf.

»Na komm, Tootie«, sprach ich ihr Mut zu. »Komm. Man kann gut hier rüberlaufen.«

Ich zog an der Leine. Sie zog zurück.

In einem unserer Bücher hatte ich gelesen, wenn sich ein Lama aus Müdigkeit oder Überlastung zu Boden legte, »knieten sich die für das Tier zuständigen Indianer daneben, um es mit schmeichelnden Kosenamen und freundlichen Worten zu ermutigen, seine Arbeit fortzuführen«. Dass Ñusta auf meine Stimme ansprach, hatte ich schon herausgefunden. Also zog ich weiter an ihrer Leine und versuchte sie mit schmeichelnden Kosenamen zu locken.

Da gab die Leine nach und das Lama setzte in kleinen Sprüngen über den Steg, wobei sie mich fast ins Wasser stupste. Während sie mit angelegten Ohren ans andere Ufer sauste, stieß sie noch kurz ein erschrockenes hohes Hupen aus. Dann waren wir beide unbeschadet auf der anderen Seite angekommen.

»Was für ein tapferes Tier!«, sagte ich.

Sowie Ñusta festen Boden unter den Füßen hatte, war sie wieder guter Laune. Ich fand es sehr berührend, dass sie eingewilligt hatte, mit mir über diesen unsicheren Steg zu gehen, und es machte mich sogar ein wenig demütig, dass das Lama mir so sehr vertraute, dass sie mir eine Freude machen und mir folgen wollte, wohin ich auch ging.

Als wir den Gumpen von Tanrhiw erreichten, hatten die Kinder schon die Ponys an Bäume gebunden und waren ins Wasser gesprungen. Wir Erwachsenen schlüpften rasch in unsere Badesachen, um es ihnen nachzutun. Nach der Hitze der Heufelder sah das grünlich kühle Wasser verlockend aus. Paul und Becky sprangen gleich hinein. Ich blieb noch am Ufer sitzen und leistete dem Lama Gesellschaft. Sie hatte immer noch ein bisschen Angst vor den Ponys und mochte es nicht, von ihnen bedrängt zu werden, selbst dann, wenn es nur eines war. Gerade aber sah sie fasziniert den Schwimmern zu und stellte sich dazu auf den großen Stein, wo ich vor Urzeiten gestanden hatte, um mit dem Stab die Schafe zum Waschen unterzutauchen. Bisher hatte Ñusta noch nie so viel Wasser gesehen, außer vielleicht das Schwimmbecken der Seelöwen im Zoo. Carneddi und Tŷ Mawr lagen auf einem Bergsporn und es gab bei uns keine größeren Wasserläufe. Jetzt balancierte Ñusta auf ihren kleinen Füßen auf dem großen Fels, sah zum Gumpen, bewegte den Kopf auf und ab und hupte vor Begeisterung.

»Pass auf, dass du nicht reinfällst, Tootie«, warnte ich sie. »Du bist ja kein Wassertier.«

Dann kam Paul aus dem Wasser.

»Schaust du nach Um, während ich schwimme?«, fragte ich ihn.

Trotz der Sommerhitze war der Fluss bitterkalt. Mir war schleierhaft, wie die anderen einfach so reinspringen konnten; ich hätte vermutlich einen Herzinfarkt gekriegt. Also ließ ich mich Zentimeter für Zentimeter vorsichtig hinein und genoss das kühle, unerträglich kalte Wasser.

»Komm schon, Mum«, sagte Ann. »Sei kein Hasenfuß.«

»Ich bin direkt rein«, sagte John.

Plötzlich gab es einen Riesenwumms. Während ich damit

beschäftigt war, mich ins Wasser zu schieben, hatte sich das Lama von der Klippe mitten in den Gumpen gestürzt.

»Weg da, John!«, schrie ich.

Ich wusste, wie gefährlich es war, wenn ein schwimmendes Tier mit den Hufen ausschlug. Das Lama schwamm direkt auf ihn zu, das erste vertraute Wesen in diesem fremden Element. Offenbar hatte sie sich ziemlich erschrocken. Ob sie erwartet hatte, vom Wasser getragen zu werden, oder von der Kälte geschockt war, konnten wir nicht sagen. Jedenfalls war sie keine gute Schwimmerin und spritzte massenhaft Wasser auf, während sie irgendwie versuchte, Kopf und Hals oben zu halten. Dabei sah sie aus wie das Ungeheuer von Loch Ness in Klein. John, der jetzt untertauchte, war ihr aber auch keine Hilfe. Da pflügte sie weiter bis zum Ufer und kraxelte wieder an Land. Das Wasser rann nur so an ihr herunter. John kam hoch und schwamm ebenfalls ans Ufer. Er weinte. Im nächsten Moment war ich bei ihnen. Der ganze Zwischenfall hatte nur Sekunden gedauert.

Ich wickelte John in ein Handtuch und versuchte ihn zu beruhigen. Er hatte einen langen Striemen am Oberschenkel, über den Ñusta mit der Klaue geschrammt war. Er weinte vor Schmerz und Angst und spuckte Wasser. Das Lama stand daneben, während das Wasser in Kaskaden von ihr zu Boden triefte. Jetzt, wo ihre flauschige Wolle platt am Körper anlag, sah sie nur noch halb so groß aus.

»Na, jetzt wissen wir wenigstens, dass Lamas schwimmen können«, sagte Paul.

Langsam, aber sicher besserte sich Johns Laune. Er war ein tapferer Junge und begriff, wie aufregend es war, dass er zusammen mit einem Lama im Fluss geschwommen war. Nun konnte ich meine Aufmerksamkeit Ñusta zuwenden. Sie sah erbarmenswert aus, wie sie so dastand und ihr die Wassertropfen vom Bauch und von den Beinen rannen. Im Gegensatz zu den Hunden schüttelte sie sich nur selten. Gerade schüttelte sie sich gar nicht, sondern stand nur leicht verwirrt und tiefunglücklich da. Das nasse Tier hatte eine echte Windhundfigur. Unter all der Wolle war kaum Lama zu sehen.

»Ich habe dir doch gesagt, dass du kein Wassertier bist«, sagte ich zu ihr, während ich ihr an den Flanken das Wasser aus dem Fell rieb. Es fühlte sich an wie feuchte Baumwolle.

Anschließend machten wir uns auf den Heimweg. Als wir wieder in Bewegung waren, besserte sich Ñustas Laune und sie zupfte im Vorbeigehen an Binsen und Blättern.

An der Flussüberquerung zeigte sich Um diesmal nicht willens, noch einmal über den Steg zu laufen, weshalb ich sie durch das flache Wasser führte. Nach kurzem Zögern folgte sie mir, wobei das kalte Wasser ihre knotigen Knöchel umspülte und sie mit ihren seltsamen Füßen über die Steine im Flussbett balancierte.

Wieder daheim, fand ich ein altes Hundehandtuch, mit dem ich sie trocken zu reiben versuchte, aber es war sofort klitschnass, ohne dass ihr Vlies auch nur ein klein wenig trockener ausgesehen hätte. Als ich am Abend nach Carneddi hinaufging, um meiner Mutter Gesellschaft zu leisten, lud ich Ñusta in die warme Küche ein. Sie setzte sich auf die roten Fliesen, zog die Zeitungen aus dem Regal und fraß. Der Schwimmunfall hatte ihr offenbar nicht viel ausgemacht. Als es an der Zeit war zu gehen und Um aufstand, hinterließ sie einen nassen, lamaförmigen Fleck auf den Kacheln. Bis ihr Fell wieder ganz trocken und flauschig war, brauchte es noch zwei ganze Tage, aber ansonsten hatte das kleine Lamadrama keine Spuren hinterlassen.

13

Der erste Geburtstag

Am 11. August 1975 wurde Ñusta ein Jahr alt. Natürlich richteten wir eine Geburtstagsfeier für sie aus. Sie war nun fast sieben Monate bei uns und hatte sich aus einem zarten, dürren Baby zu einem jugendlich wirkenden Lama mit ausgeprägtem Charakter und quirliger Begeisterung für das Leben entwickelt, das seinen Platz in der Familie gefunden hatte. Bis jetzt waren wir, ohne uns dessen groß bewusst zu sein, allen Fallen entgangen, in die wir als amateurhafte Lamahalter treten konnten. Wir hatten wirklich Grund zum Feiern.

Ich backte einen Geburtstagskuchen und dekorierte ihn mit Maltesern, einer Kerze und ein paar Kunststofflamas aus dem Spielzeugkasten. Ich wusste, Um würde ihn nicht mögen – bis auf die Malteser –, aber alle anderen würden ihn mit Freude verspeisen. Beenie kaufte ein paar Cadburys Fingers für sie, Ann eine Bürste, John eine neue Leine und meine Mutter suchte ein schönes Bund Erbsen aus. Da zu dieser Jahreszeit bei uns die blauen Hortensien im Überfluss blühten, pflückte ich ein paar und band daraus einen Kranz, den ich ihr um den Hals hängen wollte. Ob sie ihn hassen oder fressen würde, sollte sich dann zeigen.

Am Nachmittag kamen Amanda und Penny als Geburtstagsgäste und brachten als Geschenke Schokolade und wunderschöne selbstgemalte Geburtstagskarten mit, auf denen Um täuschend echt dargestellt war. Außerdem war gerade unsere Freundin Marjory Barlow zu Gast. Sie hatte schon viel gesehen und gemacht und bewegte sich oft in exquisiter Gesellschaft, aber eine Geburtstagsfeier für ein Lama hatte auch sie noch nicht erlebt.

Zum Tee überreichte ich Ñusta ihren Kranz. Ich ließ sie ihn mit der Nase berühren, aber ihr Interesse hielt sich in Grenzen. Was Blüten betraf, fraß sie lieber Rosen und Erbsen. Da sie keinen Appetit auf Hortensienkranz hatte, hängte ich ihn ihr um den Hals, wogegen sie nichts einzuwenden hatte. Er stand ihr herzerweichend gut. Sie war ein so ungemein elegantes Tier und mit dem Kranz sah sie aus wie ein Märchenwesen, seltsam und mythisch wie ein Einhorn. Die leuchtend blauen Blüten hoben ihre Augenfarbe noch hervor und bildeten einen herrlichen Kontrast zu ihrem weichen Fell. Sie trug ihr Gewinde mit Würde und Anmut.

In Carneddi trottete sie erst einmal durch die Küche und knabberte ein paar Schokokekse und Malteser. Ihr Bund Erbsen verspeiste sie mit großem Genuss. Nur weigerte sie sich, das Esszimmer zu betreten, da es nicht zu ihrem gewohnten Terrain gehörte. So tranken wir den Festtagstee ohne sie. Ich hatte den Tisch ohnehin eher für Menschen als Lamas gedeckt, aber auf ihre sensible, einfühlsame Art schien sie zu wissen, dass alle Aufmerksamkeit und Bewunderung heute allein ihr galt. Ich denke, sie hatte einen schönen Tag.

Nun hatten wir also einen Lamajährling. Ñusta war nicht nur stark gewachsen, sondern hatte auch an Gewicht zugelegt. Ihre Wirbelsäule, die einmal nur ein spitzer Grat gewesen war, hatte zu beiden Seiten Fleisch und Muskeln angesetzt. Der Hals, anfangs kaum dicker als ein mit Wolle umwickelter Schmelzdraht, war jetzt hart und muskulös. Ihr ganzer Körper fühlte sich fest an. Um den Gesundheitszustand eines Tieres zu beurteilen, spielt Berührung eine wichtige Rolle. Nachdem ich jahrelang die verschiedensten Tiere angefasst hatte, fühlte sich der Körper des Lamas ganz anders an, außergewöhnlich, sehr fest, fast wie verdichtet. Selbst mit verbundenen Augen hätte ich sie, von ihrem Fell ganz abgesehen, nie mit einem Pferd oder einer Kuh verwechselt. Ihre Haut fühlte sich überraschend straff an, weshalb ich keine Zweifel hatte, dass sich aus Lamahaut hervorragendes Leder herstellen ließe, wie ich las. Ihr Gewicht war allerdings schwer zu schätzen. Die Zeit, als sich Paul mit dem Lama im Arm auf die Badezimmerwaage stellte, war lange vorbei.

Ich freute mich, dass unser Lama in so guter Verfassung war, fragte mich aber doch, ob sie nicht vielleicht zu stark an Gewicht zulegte. Ihre Beine waren immer noch spindeldürr und mir war aufgefallen, dass sie ihre Hinterbeine auf äußerst merkwürdige Weise einsetzte. Wenn sie lief, schwangen ihre Höcker leicht auswärts im Kreis, so als würden sie nur lose aufsitzen, was ihr einen ziemlich sexy Hüftschwung verlieh. Eine solche Gangart hatte ich noch nie gesehen. Sie sah nicht dick aus, aber ich fragte mich schon, wie gut sie ihr eigenes Gewicht tragen konnte. Letzten Endes war sie aber offenbar wohlauf und unsere Fragen entsprangen eher Neugierde als Sorge.

Es wurde allmählich Herbst und damit Zeit, die Kartoffeln zu ernten und einen Hof für das Überwintern der weiblichen Lämmer zu finden. Mit Beginn des Schuljahres war der Zustrom an Besuchern in unserer Gegend merklich abgeebbt. Wir waren erleichtert. Im Sommer stellte uns unser freitäglicher Einkauf in Portmadoc auf eine echte Geduldsprobe. Auf der High Street fanden wir mit unserem Landrover keinen Parkplatz, sodass wir mit den schweren Einkaufstaschen mehrere Male in irgendeine Hintergasse laufen mussten, weil wir sonst nirgends parken konnten. Auf den Bürgersteigen liefen so viele Menschen, dass man kaum vorbeikam. Die Geschäfte waren brechend voll und überall musste man ewig warten, bis man an der Reihe war. Der Einkauf dauerte unangenehm lang und wir waren froh, wenn wir endlich wieder zurück in unsere Berge flüchten konnten.

Die Touristen belagerten aber nicht nur Portmadoc, sondern auch in alle Himmelsrichtungen die umliegenden Berge. An Carneddi führte ein öffentlicher Fußweg vorbei, den oft kleinere oder größere Gruppen von Wanderern nahmen. Wir fanden es sehr unterhaltsam, zu beobachten, wenn sie Um begegneten. Viele wussten nicht, was für ein Tier sie überhaupt war, denn ein Lama war nun nicht gerade das, was man auf einem walisischen Bergbauernhof erwarten würde.

Einmal, als Mutter im Gemüsegarten war, kamen einige Wanderer vorbei. Sie sahen sie nicht, weil der Garten höher lag als der Fußweg und durch eine Steinmauer abgeschirmt war. Das Lama stand in einiger Entfernung auf einem kleinen Hügel. Natürlich hatte sie die Wanderer bemerkt. Kerzengerade stand sie da und beobachtete sie aufmerksam. Da erblickten die Wanderer das Lama. Mutter hörte, dass der Mann etwas zu dem Mädchen sagte, verstand aber nicht, was. Die Antwort kam prompt.

»Red keinen Unsinn«, sagte sie. »Natürlich ist das keins.«

Ha, dachte Mutter, ist es doch.

Ñusta war von den Wanderern fasziniert. Wenn sie in ihrer Nähe vorbeiliefen, kam sie angerannt, um sie zu begutachten. Dann folgte die Untersuchung nach Lamaart. Es gefiel ihr, jedem Einzelnen aus nächster Nähe ins Gesicht zu sehen – ihr Kopf war inzwischen fast auf Augenhöhe mit den meisten Menschen – und dann seine Haare leicht mit der Nase zu berühren. Bärte interessierten sie besonders. Sie schnüffelte zwar nicht an den Leuten, sah sie aber eindringlich an und sog sekundenlang die Luft ein. Anschließend sah sie gern noch den Damen unter den Rock, was die Frauen eher unangenehm fanden und wir köstlich.

War die begutachtete Person entspannt, an Lamas interessiert, fähig, still dazustehen und nicht von sich aus die Initiative zu ergreifen, zeigte sich Ñusta charmant und aufgeschlossen. Sie stellte die Ohren nach vorn und ihre Augen leuchteten vor Neugierde und Begeisterung. Fast meinten wir, sie flüstere ihren unerwarteten Gästen »Enchantée« zu. Meist aber brachen die Begutachteten beim Anblick des Lamas in leise Schreie oder Kichern aus, schreckten unter nervösem Gelächter zurück oder versuchten schlimmstenfalls, sie zu betatschen. Ihre Wolle sah so herrlich aus, dass man es ihnen kaum verübeln konnte, sie anfassen zu wollen, aber es gibt nur wenige Tiere, die sich gern von Fremden berühren lassen, und noch weniger, die es wirklich genießen. Für gewöhnlich ist es nur für den Streichelnden, nicht für den Gestreichelten schön. Ñusta hasste nachgerade das joviale Patschen, mit dem die Touristen sie bedachten. Umgekehrt war sie aber auch verletzt, wenn jemand vor ihren freundlichen Avancen zurückschreckte. Dann trat sie ein paar Schritte zurück und stellte sich quer, um ihn mit einem Auge anzustieren. In dieser Pose wirkte sie sehr groß: den buschigen Schwanz aufgestellt, den langen Hals senkrecht, fast als stünde sie auf Zehenspitzen. Dabei blies sie wie ein Posaunist die Backen auf und zog sie wieder ein – »humpta-ta-en« nannten wir das. Dieses Gebaren war jedoch kein Vorspiel fürs Spucken, sondern zeigte, dass sie sich verletzt fühlte, dass das Protokoll verletzt worden war und dass sich die Besucher jetzt bitte vom Acker machen sollten – je schneller, desto besser. Anspucken tat sie Besucher nur, wenn diese sie immer weiter streichelten, obwohl sie genügend Warnungen ausgestoßen hatte, dass ihre Annäherungen unerwünscht waren. Gelegentlich stieß sie auch ein Warnschnauben oder Warnniesen aus. Auch das war noch kein Spucken. Es handelte sich um dasselbe Warnsignal, das wilde

Schafe ausstoßen, wenn sie überrascht werden, ein schnaubendes Pfeifen, mit dem sie die anderen Mitglieder der Herde alarmieren. Bei Kindern ließ sie mehr Vertraulichkeiten zu als bei Erwachsenen, aber von allen brauchte es ein Mindestmaß an Höflichkeit und Rücksicht.

Allmählich verbreitete sich die »Neuigkeit«, dass wir ein Lama besaßen. Manche, die sie einmal gesehen hatten, besuchten sie noch ein zweites Mal und empfahlen es auch ihren Freunden. Jetzt kamen die Leute nicht mehr, um mich zu sehen, sondern Ñusta. Ich überlegte, ob ich nicht eine Sammelbüchse zur Hege und Pflege des Lamas basteln sollte, um wenigstens etwas von den störenden Besuchern zu haben, aber es wäre mir doch zu peinlich gewesen, ihnen die Dose vor die Nase zu halten, weshalb ich die Idee wieder verwarf. Außerdem war Ñusta ja dazu da, um den Menschen Freude zu machen.

Ein Hof auf der Halbinsel Lleyn nahm unsere weiblichen Lämmer zum Überwintern. Wir waren überrascht, als der Bauer zu uns sagte: »Ich habe gehört, dass Sie ein Lama haben.«

»Ja, das stimmt«, sagte Paul. »Woher wissen Sie das?«

»Der AI-Mann hat's mir erzählt«, erwiderte er.

Der Bauer hatte eine große Herde Milchkühe und bekam oft Besuch vom Mann vom Artificial Insemination Centre. Zu uns kam der Besamer seltener. Wenn sein Besuch anstand, ließen wir die Kuh in Carneddi im Kuhstall und stellten alles Notwendige bereit, Seife, Handtuch und einen Eimer Wasser, sodass er die künstliche Insemination durchführen konnte, auch wenn wir gerade in Tŷ Mawr waren. Offenbar war bei seinem letzten Besuch keiner von uns in Carneddi gewesen. Er öffnete den Kofferraum und steckte den Kopf hinein, um seine Ausrüstung zusammenzusuchen, als er plötzlich leicht an der Schulter berührt wurde. Aus dem Augenwinkel sah er jemanden neben sich stehen, nahm an, dass es Paul oder ich sein müsste, und drehte sich um.

»Und was sehe ich? Da steht doch tatsächlich ein … Lama!« So erzählt er die Geschichte jedenfalls gern.

Auf eine Begegnung Auge in Auge mit einem leibhaftigen Lama war er in diesem Augenblick nicht vorbereitet. Er wusste nicht, dass wir eins besaßen, und Ñusta hatte sich in ihrer typischen Art auf leisen Ledersohlen angeschlichen. Es war der Schock seines Lebens – aber dafür hatte er bestimmt noch lange eine gute Story zu erzählen.

Ñusta war vermutlich das meistfotografierte Lama von Nordwales, vielleicht sogar der ganzen Welt. Jeder, der eine Kamera besaß – und die meisten Touristen hatten eine –, wollte ein Foto von ihr machen. Ein Schnappschuss, auf dem Frau und Kind in den wilden walisischen Hügeln ein Lama streicheln, das war was fürs Familienalbum. Zudem war Ñusta mit ihrer Eleganz und ihrer wunderschönen Färbung äußerst fotogen, dazu die bukolische Landschaft aus Bergen und Wäldern. Ich fürchtete zwar, sie wäre auf ziemlich vielen Bildern in ihrer »We are not amused«-Pose zu sehen, aber natürlich konnte man von Urlaubern nicht erwarten, dass sie viel über die Psychologie eines Lamas wussten. Jedenfalls freute ich mich, dass die unbedachten Wanderer, die unseres Weges kamen, so viel Vergnügen an ihr fanden. Als wir das Lama kauften, war eins unserer Ziele gewesen, ein wenig Würze und Frische in unser Leben zu bringen und einer fantasielosen Welt einen Hauch von Extravaganz einzuflößen. Je mehr Menschen sich an ihr erfreuten, desto besser.

Wie wir alle war auch Ñusta ein wenig befangen, wenn sie fotografiert wurde, aber sie gewöhnte sich daran. Blitzlichter schreckten sie dagegen nicht. Sie saß in ihrer unerschütterlichen Ruhe auf dem Kaminvorleger, während Brian seine Bilder von der idyllischen Szene schoss. Das Blitzlicht machte ihr ebenso wenig aus, wie wenn John direkt neben ihrem Ohr seine Spielzeugpistole abfeuerte.

J. war ebenfalls ein passionierter »Lamatograf«. Wie alle guten Fotografen, die Tiere und Kinder porträtieren, verschmolz er mit dem Hintergrund. Wenn er am Wochenende in Tŷ Mawr war, stand er oft irgendwo mit seiner Kamera, ohne dass ihn irgendwer bemerkte. Tiere wie Menschen vergaßen, sich in Pose zu stellen, und er schoss faszinierende Bilder. Von Ñusta machte er Fotos auf Hügelkuppen, mit imposanten Berggipfeln im Hintergrund, die wir »Lamarama« nannten, sowie Nahaufnahmen ihrer seltsamen Füße, ihres Fells und ihres Gesichts.

Es war gut, dass Fotos von Ñusta gemacht wurden; ich würde sie später womöglich noch gebrauchen können.

Paul sagte: »Du solltest bald mal damit anfangen, ein Buch über sie zu schreiben.«

»Ja«, sagte ich. »Ich hätte schon Lust darauf, aber es fehlt mir einfach die Zeit. Ich schaffe ja nicht mal die Hälfte von dem, was ich sonst gern schaffen würde.«

»Vielleicht fängst du einfach mal an.«

Also fing ich an, im Kopf das Buch zu schreiben. Weiter kam ich zu diesem Zeitpunkt indessen nicht.

Manchmal sprachen wir über diese Idee, wenn wir abends zusammen am Kamin saßen, während sich das Lama die schönste Stelle ausgesucht hatte, um sich bei uns niederzulassen.

»Ich finde, du solltest einfach mal anfangen«, sagte Paul wieder.

»Ja, das finde ich auch«, sagte Beenie. »Die Leute würden deine Geschichten über Um bestimmt gern lesen.«

»Natürlich«, sagte Paul. »Außerdem hast du es als Autorin erst geschafft, wenn du das Buch zum Film zum Buch geschrieben hast.«

»Also ob ich das noch erleben werde?«

»Danach machen wir noch ein Musical draus: ›The Um‹, und dann kommt ›Lama on Ice‹.«

»Wie wär's mit ›Um-Shirts‹ und ›Um-Kuscheltieren‹?«

»Na klar!«

Das Problem war nur, dass wir nicht annähernd genug Geschäftssinn besaßen, um das, was vor unserer Haustür – oder besser gesagt auf unserem Kaminvorleger – lag, in bare Münze umzuwandeln. Aber die Vorstellung amüsierte uns sehr.

14

Farnkraut und Likör

In der dritten Oktoberwoche schickten wir die weiblichen Lämmer zum Überwintern. Es war jetzt tiefer Herbst. Die Wälder unterhalb von Carneddi leuchteten in fantastischen Farben und zwischen all dem Gold und Braun saß schon der eine oder andere kahle Zweig. Die Nächte waren zuweilen frostig, die morgendlichen Felder weiß. John hatte sich angewöhnt, früh aufzustehen, um mit seinem Hund zu spielen, während die anderen Familienmitglieder noch schliefen. Eines Morgens, als alles von tiefweißem Raureif bedeckt war, kam er die Treppe raufgehüpft.

»Es hat geschneit!«, rief er aufgeregt.

Seit er auf der Welt war, waren die Winter mild gewesen, sodass er immer nur ein paar wenige Schneeflocken gesehen hatte. Ann kannte Schnee ebenso wenig, weshalb sie gleich aus dem Bett sprang und nach unten hastete, um ihn sich anzusehen. Denn aus den Dachluken in Tŷ Mawr sah man nur den Himmel und ein paar Baumwipfel. Enttäuscht kehrte sie wieder um.

»Es hat gar nicht geschneit«, sagte sie mit gepresster Stimme. »Das ist nur Raureif.«

Bald war Winter, aber diesmal hatten wir einen hübschen Heuvorrat in den Scheunen. Zum einen eine große Menge an gutem eigenen Heu, und dann hatte ich dank der freundlichen Hilfe eines Fans, der zudem Immobilienmakler war, noch zu einem günstigen Preis eine Ladung Stroh bekommen. Solange wir genug Futter für die Tiere hatten, machte uns der

Winter keine Sorgen. In einem Speicher lagerte Farnkraut als Streu für die Kälber und Fohlen, die im Stall überwinterten. Farnkraut wird auf allen Bergbauernhöfen als Streu verwendet. In dieser Gegend wächst Farn zur Genüge und Stroh ist zu kostbar, um es auf den Boden zu legen. Stattdessen verfüttert man es lieber an die Tiere.

Obwohl das rostbraun verwelkte Farnkraut, das sich über die Berghänge zieht, wunderschön aussieht und obwohl es eine gute und preisgünstige Streu abgibt, ist es ein invasives Unkraut. Farn soll das erfolgreichste Unkraut der Welt sein, es bedeckt Millionen Morgen Land vom nördlichen Polarkreis bis in die Tropen. Es enthält einen Stoff, der das Wachstum anderer Jungpflanzen hemmt, sodass es, wo immer es wächst, das Weideland zerstört. Und es kann sogar giftig sein.

Bei uns waren mehrere Morgen Land von Farnkraut überzogen. Wir bemühten uns, es rund um die Heufelder im Zaum zu halten, aber auf den anderen Feldern wucherte es so stark, dass es teilweise bis zu zwei Meter in die Höhe schoss. Zur Unkrautbekämpfung wurde es entweder gemäht oder im Juni, wenn die starken Stängel schon aus dem Boden ragten, aber ihre Wedel noch nicht entfaltet hatten, mit Stöcken niedergeschlagen. Durch das Mähen, das im September erfolgen musste, wurde der Wurzelstock im Boden geschwächt. Mähte man den Farn in drei aufeinanderfolgenden Jahren zweimal jährlich, wurde er so sehr geschwächt, dass er fast ganz verschwand – aber eben nur fast. Denn er war immer noch da, bereit, sofort wieder aufzuschießen und auszutreiben, wenn man das Mähen vernachlässigte. Die meiste Arbeit mussten wir per Hand machen, weil der Boden zu steinig und zu steil war. Früher hatte es sehr viel weniger Farnkraut auf den Bergbauernhöfen gegeben. Die Bauern und ihre Familien hatten sorgsam darauf geachtet, das Land davon freizuhalten, aber jetzt, wo es nicht mehr so viele Bauern gab und Arbeitskräfte teuer waren, breitete sich die grüne Flut wieder aus.

Dann kam der Agrarflug, der die Lösung bringen sollte, aber das war eine sehr kostspielige Angelegenheit. Zwar bekamen die Landwirte einen staatlichen Zuschuss, aber trotzdem mussten sie noch mehrere hundert Pfund aus eigener Tasche bezahlen. Bevor wir irgendwo versuchten, das Geld dafür aufzutreiben, warteten Paul und ich erst einmal ab, ob das Sprühen tatsächlich etwas brachte. Es sollte, wie wir hörten, im August gemacht werden, wenn die Wedel schon am Absterben waren. Interessiert sahen wir zu, als im nächsten August das Land unseres Nachbarn besprüht wurde. Die Kinder fanden es aufregend, dass ein Hubschrauber so tief über die Felder flog, und rannten hin, um ihn sich aus nächster Nähe anzusehen. Ich machte mir ein wenig Sorgen, als ich mitbekam, dass sie etwas von dem Sprühnebel abbekommen hatten, aber zum Glück stellte sich heraus, dass es für Kinder keine tödlichen Folgen hatte. Nur für den Farn leider auch nicht. Im nächsten Jahr schossen wie eh und je kräftige grüne Triebe aus dem Boden. Da und dort gab es ein paar Stellen, an denen der Farn offenbar vernichtet oder geschwächt worden war, aber im Hochsommer sah das grüne Meer fast schon wieder aus wie immer. Im nächsten Frühling konnte man dann gar nicht mehr erkennen, dass das Land einer Unkrautbekämpfungsmaßnahme unterzogen worden war. Es hieß, die Behandlung sei nicht gründlich genug erfolgt, aber inzwischen war das Unternehmen, das sie durchgeführt hatte, pleite. Paul und ich waren froh, gewartet zu haben.

Den Farn per Hand zu mähen schien uns immer noch der beste Weg, um ihn unter Kontrolle zu halten. Wir hatten nicht viel Zeit und konnten deshalb nur einen kleinen Teil des betroffenen Lands abmähen, aber einige Jungs vom Oxford and

Worcester College Boys Club und Schüler der Peers School aus Oxford halfen uns, die Fläche zu vergrößern. Anfang der 1960er Jahre war Les, ein alter Freund von Paul aus der Armeezeit, zum ersten Mal mit einer Gruppe Jungs zum Zelten auf unseren Hof gekommen. Les fand es sinnvoll, dass es nicht nur Hilfe für Jugendliche, sondern auch Hilfe von Jugendlichen gab, und die Jungs gingen abwechselnd einen Tag Bergwandern und verrichteten dann am nächsten Tag Arbeiten auf dem Hof. Sie hoben Gräben aus, hackten Holz und mähten Farn. All das lernten sie schnell und schienen es sehr zu genießen. Für uns war es von größtem Nutzen, eine Armee williger Helfer zu haben, die drei oder vier Mal im Jahr kamen und die Arbeit mit Tatkraft und Begeisterung erledigten. Die Leiter Les, Mick und Julian versicherten uns, dass die Arbeit und die wildschöne Umgebung auch den Jungs guttaten. Ich hoffte es inständig. Die Mütter hatten jedenfalls ziemlich viel dreckige Wäsche zu waschen, wenn die Jungs wieder heimkamen.

Farnkraut ruiniert nicht nur das Weideland, es ist auch Gift für das Vieh. Es mag nicht besonders schmackhaft sein, aber die Tiere fressen es trotzdem. Gefährlich kann es werden, wenn der Frühling trocken ist und zwar Farn, aber kein Gras wächst. Vor allem Jungtiere sind gefährdet. In dreißig Jahren haben wir fünf Kälber durch eine Farnvergiftung verloren – fünf zu viel, wie ich fand. Sobald die ersten Symptome auftreten, Nasenbluten und Blut im Kot, ist es schon zu spät, um etwas zu unternehmen, und das Kalb stirbt. Ich sah die toten Tiere mit Bedauern und machte unser Versagen in der Hofführung dafür verantwortlich. Diese Vorfälle waren zu einer Zeit vorgekommen, als uns im Frühling das Heu zu früh ausging und wir alle Kälber, die wir per Eimerfütterung ernährten, auf die Weiden trieben. Ich wusste aus Erfahrung, dass das problemlos möglich war, solange die Kälber genug Heu hatten, bis das Farnkraut ausgereift war. Gesäugte Kälber dagegen liefen offenbar keine Gefahr, sich zu vergiften.

Aber jetzt, da wir ein wertvolles Lama auf dem Hof hatten, schien es mir ratsam, etwas mehr über die Mysterien der Farnkrautvergiftung zu erfahren. So traurig es war, ein Kalb zu verlieren, wäre es doch ungleich schlimmer, unser Ein und Alles, unser teures, bezauberndes Lama zu verlieren. Je mehr wir über das Gift wussten, umso besser konnten wir sie davor schützen.

Paul und ich hatten gehört, dass am University College of North Wales in Bangor über Farnkrautvergiftung geforscht wurde. Wir zogen Erkundigungen ein und nahmen schließlich Kontakt zu Dr. Antice Evans vom Fachbereich Biochemie und Bodenkunde auf. Sie war so freundlich, uns fast einen ganzen Nachmittag lang ihre Arbeit zu erklären, oder sagen wir, so viel, wie ein wissenschaftlich ungebildetes Gehirn verstehen kann.

Dieser Nachmittag an der Universität war für mich ein ergreifendes Erlebnis, das ich nie vergessen werde. Wir hatten gerade unseren sechsjährigen John ins Krankenhaus gebracht, wo er einer Ohrdrainage und einer Mandeloperation unterzogen werden sollte, um hoffentlich seine Hörschwäche etwas abzumildern. Am Abend durften wir ihn noch einmal für eine halbe Stunde besuchen. Er war zum ersten Mal im Krankenhaus und wir als Eltern hatten zum ersten Mal ein Kind im Krankenhaus. Er war ein tapferer Junge, aber wie viele Kinder mit Hörschwäche erschien ihm die Welt feindseliger als einem gesunden Kind. Das Wichtigste war für ihn, dass seine Mutter bei ihm war, aber die Krankenhausregeln erlaubten nicht, dass ich ihn am nächsten Tag, dem Tag der Operation, noch einmal sah. Er wäre also allein unter Fremden, an einem fremden Ort, wo man ihn einem unangenehmen medizinischen Eingriff unterziehen würde. Wir hatten ihm alles so ausführlich wie möglich erklärt, und wie stoisch er die Lage akzeptierte, war für mich kaum zu ertragen.

Während wir durch die Labore gingen, war ich in Gedanken bei John, der nur ein paar hundert Meter weiter im Krankenhaus lag. Ich konnte an nichts anderes denken als an mein krankes Kind und versuchte ihm Kraft zu senden. Beim Anblick der Dutzenden Japanwachteln, die einzeln hinter Gittern in Käfigen saßen, hilflose Opfer der Forschung, fühlte ich mich an mein hilfloses Kind erinnert, das wir soeben im Krankenhaus abgegeben hatten. Natürlich war es lächerlich, beides miteinander zu vergleichen, blanker Unsinn; und es war lächerlich, darüber bestürzt zu sein, über das eine wie das andere. John war im Krankenhaus, damit es ihm nachher besser ging; die Wachteln saßen in diesen Käfigen, um künftiges Leid und Tod zu mildern und zu verhindern. Also versuchte ich mich auf das Farnkraut zu konzentrieren.

Dr. Evans wusste uns sehr viel Interessantes zu erzählen. Wir erfuhren, dass der Farn zu einer Pflanzenfamilie gehört, die seit 150 Millionen Jahren auf der Erde existiert. Sie zeigte uns Gesteinsproben mit dem Abdruck eines Farns, der bei einer Ausgrabung einer römischen Stätte in der Nähe des Hadrianswalls gefunden worden war und dort an die 1800 Jahre lang gelegen hatte. Er sah aus wie der Farn, den ich zum Winterende aus dem Kälberpferch harkte, plattgedrückt, aber noch mit deutlich erkennbaren Wedeln. Ich fand es interessant, dass auch die Römer Farnkraut als Streu benutzt hatten, das Interessanteste aber an diesem kleinen Stück Farn war, dass man Larven der Gemeinen Stechfliege darauf gefunden hatte. Warum waren sie nicht geschlüpft? Dr. Evans erklärte uns, Farn enthalte Verbindungen mit besonderer biologischer Aktivität, und sie vermutete, diese Verbindungen hätten die Entwicklung der Insekten gehemmt. Wenn ich es mir recht überlegte, hatte ich tatsächlich nie eine Raupe, Blattlaus oder Schnecke von der Pflanze fressen sehen.

Auch hatte ich nicht gewusst, dass Farnkraut krebserregend ist. Die Forscher hatten aus der Pflanze Shikimisäure isoliert und gezeigt, dass sie für Mäuse karzinogen ist. Aber es gab auch noch andere krebserzeugende Faktoren. Die Symptome einer akuten Farnkrautvergiftung ähnelten auffällig denen der Strahlenkrankheit. Die gute Nachricht war, dass Dr. Evans ein Heilmittel dagegen entwickelt hatte. Das sei aber momentan noch zu teuer, um es auf den Markt zu bringen.

Vieles von dem, was sie uns erzählte, bestätigte unsere eigenen Erfahrungen mit Farnkrautvergiftungen. Am meisten betroffen waren unsere Rinder, junge Tiere häufiger als ältere. Am gefährlichsten waren die ersten Wedel, die im Juni wuchsen, und je mehr die Pflanze heranreifte, umso geringer wurde der Giftgehalt. In Ländern, in denen Farnsprosse als Nahrungsmittel verzehrt wurden, gab es vergleichsweise häufig Magenkrebs. Dr. Evans vermutete, dass noch ein weiterer Stressfaktor beteiligt sei, da Tiere, denen es gut ging und die gediehen, seltener an einer Vergiftung erkrankten. Wie gefährdet Kamele oder Lamas waren, konnte sie allerdings nicht sagen. Da mussten wir wohl abwarten und hoffen.

Dankbar für ihre Hilfe und ihre Liebenswürdigkeit und sehr viel schlauer als zuvor verließen wir die Universität. Wir besuchten noch kurz John, sagten ihm Gute Nacht und überließen ihn seinem Schicksal. Er war sehr tapfer. In der Nacht träumte ich von kleinen Japanwachteln und Kindern in Laboren.

Nach drei Tagen war John wieder zu Hause. Er hatte die Zeit im Krankenhaus offenbar unbeschadet überstanden, nur leider hatte ihm der Eingriff auch nicht geholfen und er konnte danach nicht besser hören. Damit begann eine lange, anstrengende Suche nach den besten Ärzten und der besten Behandlung, aber auch der besten Möglichkeit, ihm über seine Behinderung hinwegzuhelfen. Er war ein kluges Kind und im Laufe der Zeit machten wir doch einige Fortschritte.

Nach unserem aufschlussreichen Besuch an der Universität achteten wir den Frühling und Sommer über genau darauf, wie viel Farnkraut das Lama fraß. Anfangs ignorierte sie die austreibenden grünen Sprossen, doch als sich die Wedel entfalteten, schnappte sie gern einmal danach. Jetzt waren sie gerade in ihrer giftigsten Wachstumsphase. Ñusta hatte zu der Zeit einen ziemlich kleinen Bewegungsradius und folgte mir nur von Carneddi nach Tŷ Mawr und zurück. Rund um die Häuser gab es wenig Farn, aber am Fuß der Mauern zu beiden Seiten des Weges wuchs er üppig. Ich lief den Weg jeden Tag viele Male und gewöhnte mir an, die neuen Sprosse abzuknipsen, sobald ich welche sah. Das machte ich im Vorbeigehen und es kostete mich immer nur ein paar Sekunden. Schon bald hatte sich die Menge an verlockendem Farnkraut, das auf dem Weg des Lamas lag, beträchtlich verringert.

Außerdem fand ich heraus, dass ich Ñusta davon abhalten konnte, Farn zu fressen, indem ich ihr »Nein!« zurief. Dann hielt sie inne, sah mich zweifelnd an und ging schließlich weiter. Nach einiger Zeit hatte sie förmlich ein schlechtes Gewissen, wenn sie Farnkraut fraß. Dann legte sie, sowie ich sie nur ansah, die Ohren zurück und zog ein verdrießliches Gesicht.

Dass sie Brennnesseln fraß, fand ich wiederum unbedenklich. Sie wuchsen in groben Büscheln beim mobilen Hühnerstall und Ñusta verzehrte sie mit offensichtlichem Vergnügen. Ich war überrascht, dass sie ihr nicht im Maul brannten, aber sie zeigte keinerlei Anzeichen von Ungemach. Brennnesseln sind eigentlich gutes Futter, aber Schafe, Rinder und Ponys

machen einen Bogen um die saftig grünen Pflanzen. Nessel-
heu dagegen mögen sie gern. Ich habe auch schon gesehen,
wie die Ponys in einem harten Winter die dicken gelben Wur-
zeln aus dem Boden scharrten, um sie zu fressen; die Grün-
pflanzen verzehren aber wohl nur Lamas und gelegentlich
Ziegen.

Zu Beginn des Sommers, als der Farn am giftigsten war,
brachten wir Ñusta jeden Abend in den Stall. Ich dachte,
wenn sie in zwölf von vierundzwanzig Stunden keinen Farn,
sondern nur gutes Heu fressen konnte, hätten wir das Risiko schon erheblich gesenkt. Als der Herbst kam und sich
das Farnkraut rotgolden über die Hügel ergoss, wussten wir,
dass die Gefahr gebannt war. Im nächsten Sommer würde sie
schon älter und weniger gefährdet sein, und man sah, dass es
ihr gut ging und sie gedieh.

In diesem Winter machte ich mir wieder mehr Gedanken
über mein Lamabuch. Die Jahre seit Anns Geburt waren li-
terarisch gesehen quälend lange Dürrejahre gewesen. Es war
jetzt schon fast zehn Jahre her, dass mein letztes Buch erschienen war, auch wenn ich immer noch Fanpost bekam, in der
ich gefragt wurde: »Wie ist die Geschichte weitergegangen?«
Aber wie konnte ich ein Buch schreiben, ohne Familie und
Hof zu vernachlässigen? In diesem Jahr war Becky bei uns, die
vor ihrem Landwirtschaftsstudium praktische Erfahrungen
bei uns sammeln wollte. Solche Aushilfen hatten wir in un-
regelmäßigen Abständen. Doch selbst mit einer zusätzlichen
Arbeitskraft gab es zu viele Dinge zu tun, die nur ich erledigen
konnte. Natürlich kannte ich den Spruch, dass niemand un-
ersetzlich ist, aber das schien mir doch nicht unter allen Umständen zu stimmen. Außerdem schrieb ich so langsam, dass
es Jahre dauern würde, das Buch fertigzustellen. Ich überlegte,
was ich tun könnte. Auf der Hand lag, tatkräftiger zu werden,

effizienter, bei allem etwas nachlässiger und bestimmte Tätigkeiten aufzugeben – aber man kann Kindern nicht einfach die Zuwendung entziehen, und sie haben so viele ganz unterschiedliche Bedürfnisse, dass man sich kaum in Ruhe einer Sache widmen kann. Trotzdem dachte ich weiter über die Idee nach und kaufte mir schließlich ein paar lose Blatt Papier. Am Anfang kam ich nur schleppend voran, weil ich ausgerechnet mitten in der Weihnachtszeit anfing.

Die Wochen vor Weihnachten waren bei uns immer besonders hektisch, wegen der Truthähne. Wir hatten schon seit etlichen Jahren in unserem Brutraum Truthähne gezüchtet. Eine Zeitlang verkauften wir auf dem Weihnachtsmarkt siebzig oder achtzig Tiere, doch als der Preis für Futtermittel in die Höhe schoss, reduzierten wir die Anzahl auf zwölf bis fünfundzwanzig Puter. Es war sehr unbefriedigend, Hunderte von Pfund für Futter auszugeben, ohne zu wissen, wie viel wir für die Vögel am Ende bekamen. Zwischen dem Anstieg der Futterpreise und der Preise für Putenfleisch lag immer eine empfindliche Zeitverzögerung. Außer Kohl und Magermilch konnten wir selbst kein Futter für die Truthähne herstellen, insofern waren wir von den Futtermittelherstellern abhängig. Aber der Gedanke an ein fades Tier aus Massenhaltung, von ungewissem Alter und Herkunft, war uns ein Gräuel, da wir an unsere köstlichen Truthähne aus eigener Zucht gewöhnt waren. Deshalb hielten wir weiterhin ein paar Tiere für uns und einige wenige anspruchsvolle Kunden.

In den letzten Tagen vor Weihnachten herrschte immer fieberhafte Eile, die Truthähne mussten geschlachtet, gerupft, ausgenommen, gewogen, etikettiert und ausgeliefert werden und daneben gab es noch all die anderen üblichen Dinge zu tun. Es bereitete uns keine Freude, aber es schien uns doch die Mühe wert, da wir uns damit zu einer Zeit im Jahr, in der das

Geld knapp war, zumindest ein bisschen was dazuverdienen und uns selbst ein schwelgerisches Mahl bereiten konnten. Natürlich blieb deswegen überhaupt keine Zeit mehr zum Schreiben, aber damit konnte ich mich abfinden. Ich hatte mich schon allzu lange mit diesem Zustand arrangiert.

Miles und J., unsere beiden großartigen Ehrenonkel, kamen seit Jahren über Weihnachten zu uns. Das machte unsere Runde noch fröhlicher. Diesmal brachte J. eine große Flasche Kirschlikör mit. Wir einigten uns darauf, dass Heiligabend ein guter Augenblick sei, um sie zu öffnen. Die Arbeit auf dem Hof war getan. Das Abendessen verspeist. Im Kamin loderte ein schönes Holzfeuer. Das Geflüstere und Gekichere von oben war verklungen und die Kinder hatten endlich die leeren Socken, die an ihren Betten hingen, vergessen und schliefen.

»Probieren wir den Kirschlikör?«, fragte Paul.

Alle nickten.

Er holte Gläser und schenkte ein. Im Zimmer herrschte eine warme, weihnachtliche Atmosphäre, draußen die einsamen wilden Berge, drinnen die Papiergirlanden und der Weihnachtsbaum. Sogar das Lama sah festlich aus mit ihrer Halskette aus grünfunkelndem Lametta, die Ann ihr um den Hals gehängt hatte. Ñusta war wie gewohnt hereingekommen, um sich in aller Stille zu uns zu setzen, bevor sie für die Nacht in den Stall ging. Sie schien diese Abende mit uns zu genießen. Sobald es dunkel wurde, erschien ein weißes Gesicht am Fenster und sie hupte, um eingelassen zu werden. In der Küche nahm sie eine kleine Portion Ponynüsse zu sich, dann setzte sie sich leise ins Wohnzimmer, wo sie den Rest des Abends blieb. Der Kaminvorleger wurde ihr allmählich fast zu klein – um genau zu sein, füllte sie ihn vollständig aus, und wenn sie dort saß, wurde es für die anderen eng. Das war ihr Lieblingsplatz, direkt am Feuer auf dem dicken Vorleger. Meistens versperrte ich ihr aber mit einem Stuhl den Weg. Dann musste sie sich mit der Matte hinterm Sofa begnügen, wo sie manchmal zufrieden wiederkäute, manchmal auch einfach nur mit gerecktem Hals und in die Ferne gerichtetem Blick dasaß. Bisweilen streckte sie auch den Hals aus, legte ihn zu Boden und schlief ein.

An Heiligabend genoss sie ihre eine Stunde im Haus. Erfreut stellten wir fest, dass Ums keine Weihnachtsbäume fressen. In Folie verpackte Schokoladenkugeln verspeisen sie dagegen gern, weshalb wir diesmal keine Kugeln an den Baum hängten.

»Prost!«, sagten wir und nippten am Kirschlikör.

»Frohe Weihnachten!«

»Möge Um immer gesund und munter sein!«

Ñusta hob den Kopf. Sie hatte so lange wie eine Statue dagesessen, dass wir sie fast vergessen hatten. Jetzt stand sie auf und lief quer durchs Zimmer zu mir. Mit leuchtenden Augen legte sie wissbegierig die Ohren nach vorn und schob ihre Nase an mein Glas, um es zu untersuchen.

»Das ist nur Kirschlikör«, erklärte ich ihr. »Das magst du sicher nicht.«

Ich hielt ihr das Glas hin, damit sie es begutachten konnte. Sie war ein so reinliches, nachgerade penibles Tier, dass man, wenn sie einen halben Keks fraß, ohne Bedenken noch die andere Hälfte essen konnte. Jetzt gingen ihre beiden Oberlippen wie zwei kleine Rüssel nach vorn, bis sie den Rand des Glases berührten. Und dann nippte sie, schlürf, schlürf, mit Hochgenuss an meinem Kirschlikör.

»Hey, Um«, rief ich aus, »du kannst das nicht trinken!«, und hob das Glas über meinen Kopf.

»Ach, komm, gib ihr was ab«, sagte Paul. »Es ist doch Weihnachten!«

Rasch schenkte er einen kleinen Schluck in einen größeren Flaschenverschluss und bot ihn dem Lama an. Unsere selten benutzten Likörgläser aus Kristall waren zu fein und zerbrechlich, aber der Verschluss war genau richtig für sie. Schlürf, schlürf. Kirschlikör war *das* Getränk für Ums. Damit war ihr würdevolles, höfliches Auftreten dahin. Sie stieß mit den Lippen nach vorn, drängelte und reckte den Hals. Sie war richtiggehend angeknipst vom Likör. So aufgedreht hatte ich sie noch nie erlebt.

»Hey«, sagte ich, »wie heißt es noch mal bei Goldsmith? Das Lama ›ist nicht weniger bescheiden in dem, was es trinkt, und an Besonnenheit übertrifft es sogar das Kamel‹? Das verstehe ich aber nicht unter Besonnenheit.«

»Mehr, mehr«, bettelte sie.

Paul gab ihr noch einen Tropfen. Sie hatte ihn getrunken, bevor wir fertig waren, sodass wir ihr den Rücken zudrehen mussten, um unsere Gläser zu leeren und gleich danach in die Küche zu bringen. Als alle Spuren des köstlichen Getränks verschwunden waren, nahm sie wieder mit zufriedener Miene auf ihrer Matte Platz. Der gierige Rausch war verklungen und sie war wieder die vollendet würdevolle Dame. Aber wir hatten eine neue Facette ihres Charakters kennengelernt.

»Na so was, ein trunksüchtiges Lama!«

»Die beschwipste Um!«

Aber wir frohlockten, dass sie Weihnachten als ein geselliges Fest kennengelernt hatte.

15

Das zweite Jahr beginnt

Zu Neujahr hatten wir Ñusta nun schon fast zwölf Monate. Nach Weihnachten war das Wetter trocken, klar und frostig. Nachts leuchteten die Sterne am wolkenlosen Himmel und der Boden gefror – »Andennächte« sagten wir dazu –, und wir ließen das Lama draußen schlafen. Das kalte Wetter gefiel ihr bestens, sie setzte sich in ihrer Teehaubenposition auf den gefrorenen Boden und sah dabei aus wie ein großer heller Pelzbausch, warm gehalten durch ihre hochisolierende wollene Unterwäsche.

An einem dieser kalten Abende nahm ich vor dem Schlafengehen ein heißes Bad. Ein Luxus, den ich immer noch sehr genoss. Bevor Ann auf die Welt kam, hatten Paul und ich in Tŷ Mawr ein einfaches Leben geführt. Jahrelang hatten wir unser Wasser mit Tragejoch und Eimern aus dem Brunnen geholt und in einem altmodischen Sitzbad vor dem Kamin gebadet. Das war sehr schön, aber doch nicht so angenehm wie ein richtiges Wannenbad. Damals in unseren Anfangstagen hatten wir in der Scheune eine chemische Toilette und das Licht kam von Öllampen. Dann, kurz vor Anns Geburt, war unsere Gegend ans Stromnetz angeschlossen worden und Paul hatte einen Wasseranschluss ans Haus gelegt. Im oberen Stock baute er ein Bad, dazu noch eine Außentoilette, die später zur Innentoilette wurde, als er Zeit fand, eine Tür in die Giebelwand einzusetzen und einen Verbindungsgang zu bauen. Wir genossen den Komfort, bedauerten aber zugleich, dass wir uns von den alten Sitten verabschiedet hatten.

Jetzt lag ich tagträumend in der Wanne. Die Kinder schliefen friedlich. Paul war noch einmal in die frostige Luft rausgegangen, um ein letztes Mal die Hunde auszuführen. Er war schon ziemlich lange fort, als ich ein leises Klacken hörte. Vielleicht versuchte er den Wasserkasten der Toilette zu reparieren, der uns in letzter Zeit etwas Ärger gemacht hatte. Einmal hatte Paul einen toten Käfer gefunden, der das Rohr verstopfte. Vielleicht war dasselbe nochmal passiert und er sah es sich gerade an. Während ich in meinem luxuriösen Bad schwelgte, klackte es weiter. Er brauchte wirklich ziemlich lang, um die Toilette zu reparieren. Da hörte ich etwas, das wie ein leiser Schrei klang. Ich lauschte. Ja, da war er wieder. Irgendwas musste schiefgegangen sein. Er brauchte bestimmt Hilfe. Ich konnte nicht »Ich komme!« rufen, weil ich sonst die Kinder geweckt hätte, deshalb sprang ich aus dem Bad, trocknete mich hastig ab, schlüpfte in Morgenmantel und Badelatschen, rannte die Treppe runter und raus in die Nacht. Als ich um die Ecke bog, stieß ich fast mit dem Lama zusammen, das vor der Toilettentür stand. Paul war drinnen. Er kicherte.

»Das Mistvieh hat mich eingesperrt«, sagte er.

Ich befreite ihn und wir mussten herzlich lachen. Er hatte nicht etwa den Wasserkasten repariert, sondern darauf geklopft, um mich auf sich aufmerksam zu machen. Das Lama war mit ihm Richtung Toilette gegangen, wie sie es oft tat, und hatte draußen auf ihn gewartet. Sie hatte es sich zur Angewohnheit gemacht, mit den Zähnen über die Holzverzierung der Tür zu kratzen, dabei musste sie an den Knauf gekommen sein, mit dem die Tür von außen zugemacht wurde. Kein Flehen und Bitten half, dass sie die Tür wieder öffnete. Paul war eingesperrt. Mit Gewalt wollte er die Tür nicht aufdrücken, weil er sie selbst wieder hätte reparieren müssen. Es tat mir leid, dass ich so lange gebraucht hatte, um zu kapieren, was passiert war, aber damit hätte ich nun auch wirklich nicht rechnen können.

»*O dear, what can the matter be?*«, summten wir, während wir zum Haus zurückgingen.

»Du bist einmalig«, sagte ich. »Ich wette, du bist der einzige Mensch auf der Welt, der sich von einem Lama auf dem Klo einsperren lässt.«

»Meinst du, damit komme ich ins Guinness-Buch der Rekorde?«, fragte Paul.

»Mit Sicherheit.«

Während der kalten Tage fiel uns auf, wie dick Ñustas Fell geworden war. Wenn sie den Hals ausstreckte, gingen die Ringe gepresster Wolle ein wenig auseinander und sahen leicht geriffelt aus, wie ein riesiger Wellschlauch. Ihr ganzer Körper, einschließlich Hals und Kopf, war von einer Aura einzelner langer Haare umhüllt, wodurch ihre Silhouette wie transparent erschien. Mir fiel auf, dass sie hinten am Hals eine kleine seidige Mähne aus weißen Haaren bekommen hatte und am Schwanzende eine merkwürdige Quaste. Der fuchsrote Staubwedel, ihr geschäftiges, ausdrucksstarkes Anhängsel, war anfangs nur ein Fellbusch gewesen, der auf halber Körperhöhe in einem adretten Fransenknoten endete. Inzwischen war daraus eine hellbraune Locke gewachsen, die sich leicht kräuselte und eine Handbreit unter dem Knoten saß. Es sah allzu merkwürdig aus. Wir waren versucht, sie auf Höhe des Knotens abzuschneiden, ließen es aber bleiben, weil es ein zu fantastischer Zierrat war.

Bis jetzt war bei Ñusta von Mausern noch nichts zu sehen. An den meisten Tagen bürstete ich sie ein bisschen ab und an der Bürste blieben ein paar Fasern hängen. Viel war das aber nie. Ich bewahrte die Haare auf, bis ich irgendwann einen ganzen Sack voll davon hatte. Natürlich hätten wir gern für die Kinder Lamapullover gestrickt, aber das lag wohl noch in weiter Ferne. Wir hatten auf unbegrenzte Zeit ein Spinnrad geliehen, aber weder Beenie noch ich konnte es richtig bedienen. Als Schülerin auf der Oathill Farm hatte ich ein bisschen gesponnen, aber das war lange her und reichte auch nicht, um wirklich darin bewandert zu sein. Was ich damals gelernt hatte, hatte ich offenbar vollständig vergessen, sodass ich nur einen klumpigen, zu fest gesponnenen Faden zustande brachte, als ich das Spinnrad einmal ausprobierte. Beenie war ebenso erpicht darauf wie ich, das Spinnen zu lernen, nur fanden wir leider nie die Zeit dazu. Spinnen ist keine Fertigkeit, die man nach einer halben Stunde kann. Wir wussten, dass wir die Aufgabe ernsthaft angehen mussten, die richtigen Bücher lesen, das Spinnrad genau einstellen und erst einmal mit Schafwolle üben mussten, bevor wir uns an die wertvollen Lamafasern wagen konnten. Aber dafür war gerade einfach keine Zeit. Deshalb freute ich mich, als uns Mrs Arnett, eine Freundin aus Beddgelert, anbot, eine Probe aus Lamafasern zu spinnen. Sie spann wunderschöne Garne, die mir sehr gefielen. Flugs drückte ich ihr einen Bausch Flaum in die Hand und konnte es kaum erwarten, was sie daraus machte.

Ein paar Tage später kam Mrs Arnett mit dem fertigen Erzeugnis. Es war wunderschön – etwa dreißig Gramm samtweichen, federleichten Doppelzwirns, der zarthell kamelfarben schimmerte. Er fühlte sich viel seidiger an als normale Wolle und würde sich bestimmt wunderbar zum Stricken eignen. Allerdings hatte Mrs Arnett einige Schwierigkeiten gehabt, den Zwirn zu spinnen. Die Fasern waren weniger gekräuselt als bei Schafwolle und ließen sich erst spinnen, nachdem sie sich leicht die Hände eingeölt hatte. Wir hatten ihr nur die ausgebürsteten Haare gegeben, sodass sie erst einmal mühsam die Fasern vom Abfall trennen musste, Gras, Heusamen, Erde und Blätter, weil Um sich gern auf dem Boden wälzte. Doch trotz aller Schwierigkeiten hatte sie einen herrlichen Zwirn gesponnen. Paul war so begeistert, dass er die arme Um, wenn denn schon Sommer gewesen wäre, am liebsten gleich geschoren hätte, um noch mehr Wolle zu bekommen.

Hinter dem Hühnerstall stieg ein felsiger kleiner Hügel auf, wo Ñusta gern saß. Wenn das Wetter gut war, begab sie sich mit Vorliebe auf eine Anhöhe, um den weiten Blick zu genießen. Von diesem Hügel bot sich ein schöner Blick übers Tal bis hin zum Meer und er war strategisch gut geeignet, um rasch hinunterzulaufen, falls Wanderer des Weges kamen, die sie ihrer Untersuchung unterzog. Außerdem konnte sie die Haustür von Carneddi sehen und sie setzte sich so, dass sie alle meine Bewegungen beobachten und zu mir kommen konnte, wenn ich zurück nach Tŷ Mawr ging. Der kurze Rasen und das niedrige Heidekraut entsprachen ganz ihrem Geschmack und sie graste im Halbkreis im Sitzen. Dieser Hügel hieß Bryn Eithio, das bedeutet »Windfegehügel«, wie ich einmal erfuhr. Vermutlich wurde hier in früheren Zeiten das Getreide gereinigt, als noch alle kleineren Bergbauern Getreide anbauten. Es fegte jedenfalls ein schöner Wind über die freiliegende Kuppe. Ich freute mich immer sehr, Ñusta dort sitzen zu sehen. Es war immer noch ein überraschender Anblick, wenn ich hinübersah und auf dem Hügel die Silhouette eines Lamas erblickte. Vom Horizont konturiert, ähnelte sie von hinten einer schlanken Flasche, von der die beiden gewölbten Ohren aufragten. Ich konnte mich an dieser eleganten Form einfach nicht sattsehen und fragte mich, was wohl Carneddog, ein Autor und ehemaliger Besitzer von Carneddi, gedacht hätte, wenn er sie von seinem Fenster aus gesehen hätte. Bryn Eithio, der Hügel, hieß nun übrigens Bryn Um.

Inzwischen nahmen wir das Lama zu jedem Spaziergang

mit, der sich dazu eignete. Sie liebte jede Art von Unternehmung und wuselte begeistert um uns herum. Sowie sie unbekannten Boden betrat, beschleunigte sich ihr sonst so bedächtiger Schritt. Mrs Cole, unsere Nachbarin aus Corlwyni, sagte einmal, Ñustas Gang erinnere sie an einen Strauß. Das war ein guter Vergleich. Der lange Hals, der kleine Kopf und der keck gehaltene Staubwedel, der einer kleinen Straußenfeder glich, verstärkten diesen Eindruck noch. Von der Plumpheit des Straußengangs hatten Ñustas Bewegungen indessen nichts.

Manchmal nahmen wir sie mit, um durch den Forst an der unteren Grenze von Carneddi und Tŷ Mawr zu streifen. Das war einmal ein Privatwald gewesen, aber ein paar Jahre nach unserem Einzug in Carneddi hatte ihn die Forstverwaltung übernommen. Wir fanden es schade, dass die Laubbäume gefällt und dafür Nadelbäume gepflanzt wurden, aber als sie dann größer wurden, sah es doch ganz apart aus. Es waren verschiedene Arten, darunter auch einige Lärchen. Ein paar Buchen und Eichen waren verschont worden und es wuchs eine neue Generation von Birken, Eschen und Vogelbeeren heran. Inzwischen war der Wald schon wieder sehr dicht und wir konnten uns toll mit den Kindern, Hunden und dem Lama vergnügen. Ñusta blieb im Wald immer nah bei mir. Tapfer bahnte sie sich ihren Weg durch die Äste und Zweige, wobei sie stets mit scharfem Blick nach Pumas Ausschau hielt und im Vorbeigehen nach den Blättern schnappte. Die etwas verhaltene Unbeholfenheit der ersten Monate hatte sie inzwischen abgelegt und man merkte ihr auch nicht mehr an, dass sie in Gefangenschaft zur Welt gekommen war. Jetzt sprang sie selbstsicher die felsigen Hügel hinunter und erklomm die steilsten Böschungen. Sie war vielleicht nicht so gewandt wie eine Ziege – und natürlich auch viel größer –, aber sie gelangte an Orte, die selbst für unsere geschickten Bergponys zu steil und zu zerklüftet waren. Besonders Paul freute das, weil er sie als ein potenzielles Packtier für Ausflüge in die Berge ansah. Feuchter oder sumpfiger Untergrund machte ihr dagegen sehr zu schaffen. Ihre Füße waren nicht für Moorland ausgelegt und sie misstraute jedem Sumpfgebiet. Mit der Gewandtheit einer Katze suchte sie sich einen Weg, auf dem sie es umgehen konnte.

Jedenfalls musste ich sie jetzt nicht mehr führen. Sie kam immer gern freiwillig mit, wenn wir irgendwohin gingen, wenngleich ich immer Halsband und Leine dabeihatte, falls wir auf der Straße laufen mussten. Im Sommer mieden wir die Landstraßen. Im Winter fuhr nur ab und zu ein Auto vorbei und dann sah der Fahrer diesem seltsamen Tier, das er da gerade erblickt hatte, nicht selten besorgniserregend lange hinterher.

Ich fand, dass Ñusta ein richtiges Lederhalfter brauchte, wenn wir sie Lasten tragen lassen oder sie durch den Straßenverkehr leiten wollten. Unsere kleinsten Halfter für die Fohlen waren aber schon zu groß für ihren zierlichen Kopf, weshalb wir eigens eins für sie anfertigen mussten. Als wir mit der Ponyzucht anfingen, hatten wir versucht, selbst Zaumzeug herzustellen, was uns prächtig gelungen war. Es war eigentlich ziemlich einfach, wenn man eine gute Vorlage hatte, und wir fanden, dass das Ergebnis annähernd professionell aussah. Was man brauchte, waren gutes Leder und viel Zeit. Das Leder hatten wir, Zeit nicht, sodass Ñusta uns fürs Erste wohl noch zügellos folgen musste.

In ihrem ersten Sommer hatten wir ihr zur Übung unsere Mäntel auf den Rücken gelegt, die sie auf würdevolle Weise trug. Als sie dann größer und lebhafter wurde, meinte sie, wir würden uns zu viel herausnehmen, und hüpfte auf der Stelle, um die Mäntel abzuwerfen. Rutschten sie nicht herunter, legte sie sich hin und wälzte sich auf dem Boden. Es würde also wohl noch einige konzentrierte Übung brauchen, um aus ihr ein zuverlässiges Packtier zu machen. Aber wir hatten keine Eile damit; sie war ja noch jung.

Ein seltsamer Anblick war es, wenn das Lama spielte. Sie verhielt sich die meiste Zeit ruhig und würdevoll, aber plötzlich schlug sie allen Anstand in den Wind und hüpfte herum wie ein tollendes Lamm. Das sah beeindruckend aus, da sie zu der Zeit schon fast zweieinhalb Meter groß war. Es kam nur selten vor und war immer derart unvorhersehbar, dass es uns nie gelang, die Szene auf Zelluloid zu bannen, sosehr wir uns auch bemühten. Ein paar Fotos konnte Paul immerhin von dem springenden Riesentier schießen, als ich auf dem Gras vor unserem Haus eine lange Baumwollmatte ausgelegt hatte. Ich wollte sie gerade aufrollen und in die Wäsche bringen, als das Lama sah, was ich machte, und herbeieilte, um es sich anzusehen.

»Neugier ist der Katze Tod«, sagte ich zu ihr, aber sie war der Ansicht, Matten sind zum Sitzen da, also setzte sie sich. Paul fand das lustig und holte seine Kamera. Nachdem sie ein paar Minuten gesessen hatte, rollte sie über die Matte und Paul fotografierte sie dabei. Offenkundig gefiel ihr die lange gestreifte Matte im Gras. Dann stand sie auf und begann unvermittelt zu springen. Paul drückte auf den Auslöser. Später sahen wir, dass ihm zwar eine Aufnahme von ihr gelungen war, er aber leider nicht damit gerechnet hatte, dass sie sich so schnell bewegen würde. Deshalb war die Belichtungszeit nicht kurz genug und man sah auf dem Bild nur einen riesigen verschwommenen Fleck, der in die Höhe schnellte; scharf gestellt waren nur die Hinterbeine.

Das Lama hatte noch einen anderen Zeitvertreib, der immer befremdlicher wirkte, je größer und schwerer sie wurde.

Sie kam still und leise von hinten auf mich zu, richtete sich auf und warf sich mit ihrem ganzen Gewicht nach vorn. Ihre Vorderbeine ließ sie dabei umsichtigerweise aus dem Spiel. Sie tat mir zwar nicht weh, aber wenn der Angriff allzu unerwartet kam, fiel ich vornüber. Bald war ich geübt darin, beiseitezuspringen, sobald ich merkte, dass sich Ñusta wieder einmal heranschlich und in Laune war. Ich konnte es in ihren Augen sehen, dieses »Gleich-ramm-ich-dich«-Leuchten, und man konnte sie leicht aus dem Gleichgewicht bringen, wenn sie sich aufrichtete. Zum Glück probierte sie den Trick nie bei Fremden aus und selten bei jemand anderem als mir. Vermutlich hatte das Ganze einen sexuellen Hintergrund und natürlich war ich das Objekt ihrer Zuneigung. Der Sprung konnte auch etwas Aggressives bekommen, was wir aber erst später erlebten, als Mr Widdle auf der Bildfläche erschien. Mir war Um nie aggressiv vorgekommen, wenn sie versuchte, mich umzuschubsen. Sie hatte die Ohren dabei immer nach vorn gerichtet und ihr Sprung war für mich ein Spiel, vielleicht auch eine Art Liebesspiel. Oft konnte ich sie dazu reizen, indem ich ihr auf die Brust klopfte, was am besten funktionierte, wenn sie gerade besonders ausgelassen war. Die Kinder fanden es urkomisch, wenn ich mit dem Lama herumalberte, was ich manchmal machte, wenn wir beide in der Stimmung dazu waren. Aber obwohl sie jetzt ein richtig großes Tier war, hatte ich nie das Gefühl, dass sie nicht mehr zu beherrschen war. Sie akzeptierte immer ein »Nein« und hörte sofort auf, wenn ich es nur bestimmt genug sagte.

Allmählich kam der Frühling und ich schaute nach Anzeichen, ob Ñusta brünstig wurde. Wir wussten nichts über die Brunstzyklen bei Lamas, außer dass die Weibchen wie Stuten elf Monate lang trächtig sind, weshalb wir annahmen, dass Ñusta wie eine Stute auch im Frühling alle drei Wochen brünstig sein würde. Auf mich wirkte sie fast wie ein ausgewachsenes Tier, sodass eine Brunst zu erwarten gewesen wäre, aber ich sah keinerlei Anzeichen dafür. Ihr Verhalten änderte sich in keiner Weise. Ich beobachtete sie genau, aber die Wochen vergingen und mir fiel nichts auf. Ich fragte unsere Tierärzte, ob sie uns etwas dazu sagen könnten, aber sie wussten nichts darüber.

Kühe sind alle drei Wochen stierig, bis sie trächtig werden. Bei ihnen ist es wichtig, dass sie zur richtigen Zeit trächtig werden, weil sie sonst nur teure Gäste auf dem Hof sind. Manche Tiere brüllen die ganze Gegend zusammen, wenn sie stierig sind. Sie springen den anderen auf den Rücken und machen ein derartiges Tamtam, dass nur ein Trottel es nicht bemerken würde. Unsere Kühe waren diesbezüglich allerdings sehr diskret und es war kaum auszumachen, wann sie stierig waren. Wir hatten keinen Bullen, der uns die Aufgabe abgenommen hätte, und waren auf unsere eigenen Beobachtungen und die hervorragenden Dienste des Artificial Insemination Centre angewiesen. Manchmal sagten Beenie und ich, wir müssten erst in eine Kristallkugel schauen, um sagen zu können, ob unsere Kühe stierig waren. Oft mussten wir uns auf kleinste Hinweise verlassen, aber meistens lagen wir doch richtig. Bei Ñusta kam es mir so vor, als bräuchten wir mehr als nur eine Kristallkugel, um überhaupt irgendetwas über ihre Brunst zu erfahren.

Paul und ich hatten nicht vor, dass Um in diesem Frühling trächtig werden sollte, sondern wollten einfach gerne gut informiert sein. Viele Leute fragten uns, ob wir Lamas züchten wollten. Darauf antworteten wir, es wäre doch schade, ein so wunderschönes Weibchen zu haben und es nicht mit Nachwuchs zu versuchen. Allzu gern hätte ich einmal ein neugeborenes Lama gesehen und stellte mir vor, wie erlesen es aussehen würde. Ob Ñusta da anderer Meinung war, würden wir noch sehen. Jedenfalls waren wir uns sicher, dass wir ihren Nachwuchs leicht verkaufen konnten, falls wir ihn nicht behalten wollten. Der nächste Frühling wäre vielleicht ein guter Zeitpunkt, um es zu versuchen. Wir wollten gern, dass Ñusta ausgewachsen war, bevor wir Nachwuchs züchteten. Bis dahin mussten wir herausfinden, woher wir ein männliches Tier bekamen.

So setzten wir Stück für Stück die Puzzleteile unseres Lamawissens zusammen – wobei wir viele Teile bislang noch nicht einmal gefunden hatten.

16

Ein paar harte Fakten

Lesen war für uns Entspannung, unser Hobby und vielleicht auch unser Laster. Paul, Beenie und ich lasen meist sogar während des Essens, das Buch an den Zuckerrübensirup oder den Milchkrug gelehnt. Natürlich machten wir das nicht, wenn wir Besuch hatten oder samstags und sonntags, wenn die Kinder zu Hause waren, oder während der Schulferien. Wir wussten, dass wir ein furchtbar schlechtes Vorbild abgaben, und wenn wir zu fünft bei Tisch läsen, würde ganz bestimmt irgendein Buch in der Butter landen. Deshalb beschränkten wir uns darauf, nur dann beim Essen zu lesen, wenn wir zu dritt waren. Wir sahen wenig Sinn darin, uns während der Mahlzeiten zu unterhalten, weil wir ohnehin den ganzen Tag zusammen arbeiteten und genug Gelegenheit hatten, über alles zu reden, was uns gerade beschäftigte. Auch abends lasen wir viel. Ich mochte es aber auch gern, wenn ich einmal nichts mehr zu lesen hatte oder mein Buch langweilig war, dann konnte ich ein paar nützliche Dinge tun, Briefe schreiben oder etwas reparieren. Unsere Bücher holten wir uns meist aus der Leihbücherei in Portmadoc, wenn wir freitags einkaufen gingen, oder vom Bücherbus, der jeden zweiten Montag nach Nantmor kam.

Ich suchte bei den Sachbüchern etwas über Lamas, aber die Bücherei hatte nicht viel zu bieten. Das Beste, was ich finden konnte, waren ein paar Bücher über Tiere im Allgemeinen, in denen sich jeweils ein kurzer Abschnitt zu Lamas fand. Aber selbst hier erfuhr ich nur wenig Neues – oder die Informationen widersprachen sich sogar. Am verlässlichsten war bislang immer noch Goldsmith' *Animated Nature* (»Lebendige Natur«, geschrieben vor zweihundert Jahren von einem Mann, der womöglich nie in seinem Leben ein Lama gesehen hatte.

Jetzt war es an der Zeit, ein paar handfestere Informationen zu sammeln. Ich fragte Miss Fargher, eine unserer Tierärztinnen, ob sie mich unterstützen könne. Ich brauchte mehr Fakten für mein Buch, falls ich es jemals schreiben sollte, und dachte, ein solides Wissen über das Tier würde uns sicher auch helfen zu vermeiden, dass wir irgendeinen törichten Fehler machten oder etwas übersahen. Miss Fargher war eine hervorragende Tierärztin. Sie war freundlich, charmant und sachkundig und die Tiere mochten sie gern. Wir freuten uns, als sie sich einverstanden erklärte, mir zur Seite zu stehen. Sie fand das Lama reizvoll und spannend, auch wenn sie keine Erfahrung mit diesen Tieren hatte, aber sie wollte gern ein wenig recherchieren, wenn ihre Zeit es zuließ.

Die ersten Bücher, die sie mir gab, waren hochinteressant: *Wild Animals in Captivity* (»Wilde Tiere in Gefangenschaft«), das *UFAW Handbook on the Care and Management of Farm Animals* (»Handbuch des Universitätsverbands für Tierschutz zur Pflege und Haltung von Nutztieren«), *Royal Natural History (Volume Two)* (»Königliche Naturkunde«, zweiter Band) und *The Tropical World* (»Die tropische Welt«). Ich las auch gern die Kapitel über die anderen Tiere und erfuhr zum Beispiel, wie man für ein Nilpferd ein Schwimmbecken baut. In einem Buch stand, wie Ñusta genau zu klassifizieren sei:

Klasse	Säugetiere
Ordnung	Paarhufer (Artiodactyla)
Unterordnung	Schwielensohler (Tylopoda)
Familie	Kamele (Camelidae)
Gattung	*Lama*
Art	*glama*

»*Lama glama* finde ich gut«, sagte Paul. »Das klingt ziemlich *glamarös*.«

Dem konnten wir alle nur zustimmen.

Wir erfuhren auch, dass die Familie der Kamele von einem schweineähnlichen Tier im westlichen Nordamerika abstammte und sich unabhängig von den echten Wiederkäuern entwickelt hatte. Die Abkömmlinge dieser Tiere waren Richtung Westen bis nach Asien und nach Süden bis nach Südamerika gewandert. Daraus entstanden die beiden Kamelarten der Alten Welt, das Zweihöckrige Kamel und das Dromedar, sowie die vier kamelähnlichen Tiere Südamerikas, das Vicuña, das Guanako, das Alpaka und das Lama. Auf seiner Fahrt mit der Beagle hatte Charles Darwin im Osten Südamerikas die Fossilien riesiger Lamaknochen gefunden. Einige Experten meinten, Lamas stammten vom wilden Guanako ab, andere, es handle sich um die domestizierten Überlebenden einer eigenständigen Art, die einmal in den Anden gelebt hatte, aber inzwischen ausgestorben war.

Lamas waren schon vor der großen Kultur der Inkas domestiziert und als Lasttiere eingesetzt worden. Zu diesem Zweck wurden aber nur die männlichen Tiere genutzt, die ein Gewicht von bis zu einem Zentner trugen. Wir lasen, dass ein einziger Mann mehrere hundert mit Gold und Silber aus den Minen beladene Lamas antrieb. Mit einem Führungstier liefen die Lamas in einer Reihe über schmale Bergpfade, angespornt durch Rufe und Pfiffe. Die Besitzer der Tiere schmückten ihre Ohren mit Schleifen, hängten ihnen kleine Glocken um den Hals und streichelten sie, bevor sie ihnen eine Last auf den Rücken legten. Lamas müssten behutsam behandelt werden, lasen wir, sie bräuchten regelmäßig Futter und Ruhe, und wenn sie mehr als einen Zentner tragen sollten, konnte es sein, dass sie sich weigerten. Beladen ließen sie sich nur, wenn sie sich in einer Gruppe mit anderen Lamas befänden.

Die spanischen Eroberer Perus fanden Lamafleisch ebenso köstlich wie das beste Hammelfleisch und eröffneten in den Orten Geschäfte, um es zu verkaufen. Die Peruaner machten aus den Fasern Teppiche, Seile und Kleidung, fertigten aus der als sehr strapazierfähig geltenden Haut Sandalen, nutzten Milch und Fleisch als Nahrungsmittel und den Kot als Treibstoff. Es klang, als sei das Lama ein großartiges Gesamtpaket, das den Anforderungen des Menschen wie kaum ein anderes Tier entsprach.

Einer unserer Experten behauptete, das Lama sei zum Reiten abgerichtet worden, ein anderer, es sei niemals geritten worden. Einig waren sich jedoch alle darin, dass nur die Männchen zur Arbeit herangezogen wurden.

»Wahrscheinlich hatten sie sehr viele Männchen, die auch stärker waren als die Weibchen«, sagte ich. »Aber ich wüsste nicht, warum Um nicht kleinere Lasten tragen sollte.«

»Mmm«, machte das Lama von ihrem Platz am Kamin.

Die Farbe der Lamas, lasen wir, gehe von Schwarz über verschiedene Brauntöne bis hin zu reinem Weiß, manche Tiere seien auch gefleckt oder gescheckt. Heute werden so weit wie möglich Pferde, Esel oder motorisierte Geräte als Transportmittel verwendet, aber für die Peruaner sind die Lamas immer noch die wichtigste Quelle ihres Wohlstands. Derzeit gab es in Peru fast eine Million Tiere, in Bolivien zweieinhalb Millionen, in Chile 70 000 und in Argentinien 50 000. Ihr natürliches Habitat liegt zwischen dreitausend und fünftausend Meter Höhe in der Gebirgskette der Anden. Wenn sie ängstlich oder wütend sind, spucken und treten sie und ihr Biss kann wegen ihrer langen, scharfen Eckzähne zu schweren Verletzungen führen. Was wir da lasen, stimmte allerdings nicht in jeder Hinsicht mit unseren Erfahrungen überein. Über das Spucken wussten wir inzwischen Bescheid, aber wir hatten noch nie gesehen, dass Ñusta ausgetreten hätte. Manchmal stampfte sie gereizt mit dem Fuß auf, wenn die Hunde zwischen ihren Beinen herumwuselten, aber sie hatte noch nie absichtlich getreten wie eine Kuh oder ein Pony. Und sie biss auch nicht. Sie benahm sich nicht wie ein Tier, das beißt, und soweit ich es beurteilen konnte, hatte sie keine Eckzähne. Vielleicht kamen die ja noch.

Sofern das Thema überhaupt angesprochen wurde, hatten wir das Füttern und die Pflege genauso gemacht, wie in den Büchern beschrieben, vielleicht abgesehen von Maltesern, Kirschlikör und Zucker, wovon dort keine Rede war. Aber es hieß sogar, Lamas seien gute Haustiere und ihrem Besitzer sehr treu – was wir nur bestätigen konnten.

Sehr nützlich zu wissen war, dass Lamas clostridiale Krankheiten bekommen konnten, die bei Schafen häufig auftraten. Dazu gehörten echte Killer wie Tetanus, Labmagenpararauschbrand oder Klauenseuche. Wenn ein Schaf die Klauenseuche bekam, konnte es sein, dass es eben noch wohlauf und am nächsten Tag tot war. Es wäre furchtbar, wenn das unserer teuren Um zustieße. Deshalb gaben Paul und ich ihr gleich zwei cm^3 Tasvax 7-in-1, um sie zu immunisieren, wie wir es auch mit unseren Schafen machten. Als ich ihr die Spritze gab, fiel mir wieder auf, wie straff ihre Haut war. Sie ging angesichts dieser unsäglichen Demütigung umgehend in die Knie, war aber bald wieder auf den Beinen und mampfte zur Belohnung Malteser. Eine zweite Dosis Tasvax war dann in einem Monat fällig.

Zum Glück bekamen Lamas nicht die Maul- und Klauenseuche, auch wenn sie für die meisten anderen Krankheiten von Wiederkäuern anfällig waren. Vom Rotwasserfieber, das mir persönlich Sorgen bereitete, wurde nichts gesagt, aber nachdem Ñusta schon ein ganzes Jahr bei uns in den Bergen war, war sie sicher dagegen immun.

Wir erfuhren, dass dreihundert Lamas nach Australien eingeführt worden waren, aber binnen fünf Jahren auf zwölf Tiere schrumpften, und dass ein Versuch fehlgeschlagen war, eine Herde in den schottischen Highlands einzuführen. Was war da schiefgelaufen?, fragten wir uns. Allzu gern hätten wir mehr über diese Unternehmungen erfahren.

Die Tragzeit betrug unseren Büchern zufolge beim Lama elf Monate – was wir schon wussten –, nur über Brunst und Kopulation erfuhren wir leider nichts. In einem Buch hieß es, Lamas bekämen normalerweise ein Junges, in einem anderen, Zwillingsgeburten seien unbekannt. In ihrem natürlichen Habitat war die Fortpflanzungszeit von Dezember bis März. Das lag in der Südhalbkugel. Ob sie in der Nordhalbkugel also anders wäre?, fragten wir uns. Wir lasen, dass Lamas normalerweise morgens geboren würden, sodass sie in der Sonne trocknen könnten, bevor abends die Temperaturen sänken, was in den Anden einen beträchtlichen Unterschied machte. Lamas, die später geboren wurden, überlebten nur selten. In Zoos bekamen Lamas das ganze Jahr über Nachwuchs. Aber würde das auch für einen Bauernhof gelten, wo wir das Tier zur richtigen Zeit zu einem Männchen bringen mussten? Wir brauchten dringend ausführlichere Informationen über die Fortpflanzung beim Lama.

Miss Fargher wollte einen Brief an die Bibliothek des Royal College of Veterinary Surgeons schreiben und um eine Recherche zu den von uns gewünschten Informationen bitten. Das Ergebnis konnte sich sehen lassen. Die Bibliothekarin schickte ihr eine Liste mit vierundfünfzig Artikeln, die Bezug auf die Camelidae der Neuen Welt nahmen und bis 1969 zurückreichten. Sie bedauerte, dass es nur so wenig Literatur darüber gebe, aber mir kamen vierundfünfzig Artikel ziemlich viel vor. Gern würde sie uns Fotokopien der Artikel schicken, die uns interessierten.

Mit Miss Farghers Hilfe suchten wir vierzehn Artikel aus, die uns besonders hilfreich erschienen. »Brunst und Paarungsverhalten beim Lama (*Lama glama*)« klang ganz nach dem, wonach wir suchten, auch »Die Fortpflanzung beim Lama – ein südamerikanisches Problem«. Außerdem entschieden wir uns für »Die Auswirkungen verschiedener simulierter Höhenlagen auf den O_2-Transport bei Lamas und Schafen« und »Das relative Gewicht der rechten Herzkammer bei Alpakas und Lamas im Gebirge und auf Meereshöhe« sowie einige andere Artikel zum selben Thema. Neben der Fortpflanzung beim Lama interessierte mich auch sehr ihr spezialisierter Körperbau, der ihnen das Leben im Hochgebirge ermöglichte. Ob ich etwas davon begriff, war eine andere Sache. Aus allgemeinem Interesse wählten wir noch »Die legendären ›Kamele der Anden‹ und die Herstellung von Textilfasern«, während wir auf Artikel wie »Die Konzentration flüchtiger Fettsäuren und der pH-Wert im Verdauungsbrei des Vormagens bei Lamas und Guanakos« und »Muskeln im Beckenbereich des Lamas« verzichteten, weil sie uns zu technisch vorkamen und für unsere Zwecke vermutlich nutzlos waren.

Ich freute mich schon sehr darauf, die Artikel zu lesen. Diese Art der Forschung faszinierte mich, es war fast, wie selbst auf

Entdeckungsreise zu gehen. Ich grübelte immer noch über meinem Buch und hoffte, die neuen Erkenntnisse würden uns nicht nur bei der Lamapflege helfen, sondern auch meine Geschichten glaubwürdiger und interessanter machen.

17

Mr Widdle

Dann kam der Frühling 1976. Die Lärchen im Wald waren schon grün und an den Eichen und Buchen zeigten sich die ersten frischen Blätter. Die Narzissenteppiche in Tŷ Mawr waren fast verwelkt, die Sonne wärmer und die Tage länger.

Bis auf ein wenig Frost war der Winter mild gewesen und unser Vieh hatte ihn alles in allem gut überstanden. Unsere zwei hübschen Welsh-Mountain-Ponystuten Carys und Wyspa hatten beide ein Hengstfohlen. Die Fohlen waren in einem Abstand von drei Tagen geboren worden und jetzt spielten und rannten sie in der Frühlingssonne um die Wette. Star, unser schwarzes Welsh-Riding-Pony, hatte dieses Jahr kein Fohlen. Das machte aber nichts. Sie hatte schon einige wunderschöne Fohlen geboren und durfte sich auch mal eine Pause gönnen. Anns Lieblingspony Dolmen war Stars Sohn, sein Vater unser eigener Hengst Idris. Ann liebte Dolly heiß und innig. Sie hatte ihn selbst ans Reiten gewöhnt, mit seinem widerborstigen Temperament gekämpft, seine Ängste besänftigt und ihm das Springen beigebracht, obwohl er dachte, er könnte es nicht. Manchmal ritt sie rückwärts im Sattel und übte Zirkustricks auf ihm – was mir noch ein paar mehr graue Haare bescherte. Ann liebte ihn und kommandierte ihn und sie hatten eine wunderbare Beziehung zueinander.

Dolly war jetzt sechs Jahre alt. Er war ein leberfarbener Fuchs mit drei weißen Socken und einem seitlichen Streifen auf dem Gesicht. Ein stämmiges Pony, 130 Zentimeter groß, und er passte gut zu Ann, auch wenn seine Schultern vielleicht nicht breit genug waren, um das ideale Reitpony zu sein. Wenn sich Anns Reitkunst so rasant weiterentwickelte, brauchte sie bald ein besseres Pferd. Wir hatten Zweifel, ob wir uns leisten konnten, ihr eins zu kaufen. Vermutlich mussten wir es selbst züchten, weshalb wir beschlossen, Star zu einem Araberhengst zu bringen und zu schauen, was daraus würde.

Ann war jetzt zehn Jahre alt. Im letzten Herbst hatte ihre Oma ihr fünf Reitstunden in einer angesehenen Reitschule geschenkt, aber davon abgesehen hatte sie sich alles selbst beigebracht. Längst war sie über das Stadium hinaus, wo ich ihr noch helfen konnte, außer in ganz allgemeinen Dingen. Sie hätte noch mehr Stunden nehmen können, wenn sie gewollt hätte, aber das wollte sie nicht. Die Ponys in der Reitschule hätten keinen Spaß an der Sache, sagte sie. Ihnen fehlten der Elan und die Begeisterung, die ihr Lieblingspony an den Tag legte. Jetzt lernte Ann die Theorie der Reitkunst aus Büchern, die sie offensichtlich gut in die Praxis umzusetzen verstand.

Im Herbst hatte sie mit Dolmen an einem kleinen Querfeldeinrennen in unserer Gegend teilgenommen und in ihrer Altersgruppe den zweiten Platz belegt. Sie bekam eine blaue Rosette und eine Mähnenbürste. Damit war ihre Lust auf Wettbewerbe geweckt.

»Wann kann ich an einem richtigen Reitturnier teilnehmen, Mummy?«, fragte sie mich immer wieder. »Ich habe so viel darüber gelesen und möchte so gern an einem teilnehmen.«

Jetzt wartete Ann sehnsüchtig auf den Sommer, um endlich zu einem richtigen Reitturnier zu gehen. Sie übte eifrig mit Dolly und baute und bemalte mithilfe von Amanda, Penny und gelegentlich auch John Hürden. Auf unseren Feldern gab es die tollsten Hindernisse und oft sahen wir die Ponys und Kinder darüber hinwegfliegen. Reiten war zu Anns Leidenschaft geworden und bereitete ihr die größte Freude; mir wäre es genauso gegangen, wenn ich in ihrem Alter die Möglichkeit gehabt hätte. Paul und ich fanden, dass wir ihr so viel Unterstützung bieten sollten, wie wir nur konnten. Allzu gern hätte ich mehr über die ganz eigene, für mich geheimnisvolle Welt der Reitwettbewerbe gewusst – doch mir war bewusst, dass es ein Sport für Reiche war.

Die Ablammsaison war fast vorbei und unser Nachwuchs sah recht gedeihlich aus. Bei gutem Wetter ist das Ablammen einer Herde in den Bergen eine ziemlich einfache Angelegenheit. Die Welsh-Mountain-Schafe sind vortreffliche Mütter und meist ist es das Beste, sie einfach allein gebären und auch die Lämmer allein aufziehen zu lassen. Nur selten lag ein Lamm nicht richtig im Becken und wir mussten eingreifen – eine Arbeit, die mir nicht behagte und worin ich nicht besonders gut war. Manchmal haben junge Mutterschafe, wenn sie lammen, zu wenig Milch und vergessen ihr Baby, bis es einem Fuchs oder einer Aaskrähe zum Opfer fällt. Unsere Herde ist über ein so weites, felsiges Gebiet verstreut, dass es lange Fußmärsche braucht, um alle Tiere im Blick zu behalten. Schwierigkeiten gibt es vor allem bei schlechtem Wetter, aber in diesem Frühling hatten wir damit Glück.

Mooey war eine wundervolle Mutter und hatte erneut Zwillinge zur Welt gebracht. Brown Patch, die die Kinder ebenfalls sehr lieb gewonnen hatten, hatte zum ersten Mal gelammt und ein winziges Lämmchen zur Welt gebracht, das Beenie Dinky taufte. Brown Patch gehörte zu den Müttern, die sich nicht besonders um ihre Lämmer kümmerten, weshalb Dinky ständig verlorenging. Oft hörten wir sein leises Blöken, wenn er wieder irgendwo steckenblieb und kein anderes Schaf in Sicht war. Seine Mutter war vermutlich gerade bei der Hühnerfütterung, wo immer ein Körnchen für sie abfiel, oder sie machte eine Tour zu den Fressnäpfen der Ponys. Nach ein paar Tagen begriff Dinky, dass er rennen musste, um mit seiner Mutter Schritt zu halten, während sie ihre Tour durch die Nahrungsquellen unternahm, und er sauste ihr hinterher wie eine zarte Spinne aus Wolle. Brown Patch war folgsam und gierig zugleich und Ann fand heraus, dass man sie mit ein paar Nüssen über einen kleinen Springparcours locken konnte. Wenn Dolly und Ann ihre Runde gedreht hatten, war Brown Patch an der Reihe, um über die Hürden zu springen. Sie erwies sich als willens und athletisch.

Eines Tages sah ich am Kuhstall einen jungen Mann in Bergsteigermontur stehen. Er hatte ein junges Lamm auf dem Arm und erzählte mir, er habe es auf dem Berg gefunden, zwischen den Felsen eingeklemmt, und weit und breit sei keine Spur von seiner Mutter gewesen. Er hatte den Christmas Buttress bestiegen, den »Weihnachtspfeiler«, wie Paul ihn vor Jahren getauft hatte, ein Felsen über den Gehegen von Clogwyn. Ich bedankte mich bei dem jungen Mann und nahm ihm das Lamm aus dem Arm. Besonders begeistert war ich nicht. Im Allgemeinen ist es besser, ein Lamm dort zu lassen, wo es verlorengegangen ist, und dem Bauern Bescheid zu sagen, damit er selbst nach ihm sehen kann. Oft wurde es nämlich gar nicht verlassen, sondern die Mutter kam zu ihm zurück, wenn es erst eine Weile geweint hatte. Nimmt man das Lamm aber mit, sucht die Mutter erschrocken nach ihm und nimmt dafür weite Wege in Kauf. Jetzt musste ich das Lamm auf den Berg hinaufbringen und versuchen, seine Mutter zu finden.

Also klemmte ich mir nach dem Mittagessen das Lamm unter den Arm und machte mich auf den Weg. Beenie und das Lama begleiteten mich. Dort oben in den Bergen war vom Frühling noch nicht viel zu sehen. Das braune Gras und die alten Heidekrautstrünke sahen noch blass und winterlich aus, auch wenn hier und da die kleinen gelben Blüten der Blutwurz den Rasen betupften. Nach Süden hin sahen wir das frühlingshaft grüne Tal, das bis zum Meer hinabführte, aber im Norden, den Hang hinauf, war das Land öde und schroff. Dort oben grasten nur wenige Schafe und wir sahen keins, das möglicherweise die Mutter unseres Lamms sein konnte.

Ñusta war noch nie so hoch oben mit uns gewesen und rannte begeistert hinauf. Sie bahnte sich ihren eigenen Weg und blieb nur gelegentlich stehen, um am frischen Gras zu zupfen. Offenbar gefiel ihr der weite Blick, weil sie sich an jedem neuen Aussichtspunkt wissbegierig umsah.

Schließlich erreichten wir den Christmas Buttress und die Gehege von Clogwyn. Genau an dieser Stelle, unter freiem Himmel und düstergrauen Felswänden, hatten wir die Clogwyn-Herde früher geschoren. Damals fanden es die anderen Bauern einfacher, die Wolle nach unten zur Scheune zu bringen, anstatt die Schafe noch in vollem Kleid den Berg hinabzutreiben. Vielleicht gab die Wolle damals noch kein so großes Gewicht her und viele kleinere Koppeln weiter unten, die inzwischen schulterhoch von Farnkraut überwuchert waren, hatte der Bauer als Heufelder genutzt, auf denen eine darübertrampelnde Herde schweren Schaden angerichtet hätte. Das war lange her. Jetzt lag nur noch der Geist der einstigen jährlichen Geschäftigkeit auf dem Ort. Die Gehege waren verlassen, die Mauern von Binsen bewachsen und die ersten Steine herausgebröckelt.

Der Beschreibung nach musste der Wanderer das Lamm hier gefunden haben. Jetzt mussten wir es dazu bringen, zu blöken, damit seine Mutter wiederkam, falls sie noch in der Nähe war. Ich setzte das Lamm auf den Boden.

»Komm, wir flitzen rasch durch das Gatter, bevor er uns hinterherrennt«, sagte ich zu Beenie.

Als das Lamm gerade in die andere Richtung sah, flitzten

wir los. Das Lamm mochte klein, zart und jung sein, aber dumm war es nicht. In einem irren Tempo flitzte es hinter uns her.

»Lauf, Beenie!«, rief ich.

Wir preschten durch das Gatter am anderen Ende des Geheges und rannten so schnell wir konnten die Heather Hills von Clogwyn Hafodty hinauf. Als wir keuchend stehen blieben, war das Lamm direkt hinter uns. Er war einmal verlassen worden, ein zweites Mal würde ihm das nicht mehr passieren. Jetzt hatten wir ein Problem. Solange das Lamm uns folgte, würde er nicht blöken – aber blöken musste er, wenn wir seine Mutter finden wollten. Schließlich gelang es uns aber doch, ihm zu entwischen. Beenie verschwand hinter einer nahen Kuppe, während ich das Lamm festhielt. Dann setzte ich ihn in einen dichten, kniehohen Heidestrauch und preschte mit großen Schritten durch das Unterholz, kraxelte über den Fels und duckte mich. Kurz wagte ich einen Blick nach unten. Das Lamm wirkte entmutigt. Er kam kaum durch das dichte Gebüsch voran und hatte Mühe, sich einen Weg in unsere Richtung zu bahnen. Beenie und ich kletterten rasch noch weiter hinauf, bis wir weit genug weg waren, damit das Lamm uns nicht mehr sah, aber wir verfolgen konnten, was geschah. Wir kamen uns schäbig vor, wie wir dort auf unserem Ausguck saßen und den kleinen weißen Punkt beobachteten, der sich durch die Heide kämpfte, während sein Wehklagen schwach durch die unbewegte Nachmittagsluft heraufwehte.

Ñusta war uns ebenfalls durch die Schafgehege gefolgt und graste jetzt in einiger Entfernung. Das trockene Heidekraut war ein gefundenes Fressen für sie, das sie voll und ganz auskostete, während sie ihre Radarscanner auf Beenie und mich gerichtet hielt.

Wir sahen keinerlei Schafe in der Gegend und kein mütterliches Blöken erwiderte die Rufe des Lamms. Etwas weiter weg, auf den Heather Hills, standen aber ein paar Mutterschafe, weshalb ich hinüberging, um sie mir genauer anzusehen, während Beenie die Stellung hielt. Die meisten Schafe hatten ihr Lamm an ihrer Seite. Zwei von ihnen hatten allerdings keins; das eine Schaf sah alt, ausgedörrt und altjungfernhaft aus, so als habe es in diesem Jahr kein Lamm bekommen und würde auch keines mehr kriegen; bei dem anderen wusste ich nicht recht. Sie sah noch ziemlich jung aus, reagierte aber in keiner Weise auf die traurigen Rufe des verwaisten Lamms. Ich lief um die Gruppe der Mutterschafe herum und trieb sie ein Stück in Richtung des Jungen. Kein Schaf interessierte sich für sein Rufen. Wie alle Schafe von Clogwyn waren sie eine wilde Bande. Als sie weiter unten Beenie erblickten und begriffen, dass ich etwas von ihnen wollte, wurden sie nervös. Die Mütter riefen ihren Nachwuchs zu sich und spähten nach dem schnellsten Weg, um zu verschwinden. Nur mehr einzig damit beschäftigt, vor der unerwünschten Einmischung zu fliehen, tauchten sie flugs in den Senken und Hohlen der Felsen ab. Ich sah mich noch etwas um, suchte nach einem toten Schaf, das womöglich die Mutter des Waisenkinds war, sah aber keins. Also kehrte ich zu Beenie zurück.

»Von denen ist keins die Mutter, würde ich sagen, und ein totes Schaf habe ich auch nicht gesehen«, sagte ich zu ihr.

Wir warteten noch ein bisschen in der Hoffnung, das Mutterschaf würde doch noch von irgendwoher auftauchen, aber es kam keines mehr. Wir warfen einen letzten Blick auf die fernen Flecken grasender Schafe am anderen Ende von Hafodty, aber dort schien alles ruhig. Kein Schaf wirkte, als suche es nach einem Lamm.

»Tja«, sagte ich, »dann würde ich sagen, wir nehmen es mit nach Hause. Hier oben haben wir offenbar kein Glück.«

Beenie nickte. Wir beide mochten nicht länger die traurigen Rufe hören und wären glücklicher, wenn wir dem Waisenkind eine Flasche geben und es wohlig einmummeln konnten. Wir hatten unser Bestes getan, um die rechtmäßige Mutter zu finden, aber ohne Erfolg. Jetzt war es an uns, ihren Platz einzunehmen.

Ich nahm das Lamm auf den Arm und wir stiegen den Berg hinab. Ñusta hinterdrein. Obwohl das Lamm so klein war, wurde es auf dem Weg immer schwerer. Ich setzte ihn ab, damit er laufen konnte, aber er schaffte immer nur ein paar Schritte, dann brach er zusammen. Er wurde immer schwächer vor Hunger und vor lauter Weinen. Also trugen wir ihn abwechselnd, bis wir endlich Tŷ Mawr erreichten.

Manche neugeborenen Lämmer mögen es nicht, wenn sie gleich von Geburt an mit der Gummizitze gefüttert werden. Man muss ihnen die Zitze förmlich ins Maul stopfen oder es mit der bewährten Flasche probieren. Wenn sie auch daran nicht nuckeln, macht man den Aufsatz ab und träufelt ihnen die Milch ein. Dieses Lamm hatte keine Probleme zu saugen. Als ich ihm eine Flasche mit warmer Milch und Glukose gab, schnappte er gierig nach der Zitze und hörte erst auf zu saugen, als die Milch alle war. Sofort lebte er wieder auf.

Als Ann und John von der Schule heimkamen, jauchzten sie, dass wir wieder ein Hauslamm hatten.

»Wie sollen wir ihn nennen?«, fragte ich.

»Snowy.«

»Schneewittchen.«

»Lambsy.«

»Woolly.«

Leider war keiner dieser wunderhübschen Namen von Dauer. Der Kleine war ein außergewöhnlich aufgewecktes, intelligentes Lamm, aber am Ende tauften wir ihn Mr Widdle.

»Herr Pinkel« konnte stundenlang vor unserem Haus sitzen oder herumlaufen, aber sobald er Einlass erlangte, rannte er zur Matte oder schlimmer noch, sprang aufs Sofa und pullerte. Abgesehen davon war er ein bezauberndes Tier. Auch wenn wir ihn schlecht ins Haus lassen konnten, liebten wir ihn alle innig.

Als er ein paar Wochen alt war, stellten wir fest, dass er die Nähe des Lamas zu suchen begann. Die meisten Hauslämmer bleiben nahe beim Menschen. Sie schlendern um das Haus herum, bis die Tür geöffnet wird, dann rennen sie herein und verlangen nach der Flasche. Wenn man spazieren geht, folgen sie einem wie ihrer eigenen Mutter. Nicht Mr Widdle. Er folgte dem Lama. Obwohl aus dieser Richtung keine Milch zu erwarten war, lockten ihn offenbar die langen weißen Beine, vielleicht weil sie ihm Orientierung gaben. Wenn er fressen wollte, kam er zu uns, aber als Gesellschaft zog er Ñusta vor.

Paul musste immer lachen, wenn er die beiden zusammen sah.

»Das Lama und das Lamm«, sagte er.

In der Tat waren sie ein ungleiches Paar, wie sie so gemeinsam umherliefen, Ñusta voran, Mr Widdle einen Meter dahinter. Irgendwie passsten sie gut zusammen, aber doch wieder nicht so ganz; das war das Skurrile an diesem Paar. Entweder war Ñusta eine Mutter mit Überlänge oder Mr Widdle ein abgesägtes Kind.

Im Übrigen war ihre Beziehung einseitig. Nach anfänglichem freundlichen Interesse beschloss Ñusta, dass sie auf keinen Fall ein Pflegekind haben wollte. Immer wieder versuchte sie Mr Widdle deutlich zu machen, er solle abschieben, aber er begriff es einfach nicht. Egal wohin sie ging, Mr Widdle lief hinterdrein. Wo Ñusta graste, da graste auch er. Wenn sie sich hinlegte, tat er es auch. Besonders gern legte er sich an ihren flauschigen Bauch, wie es die Lämmer bei ihren Müttern machten, aber Ñusta hielt das für eine unsägliche Frechheit. Dann nickte sie ihm drohend mit dem Kopf. Keine Reaktion. Meist war sie es, die wieder aufstehen und sich einen anderen Platz suchen musste. Ein- oder zweimal sahen wir auch, wie er ihr auf den Rücken sprang, als sie gerade am Boden lag, und auf ihr herumhüpfte. Dieses Spiel spielen alle jungen Lämmer. Die Mutter sitzt währenddessen einfach nur da und schaut selbstgefällig drein. Anders Ñusta. Sie weigerte sich, als Mr Widdles Mutter angesehen zu werden, und wehrte sich aufs Heftigste. Dann sah Mr Widdle, der sich für den König von China hielt, in ein aufgebrachtes Gesicht, aus dem er plötzlich bespuckt wurde, ehe sich sein flauschiges Königreich in die Höhe wuchtete und ihn zu Boden warf. Das hielt ihn aber nicht davon ab, es immer wieder zu probieren.

Manchmal saßen die beiden aber auch friedlich beieinander. Ich erinnere mich, wie ich einmal im Spätfrühling von Carneddi heimkam. Aus irgendeinem Grund waren Ñusta und Mr Widdle nicht mitgekommen, weshalb ich nun nach ihnen Ausschau hielt. Rundum ein herrliches Panorama mit dem frischen Grün der neu ausgesprossenen Blätter. Aus dem Wald rief ein Kuckuck. Paul hatte vor Kurzem den Acker gepflügt, wo wir unsere Kartoffeln, ein paar Kohlrüben und anderes Wurzelgemüse sowie etwas Grünkohl für die Kühe anbauten. Das Feld lag direkt unter mir, ein adrettes Rechteck aus frischer Erde, die nur darauf wartete, bepflanzt zu werden. Da sah ich die beiden Vermissten. Das Lama lag als kleiner Punkt mitten auf dem frisch gepflügten Acker und in gebührendem Abstand von einem guten Meter saß ein winziger weißer Fleck, der nur Mr Widdle sein konnte. Ein merkwürdiger Anblick war das, wie die beiden Tiere Seite an Seite auf der blanken Erde saßen, auf einem Stück Land, das ihnen wie eine Miniaturwüste vorkommen musste, in der es keinerlei Pflanzen zu fressen gab. Ñusta mochte staubigen Untergrund, wie wir wussten – vielleicht weil er sie an die Anden erinnerte –, aber für ein Lamm war es ungewöhnlich, dass es sich einen solchen Platz aussuchte. Wie dem auch sei, jedenfalls saßen sie dort, gemeinsam und doch getrennt, in höflichkeitsgebietendem Abstand. Beide schauten gedankenversunken in dieselbe Richtung in die Ferne. Ich fragte mich, ob irgendein Austausch zwischen ihnen stattfand, und wenn ja, welcher Art.

Je größer Mr Widdle wurde, umso frecher wurde er. Er stieß mit dem Kopf gegen Ñustas Beine und testete Bocklammspiele an ihr, obwohl er so klein war, dass er gerade an ihre Sprunggelenke heranreichte. Sie tat alles in ihrer Macht Stehende, um ihm zu zeigen, dass seine Avancen unerwünscht waren, aber das machte die Sache für ihn nur noch reizvoller. Wenn sie ihn gar nicht abschütteln konnte, brach sie in einen Wutanfall aus, spuckte und nickte mit dem Kopf nach ihm. Vergeblich. Mr Widdle kam jedes Mal wieder. Einmal sahen wir, wie Ñusta, von ihm zur Verzweiflung getrieben, zu ihrem ultimativen Angriff ansetzte. Als sich das Spucken und Nicken erneut als wirkungslos erwiesen und Mr Widdle weiter in bester Rowdystimmung war, kniete sie sich auf ihn und versuchte ihn mit ihrer breiten Brust zu erdrücken. Schnell rannten wir hin, um das Lamm zu befreien. Er überstand die Sache zwar unbeschadet und hatte nur bekommen, was er verdiente, aber allmählich sorgte ich mich, dass er dem Lama mit seinen permanenten Belästigungen ihr sonst so höfliches und liebenswürdiges Verhalten austreiben könnte.

Mr Widdles fröhlicher, extrovertierter Charakter war eigentlich Anlass zur Freude, wurde aber immer mehr zu einem Problem, da das Lamm seine Spielchen einfach zu weit trieb. Brenda hatte eine große rote Handtasche in quadratischer

Form, die Mr Widdle gefiel. Wenn sie Helen am Nachmittag auf einen Imbiss zu uns brachte, spähte Mr Widdle immer gleich nach der Handtasche. Sobald er sie sah, beugte er seinen kleinen Kopf mit den aussprießenden Hörnern nach vorn und rammte dagegen.

»Olé!«, rief Brenda.

Ann, John und Helen brachen in lautes Gelächter aus. Weniger lustig wurde es, als Mr Widdle anfing, kleine Kinder mit den Hörnern zu stoßen. John, ein kraftstrotzender Siebenjähriger, konnte schon gut dagegenhalten, aber auf die zierliche Helen, die erst vier war, wirkte er wirklich furchteinflößend.

Es gab nur eine Lösung – Mr Widdle musste gehen. Im nächsten Herbst gaben wir ihn unter großem Bedauern mit einer Gruppe von Mastlämmern in den Verkauf. Damit machten wir der Bedrohung ein Ende, die Mr Widdle für das Lama, Helen und andere kleine Hofbesucher darstellte. Es tat uns leid, ein so charakterstarkes Lamm zu verlieren, und wir würden ihn gewiss nicht so bald vergessen.

18

Das entblößte Lama

Es wurde Mai. Ein Monat, in dem immer viel zu tun war, doch trotz aller Arbeit auf dem Hof unternahm ich nun den ersten ernsthaften Versuch, mein Buch zu schreiben. Meist zog ich mich für ein paar Stunden am Tag in die Schreibhütte unterhalb von Tŷ Mawr zurück, wo ich vor Jahren einige Kapitel eines anderen Buches geschrieben hatte. Früher war die Hütte einmal ein Hühnerstall gewesen, aus dem wir die Hühnerstangen und die Legenester herausgenommen, die Wände mit Hartfaserplatten und den Boden mit Linoleum ausgelegt hatten, sodass ich einen ruhigen Rückzugsort für mich hatte. Die Hütte war vom Haus durch eine Trockenmauer abgeschirmt und wurde von einer riesigen Esche überragt. Rundum breiteten sich schon die Farne aus und der Fingerhut reckte seine Blütenähren in die Höhe.

Ein wahrhaft abgeschiedener Ort. Wenn ich die Tür offen ließ, was ich bei gutem Wetter meistens tat – und in diesem Mai und Juni war es wunderbar –, konnte ich die Vögel in der Esche beobachten. Das pittoreske Bild wirkte auf mich wie ein exquisites Ölgemälde, das von der Tür meiner Hütte gerahmt wurde. Der massive Baumstamm mit seiner rauen, gräulichen Rinde stieg hinter der von Moos und Flechten bedeckten Steinmauer auf. In etwa dreieinhalb Meter Höhe war eine Kerbe im Baum, in der eine Hirschzungenkolonie gedieh. Sie hing leuchtend grün wie in einstudierter Eleganz von der Esche herab. Der Vordergrund war von einem Flechtwerk frischer Blätter verhangen. Ich konnte die Vögel beobachten, ohne sie zu stören, sah vielleicht eine kleine Heckenbraunelle, ein oder zwei Meisen, einen Zaunkönig und hörte dann und wann die geräuschvolle Ankunft eines Hähers.

Anfangs war das Lama überrascht, mich in der Schreibhütte zu sehen. Wenn ich in diese Richtung verschwand, trottete sie mir hinterher und stieß einen hohen Hupton aus, sowie sie mich darin erblickte. Ihr war es offenbar lieber, mich in Sicht- und Reichweite zu haben, und solange ich in der Hütte war, blieb sie in der Nähe. Anfangs kaute sie immer an der offenen Tür am alten Linoleum, was ich ihr verbieten musste. Dann kaute sie am morschen Holz des Fensterrahmens, was ich ihr ebenfalls verbieten musste. Ihr würde es vielleicht nicht schaden, aber es würde den Verfall der alten Hütte beschleunigen. Dann steckte sie den Kopf durchs fensterlose Fenster und schnappte sich eine halbe Seite aus meiner Loseblattsammlung.

»Zensierst du mein Buch?«, fragte ich sie und legte das Manuskript außer Reichweite.

»*Mmm*«, sagte das Lama, während die letzte Ecke der Seite in ihrem Maul verschwand. Dann lugte sie wieder herein, um sich ein zweites Blatt zu holen.

»Nein!«, sagte ich bestimmt. »Geh weg.«

Da sich mein »Nein« auf jegliche Aktivitäten zu beziehen schien, schlenderte das Lama auf die Felsen nahebei, um in der Heide zu grasen. Ich arbeitete weiter, hob aber ab und zu den Kopf, um auf die grüne Lichtung zu sehen und zu beobachten, wie die Wildvögel, ein paar Hühner, unsere Taube und das Lama freudig ihren Tätigkeiten nachgingen.

Mitte Juni machten wir uns wieder Gedanken darüber, ob wir Ñusta scheren sollten. Wir wussten immer noch nicht, ob jetzt der richtige Zeitpunkt wäre, und brauchten noch mehr Informationen darüber. Wir hatten gehört, dass die Alpakas im Chester Zoo alle zwei Jahre geschoren wurden, weil sie sonst nicht regelmäßig Nachwuchs bekamen. Ich verstand nicht, welche Verbindung dazwischen bestehen sollte, aber anscheinend funktionierte es. Mittlerweile hatte der Zoo eine große gedeihliche Herde, in der alle Tiere aus einem kleinen Kern stammten. Wir erfuhren, dass ein Bauer aus Nordwales die Schur durchgeführt und als Lohn für seine Arbeit die Fasern erhalten hatte.

Ein Alpaka zu scheren konnte wohl nicht so schwierig sein, dachten wir. Denn ein Alpaka war nicht größer als ein langbeiniges Schaf. Bei einem Lama sah das schon anders aus. Ein ausgewachsenes Tier konnte, wie wir lasen, bis zu 160 Kilogramm wiegen. Wir schätzten Ñustas Gewicht auf etwa 90 Kilogramm, aber selbst damit war es unmöglich, sie nach der Bowen-Methode mit der Maschine zu scheren, wie wir es normalerweise mit den Schafen machten. Wir überlegten, sie auf den Boden zu drücken und ihr die Beine zusammenzubinden, um sie festhalten zu können, aber das schien uns ein doch allzu grausames Vorgehen gegenüber einem so intelligenten und sensiblen Tier. Es wäre ein Affront für ihre Würde und ein großer Vertrauensbruch. Wir verwarfen den Gedanken schon, als wir ihn nur aussprachen. Dann kam Paul auf die Idee, wir könnten ihr doch ein Beruhigungsmittel geben, aber Medikamente einzusetzen, nur weil wir sie scheren wollten, etwas schlechterdings Banales, erschien uns irgendwie übertrieben. Vielleicht war es doch am besten, wenn wir sie einfach bürsteten, um an ihre kostbaren Fasern zu gelangen.

Trotzdem fanden wir es immer noch unbefriedigend, so wenig darüber zu wissen. Daher schrieb Beenie einigen ihrer Freunde, die in Peru gewesen waren, einen Brief mit ein paar Fragen. Die Freunde antworteten, die Einheimischen würden ihre Lamas bisweilen schamponieren und »wie Schafe stutzen«, was aber nur bei warmem Wetter gemacht werde, falls das Tier Koliken bekomme. Das fanden wir sehr interessant, nur konnte ich mich nach dem Schwimmunfall nicht sonderlich für das Schamponieren begeistern. Auch war mir unklar, wie man Lamas »wie Schafe stutzen« sollte. Stutzen, okay, aber nicht wie Schafe; Lamas waren einfach sehr viel größer. Wenn ich doch nur Kontakt zu einem richtigen Lamabauern aufnehmen könnte, um mir in allen Einzelheiten erklären zu lassen, wie man dabei vorgeht – aber ich wusste einfach nicht, wo ich einen finden sollte.

Dann schickte mir die Besitzerin eines Ferienhauses in unserer Gegend, die von meinem Interesse an Lamas wusste, ein Foto, das sie auf ihren Reisen durch Peru aufgenommen hatte. Es war ein Farbfoto, übrigens ein ziemlich gutes. Darauf waren vier oder fünf Lamas zu sehen, die in einem mit gelblichen Platten ausgelegten Pferch beieinanderstanden. Die Lamas waren weiß oder hellbraun und mittendrin stand ein sehr ungewöhnliches Tier, dunkelgrau mit großen schwarzen Flecken auf dem ganzen Körper. Das Interessante für uns daran war, dass die Lamas offenbar gerade frisch geschoren worden waren. Ihre langen Hälse sahen noch länger aus als sonst und man sah ihre bloßgelegten Windhundkörper. Auch die Streifen der Handschermaschinen waren deutlich zu erkennen. Das war der Beweis, dass die Peruaner ihre Lamas tatsächlich schoren.

Schlauer waren wir deshalb aber immer noch nicht.

Brenda und Helen waren gerade in Gwylfa.

»Ihr dürft Um nicht scheren«, sagte Brenda. »Damit ruiniert ihr ihr ganzes Aussehen, das lasse ich nicht zu!«

Beenie war derselben Meinung. Außerdem sagte sie, die Fasern würden sich ganz natürlich weiter vermehren, genau wie Schafwolle, sodass wir bald größere Mengen herausbürsten könnten. Tatsächlich sah ich, als ich die Fasern an ihrer Wirbelsäule auseinanderdrückte, wie sie sich verzweigten, auch wenn sie dadurch nicht unbedingt leichter auszuzupfen waren.

Paul dagegen war der festen Überzeugung, dass wir Ñusta jetzt scheren sollten. Ihm gefiel das Garn, das Mrs Arnett für uns gesponnen hatte, und er wollte gern mehr davon haben. Ich war hin- und hergerissen. Einerseits wollte ich gern für die ganze Familie Lamapullover stricken, andererseits scheute ich davor zurück, das Lama zu misshandeln, um an die Wolle zu kommen. Ja, sie sollte mehr sein als nur ein exotisches Haustier, aber ich wollte auch ganz sicher sein, dass wir das Richtige taten.

Dann schickte uns jemand einen Zeitungsausschnitt. Die peruanische Regierung hatte den Export von Lama- und Alpakafasern verboten, um die Textilherstellung im eigenen Land anzukurbeln. Deshalb wollte der Betreiber einer berühmten Wollmühle in Yorkshire, die auf das Spinnen von Mohair, Kamel-, Lama- und Alpakafasern spezialisiert war, Lamas und Alpakas in Yorkshire züchten, um den benötigten Rohstoff selbst herzustellen. Die ersten beiden Tiere waren schon angekommen, ein Lamamännchen und ein Lamaweibchen aus Peru. Beide sollten in Kürze geschoren werden.

Das interessierte mich natürlich und ich wollte gern mehr darüber erfahren. Deshalb schrieb ich dem Betreiber Mr Bell einen Brief, um ihn zu fragen, ob er uns vielleicht freundlicherweise erläutern könnte, wie er die Schur vornahm, und legte einen frankierten und adressierten Rückumschlag bei. Postwendend bekam ich seine freundliche Antwort. Mr Bell hatte seine Lamas noch nicht geschoren, würde uns aber gern informieren, wenn es so weit sei, und uns erklären, wie die Schur abgelaufen sei. Seine Lamas waren große, ausgewachsene Tiere und er hatte aus Peru den Ratschlag erhalten, ihnen für die Schur die Beine zusammenzubinden. Er fand es interessant, dass wir auch ein Lama hatten; er wusste nicht, dass es noch andere Bauernhöfe im Land gab, die sich ein solches Tier hielten.

Paul war nach wie vor begeistert von der Idee, Ñusta zu scheren. Er fing an, das Scheren an ihr zu simulieren, damit sie sich schon mal an das Gefühl gewöhnte. Wenn er sie morgens aus dem Stall ließ, war sie immer sonnigen, ausgeglichenen Gemüts. Nachdem sie die Nacht allein verbracht hatte, freute sie sich, wieder jemanden zu sehen, und hupte und atmete ihm freudig ins Gesicht. Zur morgendlichen Fellpflege gehörte, dass Paul ein, zwei Minuten mit einem verstellbaren Schraubenschlüssel durch ihr Fell fuhr, den er dabei rattern ließ. Später nahm er eine Handschermaschine und drückte den Griff in die Fasern, während er die Klingen in die Luft schnappen ließ. Es mache ihr nicht das Geringste aus, berichtete er mir anschließend immer. Er meinte, wenn wir uns morgens, wo sie gutgelaunt und entspannt war, zusammen an die Arbeit machten, konnten wir sie vielleicht im Stehen scheren, ohne sie zu verstimmen. Ich erklärte mich bereit, es auszuprobieren, aber irgendwie schoben wir es trotzdem immer wieder auf.

Mitte Juni wurde es sehr heiß. Der Frühling war schon warm und angenehm gewesen. Jetzt waren wir für ein paar Tage in weiß leuchtenden Seenebel gehüllt, der für diese Gegend ungewöhnlich war. Dann lichtete sich der Nebel, die Sonne kam heraus und die Temperatur stieg auf über 30 Grad. Eine solche Hitze hatte ich noch nie erlebt. Ab und zu wehte ein leichter Wind, aber er war warm wie Backofenluft und brachte keinerlei Abkühlung. In den Nächten blieb es fast genauso heiß und bei der geringsten körperlichen Anstrengung floss uns der Schweiß den Körper runter. Selbst wenn wir nur saßen, rann er uns übers Gesicht. Die Hühner sonnten sich nicht mehr in ihren luxuriösen Staubbädern, sondern lungerten im Schatten herum und streckten die Flügel aus, damit die Hitze entweichen konnte. Die Ponys schwitzten und zischten und standen von Kopf bis Schwanz im tiefsten Schatten. Die Rinder gruben sich ins Farn ein, um sich vor den Fliegen zu verstecken, oder kamen mit dem Schwanz auf dem Rücken hektisch herausgaloppiert, um vor ihren Peinigern zu fliehen, wobei ihr schwarzes Fell weithin in der Sonne grellte. Die schwerbemantelten Hütehunde wurden kleinlaut und ließen sich hechelnd auf dem kalten Steinfußboden nieder, sodass die Leute reihenweise über sie stolperten. In den Bergen war kein einziges Schaf zu sehen. Sie lagen irgendwo im Farn versteckt oder im Schatten einer Steinmauer, keuchten und litten unter ihrem schweren Vlies, bis ihnen der Abend etwas Erleichterung brachte und sie zumindest so viel Kraft hatten, dass sie wieder grasen konnten. Der Boden dörrte und schimmerte in der Hitze. In den Steinen spiegelte sich der grelle Himmel.

Wie wir hörten, war es der heißeste Juni seit Beginn der Wetteraufzeichnung. In manchen Gegenden der britischen Inseln herrschten höhere Temperaturen als in Rom oder Madrid. An den meisten Tagen gingen die Kinder nach der Schule zum Baden nach Tanrhiw; der Gumpen war die einzige Möglichkeit, sich abzukühlen, doch bevor sie zu Hause ankamen, war ihnen schon wieder heiß.

Fast das ganze Land litt nach dem trockenen Frühling an Dürre, aber wir in Nordwales hatten Glück. Es hatte genug geregnet, sodass das Moorland in den Bergen noch wassergesättigt und das meiste Gras grün war. Das Wasser rann weiterhin fröhlich in unseren Vorratstank, allein auf den Felsen, wo es nur eine dünne Erdschicht gab, wurde das Gras allmählich gelb. Es verdunstete viel Wasser und wir hofften, dass es bald wieder regnete, sonst kämen wir in Schwierigkeiten.

Ñusta schien die Hitze nichts auszumachen. Sie setzte sich in die pralle Sonne und senkte die Wimpern, bis ihre Augen auf Schlitze verengt waren, um sich gegen das helle Licht zu schützen. Sie keuchte nicht, suchte keinen Schatten und blieb alles in allem gelassen. In diesem Sommer nahm sie nicht die seltsame Haltung ein, die ich im Jahr zuvor bei heißem Wetter bei ihr beobachtet hatte. Dabei hockte sie sich nieder und richtete die Sprunggelenke nach hinten auf, um unter ihrem Bauch einen Durchzug zu erzeugen. Aber sie legte sich gern in die Wohnstube, wo die dicken Mauern etwas Kühle spendeten. Dort räkelte sie sich halb auf der Seite liegend und wenn ich meine Wange auf ihren kleinen Kopf legte, war er von Schweiß benetzt. Ihr Fell war jetzt viel dicker als im letzten Sommer. Vielleicht würde sie es ohne ihr Vlies angenehmer finden.

Wegen des heißen Wetters musste das Scheren unverzüglich geschehen. Die Schafe litten in ihrem dicken Pelz und es stieg die Gefahr, dass sie die Fliegenmadenfraßkrankheit bekamen. In diesem Jahr wollten wir uns fürs Scheren Hilfe holen, damit ich mehr Zeit hatte, an meinem Buch weiterzuschreiben. In unseren ersten Jahren in Carneddi war es noch ein gemeinschaftsstiftendes Ereignis gewesen. Die benachbarten Bauern hatten sich zusammengetan, um die Herde eines jeden gemeinsam zu waschen, zu scheren und zu desinfizieren und seine Lämmer mit einer Ohrmarke zu markieren und zu kastrieren. Die Schafstage waren ein angenehmer sozialer Anlass, an dem sehr viel Arbeit geschafft wurde. Die Frauen und Töchter brachten den Schafscherern Erfrischungen. Unzählige Teller mit dünn geschnittenem Brot und Butter, Salat und Dosenfleisch oder selbstgeschlachtetem Hammel, Milchreis und Rhabarberkuchen wurden verzehrt, unzählige Tassen Tee getrunken. Gekühlte Buttermilch wurde zur Erfrischung zu den Schafpferchen hinaufgebracht, wo sechs oder acht Nachbarn auf ihren Bänken saßen und mit der Handschermaschine zugange waren. Bis es dämmerte, war die ganze Arbeit getan. Der alte John Williams von unserem Nachbarhof Beudy Newydd bestimmte in unserem Distrikt offenbar die Schurreihenfolge. Niemand begann mit der Heuernte, bevor nicht alle Schafe geschoren waren. Aber mit John Williams' Tod und dem Aufkommen des maschinellen Scherens löste sich die alte Ordnung allmählich auf. Die Höfe wurden weniger, die Bauernhäuser in Ferienhäuser umgewandelt und das Ackerland verkam zur dürftigen Weide. Die einstigen Bewohner starben oder zogen weg und die Jüngeren wollten meist nicht mehr die Nachfolge übernehmen. Wenn heute noch jemand seinem Nachbarn half, dann üblicherweise gegen Geld. Wir bedauerten sehr, dass die alte Gemeinschaft verschwand.

Einige Jahre hatten Paul und ich das Scheren unter uns aufgeteilt und uns nur für das Eintreiben der Schafe bei Clogwyn Hilfe geholt. Hier bestand das Land aus wilden Hügeln und Tälern, Bäumen und Farn und zu zweit war es unmöglich, alle Schafe einzutreiben, egal wie gut die Hunde waren – und nach dem Tod von Ruff und Del hatten wir ohnehin keine besonders guten Hunde mehr. Das Scheren hatte sich manchmal über Tage gezogen und obwohl wir es immer noch gern machten, hatte die Arbeit ein wenig von ihrem alten Charme verloren.

In diesem Jahr versprach Arthur, uns bei der Arbeit zu helfen. Wir kannten ihn seit einunddreißig Jahren, seit wir in Carneddi lebten. Er hatte auf Cwm Caeth gewohnt, einem kleinen Gehöft hinter dem Dorf Nantmor, und uns schon in den alten Schafstagen geholfen. Als sein Vater starb und der Hof verkauft wurde, zog er ein paar Kilometer weiter, um auf einem anderen Hof zu arbeiten. Später nahm er eine Stelle bei der Kreisverwaltung an, aber seinen Urlaub und viele Wochenenden verbrachte er mit Arbeit mit Schafen im gesamten Distrikt. Er war ein wunderbarer Schafhirte. Es war ein Vergnügen, ihn mit seinem Hund zu beobachten und die vielseitige Sprache seines Pfeifens zu hören, in das er dann und wann einen schrillen Ruf als Befehl einstreute. Arthur war ein großer Mann mit kräftigen, gebeugten Schultern, einem roten Wuschelkopf und einem schnellen, leicht galoppierenden Schritt über die Hügel. Er besaß eine große Prise jenes besonderen walisischen Humors, der auf fast jede Frage eine schlagfertige, witzige Antwort parat hat. Ich hatte ihm schon eine Zeitlang damit gedroht, dass es seine Aufgabe sein würde, das Lama zu scheren, aber er hatte immer nur gelacht.

Wir trieben die Schafe von Clogwyn am frühen Morgen ein, bevor die Hitze den Tag eingenommen hatte. Später wäre es unmöglich gewesen, sie noch aus dem Schatten zu bewegen. Dann schoren Arthur, sein Sohn und Paul sie mit der Maschine, während ich ein paar Tiere mit der Hand bearbeitete. Ich mochte das Scheren mit der Maschine nicht. Es kam mir immer furchtbar anstrengend vor, wahrscheinlich weil ich es nicht voll und ganz beherrschte. Die Maschine ratterte rasend dahin und gönnte einem keine Ruhepause für den schmerzenden Rücken. Ich kam zwar einigermaßen damit zurecht, aber wenn jemand anders die Maschine benutzen wollte, ließ ich ihm gern den Vortritt.

Zu Zeiten des Handscherens hatten wir die Arbeit in Arlas verrichtet, auf einem kleinen Feld neben unseren Schafgehegen. Für das Scheren mit der Maschine musste in der Nähe eine Stromzufuhr sein. Daher richteten wir nun jedes Jahr eine Ecke im Geräteschuppen ein, den wir vor einiger Zeit als Garage und Lagerraum gebaut hatten. Das war sehr praktisch.

Wir setzten ein Gehege für fünfzig oder sechzig Schafe auf Spaltenboden in eine Nische, stellten in die nächstliegende Nische zwei Maschinen und eine Handschere und legten in einer dritten eine Plane aus, auf der wir die Wolle sammelten. Dann richteten wir einen Treibgang von Arlas bis zum Geräteschuppen ein, um die Schafe möglichst mühelos nach unten zu holen und wieder zurückzubringen. Wenn wir die Schafe trocken einpferchten, konnten wir weiterarbeiten, selbst wenn es anfangen sollte zu regnen.

Jetzt war es sogar im Schatten des Gebäudes unerträglich heiß. Während ich schor, tropfte mein Schweiß die ganze Zeit von Nase und Kinn auf das Schaf. Meine Brille war beschlagen und ich kann mich nicht erinnern, dass mir je in meinem Leben heißer gewesen war. Für die Maschinenscherer und für J., der für zwei Wochen zu Besuch war und uns beim Einfangen der Tiere und beim Rollen der Wolle half, war es noch schlimmer.

Natürlich kam das Lama, um zu sehen, was vor sich ging.

»Du bist als Nächstes dran«, sagten wir zu ihr. In Wahrheit hatten wir an diesem Tag viel zu viel Arbeit, um uns Gedanken darüber zu machen, wie man ein Lama schert. Sie lugte durch den Maschendrahtzaun des Gatters zum Geräteschuppen und sah sich alles aufmerksam und ausführlich an. Dann drehte sie sich um, faltete ihre langen Beine ein und nahm neben den Hütehunden auf den staubigen Steinen des Hofes Platz. Die Hunde hatten sich auf einen schattigen Streifen nahe am Gebäude verkrochen, hechelten heftig und ließen die Schafe keine Sekunde aus den Augen. Das Lama saß in der blendenden Sonne und beobachtete interessiert das Treiben.

Als die erste Ladung Schafe geschoren war, brachten Paul und Arthur sie wieder über den Treibgang und am Kuhstall vorbei zu ihrem Pferch. Wir hatten ein paar Hindernisse aus dem Treibgang genommen, weil wir sie für etwas anderes brauchten, weshalb es nun eine Lücke in der Anlage gab, in die J. und ich uns stellten, um die Schafe abzuhalten. Das Lama stand auf und stellte sich zu uns. Dann warteten wir, bis der nächste Wolltrupp herabgetrieben wurde. Das war ein heikler Moment. Die geschorenen Schafe rannten freiwillig zu ihrem Pferch zurück, aber die neuen hatten meistens Angst, ins Gebäude zu gehen, und nutzten jede Gelegenheit zu entwischen. Wachsam warteten wir auf ihre Ankunft. Ohne den Hauch eines Schattens hämmerte die Sonne auf unsere Köpfe nieder, dass wir uns vorkamen wie im Schmelzofen, um anschließend noch von den glühenden Steinen im Hof auf uns zurückzustrahlen. Wir waren geblendet von den hellen Oberflächen und selbst das Gras glitzerte im Sonnenschein. Die Hitze war überwältigend.

Offenbar gab es an den Gehegen irgendeine Verzögerung. Wir standen und standen und die Minuten verrannen. Das Lama wurde müde und setzte sich wieder hin, in die Mitte zwischen J. und mir, sodass wir uns auf einer Linie befanden und auf den Treibgang blickten. Es sah aus, als hätte sie sich absichtlich dorthin gesetzt. Wir fragten uns, was sie wohl machen würde, wenn die Schafe den Treibgang heruntergerannt kamen. Dann hörten wir sie. Schon kamen sie um die Ecke gesaust und waren auf unserer Höhe. J. und ich standen bereit, um sie zurückzudrängen, und Um schien ebenfalls darauf gefasst zu sein. Sie stand zwar nicht auf, aber als die Schafe an uns vorbeiströmten und beim Anblick des Gatters vor dem Gebäude stockten, schon halb wieder umdrehten, um an uns vorbei aus dem Treibgang auszubrechen, reckte sie ihnen den Hals entgegen, nickte mit dem Kopf und zog eine Fratze. Wie J., ich und das böse dreinblickende Lama dort drohend in einer Linie standen und die Lücke füllten, überlegten sie es sich doch anders und trippelten weiter, bis sie als ein großes Bündel auf den Latten im Schuppen standen, während Paul herbeirannte und das Gatter hinter ihnen schloss.

»Was für ein großartiges Hütelama!«, sagte ich zu J.

Da konnte er mir nur zustimmen. Es war fast unheimlich, wie genau das Lama verstanden hatte, was zu tun war, und uns so gut sie konnte half.

Die Verzögerung am Gehege kam zustande, weil ein Schaf gestorben war. Eins der frisch geschorenen Tiere war von Krämpfen geschüttelt worden und binnen Sekunden verendet. Das konnte eigentlich nur ein Hitzschlag gewesen sein.

Zwei Tage später machten wir uns daran, die Herde von Carneddi zu scheren. Es war immer noch genauso heiß und wieder gingen die Eintreiber frühmorgens auf den Berg, bevor die Hitze den Schafen jede Bewegung vergällte. Diese Herde umfasste weniger Tiere und diesmal kam nur Arthur zum Helfen mit. Recht früh am Nachmittag waren wir fertig und ließen uns dankbar in die Liegestühle im schattigen Garten von Carneddi fallen, tranken Tee und erholten uns von Hitze und Arbeit.

»Wollen wir noch das Lama scheren?«, fragte ich.

Plötzlich schien mir der Zeitpunkt gelegen, diese Aufgabe anzugehen. Ich fand es unangebracht, Ñusta in ihrem flauschigen Gewand in der Sonne schmoren zu lassen, während alle Schafe geschoren waren, sodass sie es in ihrem Unterkleid wieder etwas kühler hatten und mehr Bewegungsfreiheit genossen. Arthur war ein exzellenter Schafscherer und würde die Sache wahrscheinlich besser hinkriegen als Paul oder ich. Von Mr Bell hatten wir noch nichts gehört, aber seine Erfahrungen bei der Lamaschur würden uns vermutlich auch nicht viel nützen, da wir nicht vorhatten, Ñusta die Beine zusammenzubinden.

»Ich kann's versuchen«, sagte Arthur. »Am besten mit der Handschere. Mit der Maschine komme ich vielleicht zu nah an die Haut.«

Paul fand den Zeitpunkt auch passend. Er, Arthur, J. und Becky desinfizierten noch die frischgeschorenen Schafe, während ich die Lamaschur vorbereitete. Als die letzte Tasse Tee getrunken war, machten wir uns rasch an die Arbeit. Ich ging hinunter nach Tŷ Mawr, um Bürste und Halsband sowie einen Behälter für das Vlies zu holen. Ein historischer Augenblick stand uns bevor. Ñusta galoppierte mit mir über die Felsen, gefolgt von Mr Widdle, und wir gingen ins Haus. In der Küche legte ich eine Handvoll Ponywürfel in ihre Schüssel.

»Komm, nimm dir ein paar, damit du genug Kraft hast, Tootie«, sagte ich zu ihr. »Gleich wirst du geschoren.«

Ich holte ihre Bürste und ihr Halsband. Die Leine fand ich nicht, aber die würden wir wohl auch nicht brauchen. Wo konnte ich die Wolle hineintun? Saubere Säcke hatten wir leider keine mehr und ich wollte die Fasern nicht irgendwo reinlegen, wo sie dreckig werden konnten. Deshalb holte ich ein paar saubere Kissenbezüge und sah mich dann noch nach einer passenden Belohnung um. Bei der Hitze würden Ñustas Malteser schmelzen und ungenießbar werden, aber in der Keksdose fand ich eine Packung Kekse mit Schokoladenstücken. Nun hatte ich alles zusammen, was wir für unsere Lamaschur brauchten.

Anschließend gingen wir wieder hinauf nach Carneddi, Ñusta in würdevollem Schritt ein paar Meter hinter mir, Mr Widdle im Schlepptau.

Da das Desinfizieren noch andauerte, machte ich mich daran, die Schurnische im Geräteschuppen zu reinigen. Mr Widdle musste draußen bleiben, aber Ñusta nahm ich mit hinein. Sie untersuchte alles genau und sah zu, wie ich die liegengebliebenen Wollreste von den Schafen aufsammelte und den Betonboden durchfegte. Dann bürstete ich sie, um möglichst viel Dreck und Heusamen aus ihrem Fell zu entfernen, und fegte den Boden ein zweites Mal. Das Lama wirkte ganz entspannt und zufrieden, offenbar genoss sie es, im Schatten und im Gebäude zu sein, anstatt nur durchs Gatter zu schauen.

Jetzt kamen Paul und die anderen aus Arias herunter. Sie waren mit dem Desinfizieren fertig, sodass wir anfangen konnten. Paul und J. machten noch ihre Kameras startklar, dann ging es los. Das Licht im Geräteschuppen war nicht mehr besonders gut, weil allmählich schon die Sonne über Moel Hebog unterging und ihr ein aufsteigender Dunstschleier entgegenkam, aber Fotos brauchten wir unbedingt, ganz gleich, wie die Lichtverhältnisse waren. Ann und John, die inzwischen aus der Schule zurück waren, wollten unbedingt zusehen. Beenie ging hinüber zum Haus, um meine Mutter zu holen, die bei diesem besonderen Ereignis natürlich auch dabei sein musste. Ohne sie hätten wir jetzt überhaupt kein Lama. Sie setzte sich auf eine alte Eierpalette in der Ecke, von wo aus sie alles gut beobachten konnte. Arthur schärfte unsere beste Handschermaschine. Das Lama sah uns allen interessiert zu.

Sie mochte Arthur gern. Er hatte eine entspannte, vertraueneinflößende Art, mit Tieren umzugehen. Als er mit der Maschine auf sie zuging, legte sie die Ohren nach vorn, um sich mit ihm zu unterhalten, aber als er sich vorbeugte und in die Fasern auf ihrer linken Schulter schnitt, drehte sie sich beleidigt weg und legte die Ohren an. Ich bot ihr einen Keks an, aber sie ließ meinen Bestechungsversuch abblitzen.

»Ich lege ihr das Halsband an«, sagte ich.

»Ja, wenn sie stillsteht, sollte es gehen«, sagte Arthur.

Ich legte ihr das Halsband um, nahm es fest in die Hand und wartete gespannt, was als Nächstes passieren würde.

»Steh mal kurz still, Tootie«, versuchte ich sie zu besänftigen. »Wir ziehen dir nur einmal den Mantel aus.«

Ann bot ihr noch einen Keks an, aber der interessierte sie nicht. Als Arthur wieder näher kam und weiterschnitt, bäumte sie sich auf. Ich hielt ihrem Druck stand, sodass Arthur weitermachen konnte. In ihrer Bedrängnis zerrte sie die Leine heftig nach hinten und hupte harsch. Ich hängte mich an sie, während Arthur fest stand wie ein Fels und unbeirrt fortfuhr. Da preschte sie nach vorn, aber ich hatte sie weiterhin entschieden im Griff. Aus dem Augenwinkel sah ich, wie Paul und J. Fotos machten und dabei jederzeit bereit waren einzugreifen. Die Kinder hoben schon die ersten Faserbüschel vom Boden auf, um sie in den sauberen Kopfkissenbezug zu stecken. Das Vlies fiel jetzt wie ein Vorhang von ihr ab. Dann gab Ñusta unvermittelt auf und fügte sich in ihr Schicksal.

»Desungeachtet sind sie schwache Tiere«, hatte Goldsmith gesagt. Sie hatte sich nicht sonderlich vehement gewehrt und ich war standhaft geblieben. Jetzt hatte sie aufgegeben. Völlig reglos stand sie da, Kopf und Hals kerzengerade aufgerichtet, die Ohren seitlich ausgefahren. Ich spürte die Anspannung in ihrem Körper, aber ihre Entrüstung war Resignation gewichen. Arthur arbeitete schnell und vorsichtig und die Wolle fiel wie ein langer struppiger Schal von ihr ab. Als sich Arthur an ihren kitzligen linken Oberschenkel machte, ließ sie sich mit den Hinterbeinen zuerst zu Boden sinken. Fast glaubte ich, ihr würde ein Stoßseufzer entfahren, der besagte: »Was soll man machen?«

»So geht es noch leichter«, sagte Arthur, setzte sich selbst hin und fuhr mit der Schur fort. Inzwischen war er am Schwanz angelangt, ihrem wunderschönen Staubwedel.

»Soll ich?«, fragte er.

Paul sagte: »Ja.«

Mit ein paar Schnipsern fielen die langen, fuchsroten Locken herab und anstelle des Staubwedels entblößte sich ein dicker, muskulöser, fuchsiger Pfeifenreiniger von etwa drei Zentimetern Länge. Dann war Arthur mit ihm fertig und konnte mit der rechten Seite beginnen. Das Lama saß jetzt nahe der Rückwand und ich zog sie nach links, damit er genug Platz zum Scheren hatte. Sie leistete keinen Widerstand und versuchte auch nicht aufzustehen. Da bemerkte ich, dass ich ihr Halsband immer noch fest im Griff hielt, und ließ ein wenig locker. Ñusta richtete ihren Hals in eine angenehmere Position auf, machte aber weiter keine Anstalten aufzustehen. Deshalb nahm ich ihr das Halsband ab. Sie blieb sitzen, nicht sonderlich glücklich, aber mit fester Würde, die ich rührend fand. Ich war aus Mitgefühl mit ihr sehr angespannt gewesen, aber jetzt freute ich mich, dass das Scheren so gut klappte und sogar schon fast geschafft war. Alles in allem war es einfacher gewesen, als wir gedacht hatten. Ich fühlte mich wie eine Mutter, deren Kind sich in einer schwierigen Situation unerwartet erwachsen verhalten hat.

Dann war Arthur fertig. Er trat einen Schritt zurück, um sich das Lama anzusehen. Die Kinder sammelten die großen Wollbüschel ein und steckten sie in einen Kissenbezug. Ñusta blieb derweil sitzen und sah wachsam und leicht angespannt zu, wobei ihr Gesichtsausdruck »Ist es vorbei?« zu fragen schien.

»Na komm, Tootie, du kannst wieder aufstehen.«

Als ich das sagte, sprang sie auf und blieb noch einen Augenblick stehen, offensichtlich verwundert darüber, wie es sich anfühlte, wolllos zu sein. Dann ging unser neues nacktes Lama in ihrer alten, gewohnt entspannten Weise auf mich zu. Der Zwischenfall, die Schur, wäre schon bald vergeben und vergessen. Arthur trimmte noch ein paar Zotteln an den Flanken, die er nicht erreicht hatte, als sie auf dem Boden lag, aber das störte sie nicht.

Ich fand, dass sie eine Belohnung verdient hatte.

»Jetzt können wir ihr doch mal einen Keks geben«, sagte ich – aber unsere Zuschauer hatten die Packung mittlerweile verputzt.

Arthur hatte sehr akkurat gearbeitet. Es war uns ein bisschen vorgekommen, als würden wir ein Weihnachtsgeschenk auspacken, bei dem man nicht weiß, was drin ist. Jetzt sahen wir das entblößte Lama, die Konturen, deren wolkiger Vorhang verschwunden war. So sah sie also aus, das schlanke, windhundförmige Tier. Ihre plüschigen kurzen Fasern waren von den Schurspuren durchsetzt, ihr langer Hals wirkte noch länger und ihr außergewöhnlicher Schwanz war ein Fragezeichen in Perfektion.

»Wir haben sie nicht verschandelt«, sagte Paul. »Sie sieht gut aus.«

Alle stimmten ihm zu. Selbst Brenda würde sich nicht über ihr verändertes Aussehen beschweren. Ja, Ñusta sah gut aus, aber eben auch anders. Die neue Silhouette war gewöhnungsbedürftig, vor allem was den Schwanz betraf. Es war der ungewöhnlichste Schwanz, den wir je gesehen hatten. Wenn sie ihn einzog, was selten vorkam, saß er passgenau zwischen ihren Beckenknochen wie ein Deckel auf einem Kasten. Beim Laufen wiederum glich er einem nach hinten weisenden Fragezeichen, das weit über dem Rücken thronte wie ein kleines, ungenügendes Gegengewicht zu dem langen Hals am anderen Körperende. Begegnete sie einem Freund oder bekam einen Malteser, ging der Schwanz langsam nach oben und drehte sich dann ein, um einen kleinen Tassengriff über dem Rücken zu formen. Beim Grasen oder wenn Fliegen sie umschwirrten, streckte sie ihn vom Körper weg und hielt ihn leicht nach unten gebogen, um ihn flink von einer Seite zur anderen zu schlagen. Er war der ganzen Länge nach stark und beweglich und sie konnte wie eine Katze auch ausschließlich die Spitze bewegen. Wenn sie saß, berührte er gerade so den Boden, wie ein überlanger Finger, der mit der Spitze auftippt.

Am Abend wogen wir unsere Ernte an Lamafasern. Es waren gut anderthalb Kilo. Vielleicht weniger, als wir erwartet hatten, aber doch mehr als ein gefüllter Kopfkissenbezug. Es kam uns komisch vor, so viele Fasern auf einem Haufen zu sehen, die jetzt nicht mehr an unserem Lama hingen. Arthur hatte ihr das Fell bis auf etwa zwei Zentimeter gestutzt, sodass sie hoffentlich keine Verkühlung oder Koliken davontrug.

Ein paar Tage später rief uns unser Freund Professor Allen an, der uns gern besuchen wollte. Mit Interesse hörte er, dass wir das Lama gerade geschoren hatten, und lachte über ihren außergewöhnlichen Schwanz. Ich erzählte ihm, dass wir uns gefragt hatten, wie wohl ihre Schwanzform genau aussah, bevor wir die fuchsroten langen Haare abknipsten.

»Das hättet ihr euch auch vor dem Scheren denken können«, sagte er.

»Wie das?«, fragte ich.

»Es ist weithin bekannt«, sagte Professor Allen, »dass die meisten Forschungsgegenstände mit einem großen Fragezeichen enden.«

19

Ein heißer Sommer

Es dauerte einige Zeit, bis wir uns an die stromlinienförmige neue Erscheinung unseres Lamas gewöhnt hatten. Die Kinder konnten sie nicht mehr »FluffybUM« rufen, denn flauschig war sie wahrlich nicht mehr, und sie hatte auch etwas an Schönheit eingebüßt, aber sie sah immer noch adrett, elegant und ungewöhnlich aus. Ohne ihre flaumige Hülle konnte man aber ihre Anatomie besser erkennen. Die schmale Wespentaille stand jetzt in deutlichem Kontrast zu ihrem tiefen Brust- und Rippenkorb, der ihre höhenspezialisierten Superlungen beherbergte. An ihrem Widerrist war nicht der leiseste Hinweis auf Schulterblätter zu spüren; anscheinend waren sie unter der Verbindung zu ihren kräftigen Nackenmuskeln verborgen. Auch die Hüftknochen waren kaum zu ertasten. Und was ihr bloßgelegter Schwanz alles anstellte, fanden wir immer noch faszinierend.

Bei dem herrlichen trockenen Sommerwetter schlief Um jede Nacht im Freien. Am Morgen saß sie meist auf den Schieferplatten vor unserem Haus, wo sie in aller Ruhe wartete, bis die Familie aufwachte, sie hineinließ und fütterte. Tagsüber lief sie geschäftig über den Hof, nahm aus ihrer Lamaperspektive das Geschehen unter die Lupe und machte mit, wo sie nur konnte. Auch hielt sie immer nach mir Ausschau, wenn ich mit dem Auto unterwegs war. Sie vernahm das Motorgeräusch lange vor allen anderen. Meist sah ich, wenn ich den Hügel hinauffuhr, über der anderthalb Meter hohen Mauer, die über den Kamm des Bergsporns führte, ein schmales weißes Gesicht mit dunklen Augen und langen Ohren, das wissbegierig hinüberlugte. Nach einem langen Blick verschwand das Gesicht und ich wusste, dass Um die andere Seite der Mauer entlangwetzte, um im selben Moment wie ich das Gatter zum Hof zu erreichen. Wenn ich vor der Garage anhielt, kamen ein Kopf und ein überlanger Hals zum Fenster herein und das Lama hupte mir einen aufgeregten Willkommensgruß zu. Meist hatte ich etwas Kraftfutter im Handschuhfach als Belohnung für das treue Tier.

Am Abend kam Um wie gewohnt gern ins Haus, um eine Kleinigkeit zu sich zu nehmen und sich anschließend zu uns in die Wohnstube zu setzen. Nachdem sie einmal das Zimmer durchschritten und inspiziert und jede Person einige Sekunden lang begutachtet hatte, klappte sie sich ein und nahm mit einem leise dumpfen Plumps auf der Matte Platz.

Sie war jetzt ein ziemlich großes Tier, aber im Sitzen nahm sie überraschend wenig Raum ein. Nur wenn sie ihren Hals auf dem Boden ausstreckte, brauchte sie mehr Platz. Eines Abends holte Paul sein Drei-Meter-Maß heraus und stellte fest, dass sie von Nase bis Schwanzspitze gut 2,10 Meter, aber in der Breite lediglich 45 Zentimeter maß. Manchmal sank sie in dieser Position in tiefen Schlaf. Im Gegensatz zu den Ponys schlief sie nie mit dem Gesicht auf dem Boden. Das lag vermutlich daran, dass ihre großen Augen so weit aus den Augenhöhlen ragten und dadurch sehr verletzlich waren. Manchmal träumte sie offenbar auch. Dann zuckten ihre langen Ohren, ihre Nüstern blähten sich auf und die beweglichen Lippen bebten. Ihre Atmung beschleunigte sich, sie machte schnaubende Geräusche und blähte die Backen auf. Ein-, zweimal machte sie auch ein seltsam kratzendes Geräusch, das wir nie gehört hatten, wenn sie wach war. Es hörte sich an, als würde ein Stuhl hastig über Fliesen gezogen, ein unangenehmes Geräusch, das irgendwie verzweifelt klang. Wir fragten uns, was sie in diesem Moment wohl träumte. Wenn sie schlief, schloss sie nie ganz die Augen. Ihre dicken Wimpern verhüllten den Augapfel zwar zum großen Teil, aber darunter glänzte immer noch ein kleiner, blanker Halbmond.

Bevor wir schlafen gingen, brachte Paul das Lama bei mildem Wetter nach draußen oder, wenn es zu feucht war, in den Stall. Vorher kniete ich mich noch kurz neben sie und unterhielt mich mit ihr. Normalerweise mochte sie es nicht, wenn jemand ihren Kopf berührte, aber während unserer abendlichen Unterhaltung konnte sie sehr zärtlich sein. Fest rieb sie ihr Gesicht an meinem Pullover auf und ab und flüsterte *mmm*. Sie erlaubte mir, meine Wange an das weiche Fell an ihrem Kopf zu drücken und den köstlichen Duft eines sauberen, warmen Lamas einzuatmen. Wenn ich unter den Augen entlangrieb, fand ich manchmal eine Stelle, an der sie kitzlig war, was sie in Verzückung versetzte. Dann ließ sie ihren Kopf auf meinen Schoß sinken und wand sich vor Vergnügen mit zuckenden Ohren und bebenden Lippen. Manchmal schien sie in eine Art Trance zu verfallen, in der sie heftig atmete und ihre Umgebung vergaß.

»Lamas lassen sich offenbar leicht hypnotisieren«, sagte Paul, als er Um einmal in Trance beobachtete.

In jedem Fall war es eine außergewöhnliche Situation, wie ich da auf dem Boden kniete und sich ein Lamakopf auf meinem Schoß wand, während das Tier mit leerem Blick und flackernden Augen schnaufte. Wenn Um aus ihrer Trance zurückkam, wirkte sie immer etwas benebelt, setzte sich aufrecht hin und sah mit leicht angegriffener Miene um sich, als müsste sie sich erst mal wieder orientieren.

»Was für ein seltsames Tier!«, sagten Paul und ich im Chor.

Es überraschte mich immer, dass ein sonst so wachsames

Tier so tief schlafen konnte. Die scharfen Augen und die leistungsstarken riesigen Ohren legten nahe, dass Lamas ihre Feinde auf weite Entfernungen erkennen müssen. Ich hätte gern mehr über das Herdenverhalten der Lamas in Peru erfahren. Denn ich fragte mich oft, welche Verhaltensmuster nur typisch für Ñusta waren und welche alle Lamas an den Tag legten.

Wenn sie so tief schlief, konnte ich mir Dinge erlauben, die sie im wachen Zustand niemals zugelassen hätte. Ich ging auf alle viere und drückte vorsichtig ihre zuckenden Lippen nach oben, um die Vorderzähne zu begutachten. Sie schlief weiter, ungeachtet meiner Untersuchung. Ich fand ihre Zähne höchst interessant. Als sie mit nicht einmal sechs Monaten zu uns gekommen war, hatte sie vier Schneidezähne im Unterkiefer gehabt. Sie waren lang, kräftig und farblos. Nach einigen Monaten stellte ich fest, dass noch zwei weitere Zähne gekommen waren, kleine dreieckige Eckzähne. Tiefer in ihr Maul konnte ich nicht schauen, um mir ihre Backenzähne anzusehen, aber sie klangen sehr kräftig, wenn sie ihre Steckrüben und Möhren malmte. Als sie ein Jahr alt wurde, erwarteten wir, dass sie wie die Schafe die beiden mittleren Schneidezähne verlieren und dafür zwei bleibende Zähne bekommen würde. Aber nichts geschah, außer dass die Zähne länger und kräftiger wurden und sich wie bei einem alten Pferd nach vorn neigten. Erst im Dezember 1976 fiel mir eine Veränderung auf. Da war sie schon fast zweieinhalb Jahre alt. Als sie einmal abends eingeschlafen war, untersuchte ich ihre Zähne und sah zu beiden Seiten der mittleren zwei Zähne eine Lücke. Bei näherem Hinsehen erkannte ich, dass zwei neue Zähne schräg zwischen dem ersten und zweiten Schneidezahnpaar durch das Zahnfleisch drückten. Dadurch waren die anderen Zähne auseinandergeschoben worden. Im Laufe der nächsten Wochen beobachteten wir, wie die neuen Zähne langsam durchbrachen. Sie stellten sich leicht vor das zweite Schneidezahnpaar und standen hinter dem mittleren Paar, das sich zumindest bis jetzt noch nicht gelockert hatte.

Einen Teil des Tages verbrachte Um – man kann es nicht anders nennen – mit Zahnpflege. Dazu schob sie die vordere Außenfläche ihrer Zähne über eine glatte, harte Oberfläche. Immer vor und zurück. Wenn sie dafür den eisernen Dreifuß am Kamin benutzte, machte das ein sehr seltsames Geräusch. Manchmal nahm sie auch die Kante ihres Wellkartons, in dem ihre Spielzeuge lagen, oder wenn sie gerade draußen war, auch einen Maschendrahtzaun. Als ihre neuen Zähne kamen, rieb sie sie gern an der Fensterscheibe. Das gefiel uns gar nicht, weil sie dabei immer einige ziselierte Linien ins Glas kratzte, die wir nicht mehr wegbekamen. Leider ließ sie sich durch nichts davon abbringen. Wir hätten das Haus abzäunen können – oder wir ließen sie herein, aber irgendwann fanden wir uns einfach damit ab, dass sie uns die Fenster zerkratzte. Wenn wir von drinnen herausschauten, sah es sehr lustig aus, wie das Lama am Fenster stand und seine Lippen auf das Glas drückte, um sich die Zähne zu schubbern. Auch fanden wir, dass ihre ins Fenster geritzten Linien eine reizvolle Art waren, sich zu verewigen.

Den ganzen Sommer über war der Himmel wolkenlos und die Sonne schien. Die enorme Hitze ließ im Juli etwas nach, aber es war immer noch extrem heiß. In manchen Landesteilen war schon von Dürre die Rede, aber unsere Felder waren noch grün und unsere Quelle floss.

Im Juli nahmen Ann, Penny und Amanda an ihrem ersten Reitturnier teil. Weder die Kinder noch die Ponys hatten bis dahin an einem richtigen Turnier teilgenommen, weshalb das Einzige, was wir uns erhoffen konnten, ein wenig Erfahrung war. In den zwei Sommern zuvor hatten die vier Kinder kleine Wettbewerbe auf dem Hof veranstaltet und waren auf jungen, unerfahrenen Ponys gegeneinander geritten, was überraschend professionell aussah, aber dass sie auf dem Turnier etwas gewinnen würden, hätte ich nicht gedacht. Sie kamen mit gleich mehreren Rosetten heim, Amanda und Penny mit einem ersten Platz und Ann knapp dahinter. Beim nächsten Turnier waren sie sogar noch erfolgreicher. Ann gewann das Mini-Springreiten auf ihrem geliebten Dolmen. Jetzt hatten Kinder und Eltern Feuer gefangen. Paul und ich genossen es sehr, die Kinder und Ponys zu den Turnieren zu fahren, und nahmen begeistert an der ganzen Aufregung teil. Wir freuten uns, dass unsere Ponyzucht, mit der wir vor so langer Zeit begonnen hatten, jetzt bei allen für so viel Vergnügen sorgte. Wir mussten nur aufpassen, dass wir die Arbeit auf dem Hof nicht zu sehr vernachlässigten, weil es gerade an der Zeit war, das Heu und die Silage einzufahren.

Nach dem trockenen Frühling war das Getreide ziemlich leicht und das Heumachen einfach. Tag für Tag brannte die Sonne auf uns nieder und wir mussten mit dem grünen Gras zum Silo rennen, damit es nicht vor unseren Augen zu Heu wurde. Les, Pauls Freund aus dem Krieg in Burma, der auch den Boys' Club geleitet hatte, war nach Australien ausgewandert, aber sein Nachfolger Mick Brown kam mit den Jungs weiterhin ins Zeltlager nach Clogwyn, zusammen mit Julian und Schülern der Peers School. In diesem Jahr hatten wir eine hübsche Zahl williger Helfer, um die Silage zu transportieren und festzutreten. Ein oder zwei von ihnen kamen während ihres Bergurlaubs in den Genuss einer neuen Erfahrung: Sie wurden vom Lama angespuckt. Wie schon im Jahr zuvor waltete Um mit Begeisterung und Vergnügen über unser Tun und einige der jungen Großstadtbewohner konnten nicht an sich halten, sie zu streicheln. Mit unangenehmen Folgen. Um machte ihnen unmissverständlich klar, dass sie ihr Verhalten nicht duldete. Aber die Jungs lernten schnell.

Das Zeltlager war zu Ende, bevor wir mit dem Heumachen fertig waren, aber Miles kam für zwei Wochen zu uns und rackerte emsig in der sengenden Sonne. Dafür waren wir ihm sehr dankbar. Inzwischen war es wieder so heiß, dass uns jede Tätigkeit Mühe bereitete. Meine Multiple Sklerose wurde durch die Hitze offenbar schlimmer, ich fühlte mich krank und brauchte für alle Arbeiten länger.

Wir hatten uns einen alten Heuwender geliehen, der vor allem aufgrund einiger fehlender Teile nicht besonders gut funktionierte, aber uns trotzdem die Arbeit erleichterte. Damit konnten wir in einem viel größeren Areal Heu machen. Obwohl das Heumachen auf unseren unförmig schmalen, steilen Feldern nach wie vor sehr arbeitsintensiv war, waren wir wegen der stetig steigenden Futterpreise für jeden Halm dankbar. Die Kinder halfen uns in diesem Sommer allerdings nicht viel. Die Hitze machte sie träge und sie verbrachten die meiste Zeit im Fluss.

Mitte August war alles Heu eingefahren. Wir hatten die Wiesen bis auf den letzten mähbaren Grashalm geschnitten und der Kuhstall war randvoll. Einige Ladungen Heu hatten wir nach Tŷ Mawr gebracht, wo wir sie auch gut gebrauchen konnten, und die Qualität war wunderbar, graugrün und duftend, ohne einen einzigen Tropfen Regen. Ein älterer Bauer meinte, es sei dumm von uns, das Gras abzumähen, wenn der Boden so trocken war. Dann würde uns im Herbst die Nacherte fehlen, um die Tiere damit zu füttern. Das war gut möglich, aber unser Eindruck war, dass das Gras vor unseren Augen verwelkte und wir es besser abschnitten und in die Scheune brachten, solange es noch etwas Saft hatte.

Die Berge wurden unentwegt von der Sonne beschienen. Inzwischen hatten wir alle schon einen mediterranen Teint. Im Garten gedieh der Zuckermais und in unserem Treibhaus wuchsen Tomaten und Gurken in Fülle. Nur lag ein Schatten über dem grandiosen Wetter; schon bald würde das Wasser knapp werden. Auch Nordwales, das noch so lange Zeit grün geblieben war, während der Rest des Landes schon unter Dürre litt, trocknete nun aus. In den Wäldern nahmen einige Bäume vorzeitig herbstliche Farben an. Die flachwurzelnden Birken schlugen als Erste um und bekamen goldene Blätter. Einige Eichen, die auf dem Fels wuchsen, wurden braun. Der Boden war staubig und rissig. Sümpfe und Wintermatsch waren nur mehr eine ferne Erinnerung.

Ein Tier, dem das Wetter gefiel, war Um. Sie suhlte sich im Sonnenlicht und fand es ohne ihren Vlies noch angenehmer. Sie fraß gern das welke, verdorrte Gras und liebte den Staub. Wenn sie eine Stelle fand, die richtig schön staubig war, ließ sie sich fallen und wälzte sich immer wieder hin und her, wobei ihre stockdünnen Beine wild in die Luft schlugen. Wenn sie aufstand, war ihr schönes pfirsichweiches Fell voller Dreck und Staub.

Wir wussten nichts darüber, welche Bedeutung Staubbäder für Lamas hatten. Vielleicht erfüllten sie denselben Zweck wie bei Hühnern: externe Parasiten in Schach zu halten. Lamas waren angeblich sehr anfällig für Parasiten, doch soweit ich es beurteilen konnte, hatte Ñusta noch keine gehabt. Ponys wälzen sich auch häufig auf dem Boden, tun es aber an jedem beliebigen Ort. Sie suchen sich keinen besonders staubigen Platz dafür aus, auch keinen Asche- oder Sägemehlhaufen, wie es das Lama gern tat. Vermutlich regt das Wälzen bei den Ponys den Kreislauf an und hat nichts mit Parasiten zu tun.

Einmal nahmen wir Um mit auf einen Geburtstagstee in

Clogwyn, wo ein paar Freunde von uns Urlaub machten. Bevor wir losgingen, bürstete ich sie noch rasch ab, um sie für die Feier schön zu machen. Fröhlich stolzierte sie neben uns her und freute sich über den Ausflug. Unser Weg führte über ein Feld, auf dem Julian und seine Schüler ein paar Wochen zuvor den Farn zurückgeschnitten hatten. Als sie fertig waren, hatten sie ihn aufeinandergetürmt und verbrannt. Jetzt war nur noch ein großer grauer Aschehaufen übrig. Wir sahen ihn im Vorübergehen. Als ich mich umwandte, um zu sehen, ob Um noch hinter uns war, stellte ich fest, dass sie ihn auch gesehen hatte. Eine große Staubwolke stob in die stille nachmittägliche Luft und mitten in der Wolke sah man wild um sich schlagende Beine. Als Ñusta schließlich mit zufriedener Miene aus dem Staubsturm herauskam, war sie unkenntlich grau und unberührbar. Auf dieser Feier war ich nicht stolz auf mein Lama.

Sägemehl mochte Um auch gern. Am liebsten fraß sie die langen, lockigen Sägespäne, die aus Pauls Hobel flogen, und sie hatte ihm immer schnell die Werkstatt gesäubert. Im Sägemehl hingegen zog sie es vor, sich zu wälzen.

Nachdem Paul mit der Kettensäge eine Lage Holzklötze geschnitten hatte, blieb oft ein großer Haufen Sägemehl für sie übrig. Sowie sie ihn sah, wälzte sie sich darin. Obwohl sie ein so reinliches und in vielen Dingen penibles Tier war, schien es ihr nichts auszumachen, sich von oben bis unten dreckig zu machen. Das Sägemehl blieb an ihren feinen, trockenen Fasern haften und ließ sich nur schwer ausbürsten. Wir hätten gedacht, dass ihr die Kettensäge Angst machte, aber dem war nicht so. Dem Auto zollte sie, wenn der Motor lief, Respekt, während der ohrenbetäubende Lärm der Säge sie anlockte. Vielleicht gefiel ihr die Sägemehlfontäne, die sie versprühte. Jedenfalls war sie immer sehr aufgeregt, wenn die Kettensäge lief. War sie in der Nähe, kam sie zu uns, sobald der Motor ansprang, um mitzumischen, als wollte sie uns sagen: »Oh, wie toll! Schaut doch mal, das ganze Sägemehl! Warum fliegt das denn in die Luft? Das hol ich mir!« Paul musste bei der Arbeit mit der Kettensäge sehr vorsichtig sein, damit kein Unfall passierte. Wenn er fertig war, wälzte sich das Lama im Sägemehl und ließ sich manchmal noch darin nieder, um ein bisschen wiederzukäuen.

In diesem Sommer sägten wir nur wenig Holz; die meiste Arbeit machte uns das Einholen des Winterfutters. Kurz bevor wir mit dem Heumachen fertig waren, war Ñustas zweiter Geburtstag. Unter der prallen Sonne und mit den Heuladungen vor der Brust wollte ich ungern viel Zeit darauf verwenden, eine Geburtstagsfeier für das Lama zu organisieren. Andererseits wären Ann und John enttäuscht gewesen, wäre der Tag ganz ohne Feierlichkeiten abgelaufen. Und wie bei ihrem ersten Geburtstag fanden wir alle, dass es etwas zu feiern gab. Unser großes, fast ausgewachsenes Lama hatte sich endgültig als Mitbewohnerin auf unserem Hof eingelebt und besaß keine Ähnlichkeit mehr mit dem dürren Fremdling, der achtzehn Monate vorher zu uns gekommen war.

Ich backte also rasch einen einfachen Kuchen, setzte zwei Kerzen drauf und bastelte noch flott eine Girlande aus Hortensien, die im Vergleich zum Vorjahr etwas abgerissen aussah. Grandma steuerte wieder ein gern genommenes Bund Speiseerbsen bei, John ein Paket gesalzener Erdnüsse, Beenie Schokoladenkekse und Ann eine Dose Coca-Cola. Diesmal wussten wir genau, was Lamas mögen. Ñustas Vorliebe für Coca-Cola hatten wir erst vor Kurzem entdeckt. Die meisten Getränke, außer Wasser (und Kirschlikör), ließ sie unangetastet, aber Coca-Cola liebte sie. Sie schlürfte sie mit großem Genuss aus der Dose oder dem Glas. Wir wussten nicht, warum sie sie so gern trank, da sie süße Fruchtgetränke normalerweise stehen ließ. Vielleicht lag es daran, dass die Kokapflanze, aus der auch Kokain hergestellt wird, aus Südamerika kommt.

Morgens schufteten wir noch im Heu und der Geburtstagstee in Tŷ Mawr sollte rasch über die Bühne gehen. Mum kam zu uns herunter, Helen und Brenda aus Nantmor herauf. Da gerade Freunde von uns auf dem Hof zelteten, waren sie natürlich auch eingeladen. Dann riefen noch ein paar andere Freunde an, sodass am Ende etwa vierzehn Personen an der Feier teilnahmen. Was eigentlich nur eine symbolische Geste sein sollte, wurde bald zu einem ausufernden Fest. Und nachdem alle wieder gegangen waren, gelang es uns sogar, noch ein paar Ladungen Heu wegzuschaffen.

Inzwischen war unsere Wasserversorgung dürftig. Carneddi und Tŷ Mawr bekommen ihr Wasser von einer Quelle auf dem Hügel, der hundert Meter über Carneddi liegt. Als wir den Hof kauften, wurde uns gesagt, die Quelle sei noch nie versiegt. Selbst in mittelschweren Dürrezeiten floss ein kristallklares Rinnsal den Hang hinab in eine Wanne, von der wir in der Anfangszeit unser Wasser in Eimern ins Haus trugen. Später hatten wir dann einen 5000-Liter-Tank direkt unterhalb des Hauses. Dass das Wasser so stetig rann, verwunderte uns, da uns das Einzugsgebiet doch sehr klein vorkam. Mein Vater hatte klugerweise dafür gesorgt, dass an der Quelle nichts verändert wurde. Wir hatten schon Geschichten gehört, wo Leute versucht hatten, ihre Brunnen und Quellen umzubauen, um mehr Wasser zu bekommen, was dazu geführt hatte, dass gar kein Wasser mehr floss. Deshalb ließen wir unsere Quelle unangetastet und legten lediglich ein Überlaufrohr, das in den Vorratstank führte. Sie blieb also genau so, wie sie vor langer Zeit gebaut worden war, als Nische im Hügel mit einem kleinen Becken mit tiefem dunklem Wasser, über dem eine

Schieferplatte lag. Sie war inzwischen so sehr von Farn und Moos überwachsen, dass von der ursprünglichen Konstruktion nichts mehr zu sehen war.

In dem langen, heißen Sommer 1959 versiegte unsere prächtige Quelle allerdings doch und wir waren etwa zwei Wochen ohne Wasser für den Haushalt, bis auf das, was Paul mit dem Trecker aus dem Dorf heraufbrachte. Jetzt fürchteten wir, uns könnte wieder dasselbe passieren.

Abgesehen von der Wasserversorgung war die Lage der Höfe in jeder Hinsicht vorteilhaft. Sie wurden vom frühen Morgen bis zur Abenddämmerung von der Sonne beschienen und wir genossen einen weiten Blick über Berge, Täler, Wälder und Meer. Unser Stück Land befindet sich oberhalb der Gebiete, die von Tiefnebel, Frost und Überschwemmungen betroffen sind, aber da es am Bergsporn liegt, gibt es keine größeren Wasserläufe. Das ist meistens kein Problem. Bei uns herrscht ein Regenmantel-Gummistiefel-Klima vor und wir haben 230 Zentimeter Regen im Jahr. Nur in diesem Jahr wären wir doch froh darum gewesen, einen Fluss in der Nähe zu haben.

Als der Zufluss zum Vorratstank nur noch aus einem Tröpfeln bestand, hörten wir auf zu baden und spülten die Toilette nur noch mit dem Abwasser aus der Waschmaschine. Jeder Tropfen Wasser, den wir erübrigen konnten, ging in den Garten. Tausende Familien im ganzen Land machten es so, aber wir wussten, wenn unsere Wasserversorgung ausfiel, würde die Gemeinde nichts unternehmen, um uns zu helfen.

Schließlich rann der letzte Tropfen in unseren Vorratstank. Jetzt hatten wir nur noch etwa 3600 Liter Wasser, bis der nächste Regen kam. Unser erfindungsreicher Paul ließ sich davon aber nicht schrecken. Im Wassergraben am Cae Isaf, unserem tiefstgelegenen Feld am Hauptgatter, floss noch ein

winziges Rinnsal. Paul stellte eine alte Badewanne in die Fluss-
sohle unterhalb des Grabens, in die normalerweise ein kleiner
Wasserfall schoss, und führte das Rinnsal mithilfe eines Stücks
Regenrinne in die Wanne. Die war bald voll mit funkelndem
und vermutlich verschmutztem Wasser, aber gerade erschien
uns jeder Tropfen wie ein Segen. Wir tränkten damit die Ponys
auf den Feldern von Tŷ Mawr, wo alle Wassergräben ausge-
trocknet waren, und jeden Tag kamen die Kinder mit neun
Ponys, um sie aus der Wanne trinken zu lassen. Die Rinder
hatten wir schon mit Ausnahme der Milchkühe und der kleinen Kälber nach Clogwyn gebracht, wo noch Wasser durch
das Rinnsal floss.

An den Abfluss der Badewanne hatte Paul ein ausgeklügel-
tes Rohrsystem angeschlossen, das zu einem 1000-Liter-Tank
weiter unten am Hang führte. Den Tank hatten wir zwei, drei
Jahre zuvor gekauft, um unseren Diesel in Großmengen zu
kaufen, aber den zu befüllen war so teuer, dass wir es uns bislang nicht hatten leisten können, weshalb er noch unbenutzt
war. Das Rinnsal kam uns äußerst dünn vor, aber es floss Tag
und Nacht und wir stellten fest, dass es eine Fließgeschwin-
digkeit von etwa zweihundert Litern pro Stunde hatte. Wie
das Wasser aus der ausgedörrten Erde kam, konnten wir uns
nicht ausmalen. Paul schloss einen Schlauch an den Tank-
auslass an und führte ihn zum Trecker, der unterhalb auf der
Landstraße stand, wo er ihn an eine 180 Liter fassende Tonne
auf der Transportmulde des Treckers anschloss. Jetzt konnte er
größere Mengen Grubenwasser hügelauf nach Carneddi und
über die Felder nach Tŷ Mawr bringen. Einen Teil des Wassers
leitete er direkt in die Waschmaschine, sodass ich die Wäsche
nicht, wie ich schon befürchtet hatte, mit der Hand in tröpf-
chenweisem Wasser waschen musste. Die Farbe des Wassers
ließ allerdings zu wünschen übrig. Es hatte offenbar auf dem

Weg durch Badewanne, Tank und Tonne Rost und womöglich noch andere Fremdkörper aufgenommen, aber wenigstens war es Wasser. Ich fragte mich, was es wohl mit unseren weißen Hemden, den Bettlaken und Kissenbezügen machen würde, aber da ich ordentlich Seifenpulver zugab, sahen sie nachher gar nicht schlecht aus. Außerdem füllte Paul für Tŷ Mawr und Carneddi Plastikmülleimer mit Grabenwasser, womit wir unsere versiegende Versorgung mit Leitungswasser auffüllten.

»Ab jetzt waschen sich alle mit heißem Teichwasser«, sagte ich zu den Kindern.

Das machte niemandem etwas aus; wir waren froh, es zu haben.

»Ganz schön brackig«, meinte Ann, als sie in den bräunlichen Sirup im Waschbecken sah.

Fortan kochte ich das Leitungswasser ab, bevor wir es tranken; das Wasser im Vorratstank musste schon ziemlich abgestanden sein, nachdem so lange nichts Frisches mehr dazugekommen war. Im Haus wirkte inzwischen alles ein bisschen schmierig und ich hätte gern einmal wieder alles mit schönem heißem Wasser gereinigt. Allmählich fragten wir uns, ob es jemals wieder regnen würde.

Dann fiel in Nantmor die Wasserversorgung aus und das Wasseramt stellte große Tanks auf. Alle liefen nur noch mit Eimern herum. Der rauschende Fluss bei Clogwyn trocknete aus. Niemand konnte sich erinnern, dass der große Gumpen schon einmal trockengefallen wäre. Ein paar Freunde, die gerade in Clogwyn wohnten, nutzten die Gelegenheit, um ihn zu säubern. In der untersten Handbreit Morast fanden sie einen riesigen Schwarm Aale, den sie in Eimern zum Fluss hinuntertrugen.

Brenda und Helen waren den Sommer über in Gwylfa und

kamen fast jeden Tag zum Tee nach Carneddi. Brenda brachte uns immer einen Kanister sauberes Wasser von der Wasserbehörde mit. Plötzlich war Wasser zu einem kostbaren Geschenk geworden.

Der Wassertransport, das Ableiten in die Waschmaschine und das Bewässern des Gartens und des Treibhauses nahmen viel Zeit in Anspruch. Die Kälber, Hühner und Hunde mussten alle mit sauberem Wasser versorgt werden, das wir ihnen bringen mussten. Die Lieblingstränke des Lamas war die Hundeschüssel in der Küche. Sie entdeckte sie schon in ihrer ersten Zeit bei uns und trank bald lieber daraus als aus ihrem Eimer im Stall. Anders als wir erwartet hatten, trank sie oft, aber nie viel auf einmal. So ordentlich und wählerisch sie fraß, so schlampig soff sie. Sie schlürfte laut und unergiebig und wenn sie den Kopf von der Schüssel hob, rann es ihr vom Kinn. Jetzt, wo die Hunde und das Lama aus der Schüssel tranken, musste ich sie jeden Tag ein Dutzend Mal auffüllen.

Trotz aller zusätzlichen Arbeit wegen der Dürre und allen Geldes, das wir dadurch verloren, genossen wir die langen sonnigen Tage sehr. Es war angenehm, in Sandalen zu laufen und den ganzen Tag fast hüllenlos zu verbringen, nur unter einem dünnen Laken zu schlafen und immer festen Boden unter den Füßen zu haben, keine warmen Pullover, Gummistiefel oder Regenkleidung tragen zu müssen. Die Kinder richteten sich auf dem Feld hinterm Haus ein Zeltlager ein, Amanda und John schliefen in einem, Ann und Penny im anderen Zelt, und vor jedem stand ein Hund, der nachts Wache hielt. Ich frage mich, ob die Kinder sich noch an diese wolkenlosen Tage ihrer Kindheit erinnern, als sie allen Fallstricken der Zivilisation entgingen, auf dem Boden schliefen, barfuß liefen, draußen aßen und mit der Sonne aufstanden und ins Bett gingen. Vielleicht werden sie sich daran erinnern, dass sie in diesen sorglosen Sommertagen zum Fluss reiten konnten, wann immer sie Lust dazu hatten, und zurückkommen konnten, wann sie wollten.

Das Lama fand die Zelte interessant und schlenderte gern durch das Zeltlager, wenn jemand da war. Ab und zu zupfte sie auch ungebeten mit den Zähnen an den Zeltleinen. Ich versuchte die Kinder zu einer angemessenen Uhrzeit ins Bett zu kriegen, aber die Abende waren so angenehm, still und warm, dass es nicht leicht war, sie in ihre Schlafsäcke zu lotsen. Die Sonne versank in goldenem Glanz hinter den Hügeln und warf lange Schatten, und nachdem die Kinder sich gewaschen und die Zähne geputzt hatten, sah ich sie noch lange in Schlafanzug und Nachthemd mit dem Fahrrad über das verdorrte Gras fahren oder Fußball spielen. Meist trieben die Mücken, die nach Sonnenuntergang angeschwirrt kamen, sie endlich in ihre Zelte. John schlief mit Pfeil und Bogen, um gegen Eindringlinge gewappnet zu sein.

Anfang September kam unsere Freundin Mollie Keen mit einigen hochwillkommenen Besuchern zu uns: Dr. und Mrs Turner aus Bath mit ihren drei Kindern, Dr. Ian Herbert vom Fachbereich Zoologie am University College of North Wales mit seinen beiden Kindern und Señor und Señora Marcello Hervé aus Santiago, Chile, mit ihren beiden Kindern. Señor Hervé war Tiermediziner und hatte im Gegensatz zu den Tierärzten aus unserer Gegend, so großartig sie waren, täglich mit Lamas zu tun, die auf den Höfen als Nutztiere gehalten wurden. Ihn wollte ich ganz besonders gern kennenlernen.

Außer Mollie war noch keiner dieser Besucher in Carneddi gewesen, aber sie wollten sich alle gern den Hof ansehen und vor allem das Lama kennenlernen. Fürsorglich brachten sie Container mit Trinkwasser mit, sodass unsere Ressourcen an Tee und Orangeade nicht allzu sehr strapaziert würden, auch wenn wir derart erlesenem Besuch gern unseren letzten Tropfen zur Erfrischung dargeboten hätten.

Ich genoss es überaus, mich mit ihnen zu unterhalten, und die Zeit verging viel zu schnell. Um freute sich, so kenntnisreiche, sympathische Menschen ihrer Untersuchung unterziehen zu können. Sie war in sonniger Laune und zeigte sich von ihrer besten Seite. Señor Hervé zollte ihr höchste Anerkennung. Sie sei ein ganz wunderbares Tier. Ihm gefiel ihre Farbe und auch, dass wir sie geschoren hatten. Besonders angetan war er von der seltsamen Bewegung ihrer Hinterbeine, die uns Sorgen gemacht hatte, Ñusta sei womöglich gestört oder habe irgendeine Schwäche. Er lief ein paar Wackelschritte übers Gras, um uns zu zeigen, wie Lamas laufen. Auch erfuhren wir, dass der Name unseres Tieres korrekt ausgesprochen »Yama« war. Wir beschlossen, sie so zu nennen, wenn wir in der richtigen Gesellschaft waren, aber die meisten Leute würden einfach nicht verstehen, wovon wir sprachen, wenn wir die ganze Zeit von Yamas redeten.

Nach dem Tee in Carneddi liefen wir alle zusammen nach Tŷ Mawr hinunter, um uns die alte historische Scheune anzusehen. Dann gingen wir ins Haus. Ich wollte unseren Besuchern zeigen, wie zivilisiert und domestiziert das Lama war. Sie trat hinter uns ein.

»Wenn sich alle setzen, nimmt das Lama ebenfalls Platz«, sagte ich.

Alle setzten sich und warteten gespannt. Es herrschte völlige Stille. Ich wartete mit. Es war gut und schön, voller Überzeugung zu sagen, dass das Lama jetzt Platz nehme, aber würde sie es auch wirklich tun? Ñusta machte erst mal eine Runde durchs Zimmer und unterzog jeden einzeln einer Prüfung. Vielleicht würde sie nun in die Küche trödeln und sich etwas zu fressen suchen, vielleicht auch wieder rausgehen. Aber nein, heute verhielt sie sich ganz und gar manierlich. Sie stellte sich in der Mitte auf ihren Lieblingsvorleger und gab ein bisschen in den Knien nach. Dann klappte sie sich auf ihre ganz eigene Art in drei Etappen ein, was aus nächster Nähe beeindruckend aussieht. Nun saß sie da wie ein riesiger Schwan, gelassen, selbstbewusst und in dem offenkundigen Bewusstsein, dass ihr sämtliche Aufmerksamkeit galt.

Darauf unterhielten sich alle wieder. Unsere Gäste waren beeindruckt und angetan von den guten Manieren unseres Lamas. Señor Hervé staunte. Er hatte ein solches Verhalten noch nie bei einem Lama erlebt. In Südamerika galten die Tiere allgemein als aggressiv und schwierig. Wie Ñusta benahm sich dort keins.

»Vielleicht liegt es daran, wie mit ihnen umgegangen wird«, sagte Paul, und Señor Hervé stimmte zu, dass das der Grund sein könne. Er riet uns, Ñusta regelmäßig gegen Egel und Würmer zu behandeln und auf Borkenflechte zu achten, woran Lamas häufig litten. Er wusste nicht, ob Lamoiden auch Zeckenfieber bekommen konnten, da es in Südamerika nicht auftrat. Er meinte, wenn sie es mit ihren zwei Jahren noch nicht bekommen habe, sei sie wahrscheinlich inzwischen dagegen immun.

Ich hätte Hunderte von Fragen stellen und noch viel länger mit all den interessanten Besuchern sprechen können, aber die Zeit verging zu schnell. Ich war Mollie dankbar, dass sie so viele Fachleute für mich aufgetrieben hatte. Dann mussten unsere Gäste ihre Kinder heimbringen und wir verabschiedeten uns von ihnen. Es war ein spannender Nachmittag gewesen und ich hoffte, sie würden uns bald wieder besuchen kommen.

20

Der Zirkus und die Wissenschaft

Ein paar Tage nach dem Besuch des chilenischen Tiermediziners und der anderen Gäste sahen wir in Portmadoc Werbeplakate für den Zirkus, der einmal im Jahr kam. Unter den aufgezählten Attraktionen stand auch »LAMAS!«.

»Ich würde mir gern die Lamas ansehen«, sagte ich.

»Ich auch«, sagte Paul.

Ann und John wollten ebenfalls mitkommen. Am Ende gingen wir alle hin, Beenie, Brenda und Helen, und auch Amanda und Penny. Eine Stunde vor der Nachmittagsvorstellung waren wir da und hofften, einen Blick auf die Lamas werfen zu dürfen. Es war ein schöner Tag und die meisten von uns wollten anschließend noch an den Strand. Ich wollte unbedingt sehen, was die Lamas in der Vorstellung machten. Ich wusste ein wenig über ein bestimmtes Lama und fragte mich, ob andere Lamas ihr ähnlich waren. Ich wollte ihr Verhalten und ihre Fähigkeiten vergleichen. Außerdem fand ich, wenn sie uns erlaubten, die Lamas anzusehen, sollten auch zumindest einige von uns das Eintrittsgeld bezahlen und in die Vorstellung gehen.

Ich war nicht mehr im Zirkus gewesen, seit ich ein kleines Kind war. Damals, noch vor dem Krieg, ging unsere Mutter mit Mary und mir jedes Jahr in den Bertram Mills's Circus, wenn er nach Nottingham Forest kam. Ich war wie verzaubert von der Magie, die dieser Zirkus verströmte. Inzwischen war ich etwas älter und vielleicht auch weiser, aber ich wollte die Lamas unbedingt auf der Zirkusbühne sehen. Ann, Amanda und Penny wollten auch gern hineingehen und so kauften wir uns Karten für die Vorstellung.

Es mag berechtigte Vorbehalte geben, Tiere auf der Bühne zu zeigen, aber ich finde, jeder Fall sollte für sich betrachtet werden. Viele Hunde lieben es, Tricks vorzuführen und eine Show abzuziehen, ihnen gefällt der ganze Wirbel und die Lobhudelei. Ein wohlerzogener Hund wirkt immer selbstbewusster, geborgener und glücklicher als einer, der nur seinen eigenen Impulsen folgt. Ich denke, die meisten domestizierten Tiere lernen schnell und mögen feste Abläufe, und wenn dazu auch ein paar Zirkustricks gehören, genießen sie die vermutlich auch. Zweifelhaft wird es nur, wenn ein Tier gestresst wirkt oder etwas tun soll, was gegen seine Natur ist.

Der Zirkus stand auf dem Traeth, hinter dem Schlachthof und der Mühle, wo Portmadoc in die flachen sandigen Felder ausläuft, die die Bewohner einst dem Meer abgetrotzt hatten. Das Zirkuszelt war umringt von Wohnwagen, und da und dort waren ein paar Ponys und Pferde im ausgedörrten Gras angepflockt. Paul parkte den Landrover vor dem Eingangstor.

»Bleibt ihr bitte erst mal hier«, sagte er. »Mummy und ich gehen rein und fragen, ob wir uns ein bisschen umsehen dürfen.«

Das Gelände wirkte menschenleer. Dann sahen wir aber doch einen älteren Mann, der aussah wie ein Clown in Zivil. Paul erklärte ihm, weshalb wir gekommen waren, und fragte, ob wir uns vielleicht die Lamas ansehen dürften. Er erlaubte es uns. Er ergänzte, der Zirkus habe nur eins, ein drei Jahre altes Männchen. Sie hätten es dort vorn an den Lastwagen angebunden. Er nickte in die Richtung. Jetzt sahen wir das Tier, ein Bündel Wolle auf staubigem Grund. Der Mann schien beschäftigt und nicht sehr redefreudig, weshalb wir ihm dankten und ihn seine Arbeit machen ließen. Paul sagte den Kindern

Bescheid, dass sie aussteigen und sich die Tiere ansehen konnten.

»Bitte macht nicht die Ponys scheu«, sagte ich zu ihnen, »und lasst euch nicht treten. Ihr kennt sie ja nicht.«

Dann gingen wir alle zu dem Lama. Er trug ein Lederhalfter und war an einem langen Seil an ein Rad des Lastwagens angebunden. Als wir näher kamen, stand er auf. Er war ungefähr so groß wie Ñusta, aber stämmiger und hatte ein enormes Fell, das in großen zotteligen Büscheln an ihm herabhing. Er sah nicht so aus, als wäre er jemals in seinem Leben geschoren worden. Seine Fasern waren grau, Gesicht und Beine dunkelbraun. Nacken, Kopfhaar und Oberbeine waren sehr wollig, und für mein unerfahrenes Auge sah er aus, als ziehe er alpakahafte Lamas dem Ñusta-Typ mit blanken Beinen und bloßem Kopf vor. Außerdem waren seine Ohren kleiner. Er hatte keine riesigen Signalohren wie Ñusta, aber doch einen gewissen Lamacharme, auch wenn ihm Ñustas Eleganz fehlte.

Wir gingen langsam auf ihn zu und er kam zu uns herüber, soweit es seine Leine erlaubte. Ich hatte noch ein paar Krümel Hundekekse in der Tasche, die ich ihm anbot. Nach kurzem Zögern mampfte er sie knirschend. Ann gab ihm ein Pfefferminzbonbon, das ihm ebenfalls mundete. Dabei achteten wir auf Warnsignale, ob er spucken würde, aber er war ein sehr liebenswürdiges Tier. Mir fiel auf, dass seine Zehennägel stark verwachsen waren. So würden Ñustas Nägel wohl auch aussehen, wenn wir sie nicht geschnitten hätten. Die Zehennägel des Zirkuslamas waren so lang, dass sie sich kreisförmig bogen und platt auf dem Boden auflagen. Sie bereiteten ihm offenbar keine Beschwerden, aber später könnten sie doch Probleme machen, dachte ich bei mir.

Die Mädchen gingen weiter, um sich die Ponys und die zwei, drei am Zaun festgebundenen Ziegen anzusehen. Ich sah mich um, wo Brenda und Helen waren. Da traf mich, bämm!, etwas Schweres von hinten und ich saß auf den Knien im Staub. Mir stockte der Atem. Das Lama hatte sich angeschlichen, während ich mich umsah, und Ñustas Anspringspiel mit mir gespielt. Sein Knie hatte mich irgendwo auf Zwerchfellhöhe getroffen und schwer überrumpelt. Paul rannte herbei und das Lama zog sich zurück. Inzwischen hatte ich mich schon wieder von dem Schreck erholt. Ich stand auf, kam mir aber furchtbar dumm vor. Ich, die angebliche Lamaexpertin, hatte mich hinterrücks von einem Lama anfallen lassen. Rasch sah ich mich um, ob ein Zirkusmitarbeiter den Vorfall gesehen hatte. Nein, niemand in Sichtweite. Gott sei Dank, dachte ich, bloß keine Aufregung hier. Der Vorfall war meine Schuld, das Lama war nicht aggressiv gewesen. Er hatte nur gemacht, was Lamas eben manchmal machen, und mich damit ziemlich blöd aussehen lassen. Ich klopfte mir den Staub von den Kleidern und versuchte wie eine erwachsene Tierliebhaberin auszusehen, der nichts passiert ist. Dann gab ich dem Lama noch ein Pfefferminzbonbon, um ihm zu zeigen, dass ich nicht nachtragend war.

Anschließend gingen wir zu den angebundenen Ponys – zwei oder drei Shetlandponys, ein großes weißes Zirkuspferd, ein gepunktetes und noch zwei oder drei andere. Sie waren alle in hervorragendem Zustand und hatten im Gegensatz zum Lama äußerst gepflegte Hufe. Dann sagten Paul, Brenda und Beenie, sie würden gern mit den kleineren Kindern zum Strand gehen, solange die Sonne noch schien. Die Mädchen und ich blieben erwartungsvoll am Zirkuszelt und gehörten zu den ersten Besuchern, die auf ihren Plätzen saßen.

Nach der Vorstellung war ich froh, mit den Kindern reingegangen zu sein. Der Zirkus war im Vergleich zu Bertram Mills's Circus, wo ich als Kind gewesen war, sehr klein, aber trotzdem hochprofessionell. Es gab Messerwerfen, Seiltanzen, Feuerschlucken und eine turbulente Clownsnummer. Der Feuerschlucker lag auf zerbrochenem Glas und einem Nagelbett, während sich eine massive Dame auf seine Brust stellte. Es gab keine Elefanten oder Großkatzen, aber sie fehlten mir auch nicht. Wenn ich sie auf der Bühne sehe, weckt das immer meine Zweifel, ob es ethisch vertretbar ist, sie in einem Zirkus zu halten. Die Nummern mit den Ponys und Hunden waren gut gemacht und die Tiere schienen Spaß daran zu haben. Besonders toll fanden unsere Mädchen das Zirkuspferd mit seinen breiten Schultern und vielleicht stellten sie sich vor, dass sie selbst darauf saßen und ritten. Ich hielt derweil Ausschau nach dem Lama.

Als er an der Reihe war, wurde er am Halfter in die Manege geführt. Rundum waren kleine Hürden aufgestellt worden und er stolzierte begeistert im Kreis. Behände hüpfte er über die Hürden, während die Dresseurin in der Mitte stand und das Seil hielt. Das Lama hieß, wie wir erfuhren, Larry. Es sah sehr befremdlich aus, wie seine riesige Haarmasse bei jedem Sprung aufwallte. Ich war überrascht, wie gut er springen konnte. Ñusta hatte uns immer klar und deutlich zu verstehen gegeben, dass es ihr unmöglich sei zu springen, es sei denn, außergewöhnliche Umstände erforderten es. Wir hatten nie versucht, sie eines anderen zu überzeugen. Es kam uns ganz gut zupass, dass wir sie dadurch leichter einsperren konnten, auch wenn Ann versucht hatte, ihr das Springen beizubringen. Ñusta blieb jedoch selbst bei fußknöchelhohen Hindernissen stehen, um sie ausgiebig zu betrachten. Dann trat sie hinüber, ein Bein nach dem anderen, aber nur, wenn auf der anderen Seite eine Belohnung wartete, die sie verlockend genug fand. Lag das Hindernis über Kniehöhe, weigerte sie sich, es auch nur zu versuchen. Jetzt sahen wir, wie Larry mit offensichtlichem Vergnügen über die Hindernisse hüpfte. Lamas konnten also wohl doch springen, wenn sie nur wollten.

Am Ende der Nummer kniete sich Larry vor die Zuschauer und legte sich auf den Boden. Damit er sich hinkniete, berührte die Dresseurin seine Vorderbeine mit einem Stock. Das fand ich interessant, weil ich auch schon festgestellt hatte, dass Ñusta Anstalten machte, sich hinzuknien, wenn ich ihre Vorderbeine berührte, aber ich hatte nie versucht, sie darauf zu trainieren. Als Larry einmal lag, hatte er keine Lust mehr aufzustehen. Er war frohgemut durch die Manege gelaufen, hatte seine Hürden genommen und war jetzt geneigt, etwas zu sitzen. Die Lichter und Zuschauer störten ihn dabei nicht im Geringsten. Sein Verhalten erinnerte mich so sehr an Ñusta, dass ich schmunzeln musste. Als die Dresseurin versuchte, ihn zum Aufstehen zu bewegen, legte er die Ohren an. Wir fragten uns, ob er spucken würde, aber das tat er nicht. Irgendwann stand er dann doch mit einem Gesichtsausdruck von »Okay, wenn's sein muss« auf und folgte ihr aus der Manege. Alle applaudierten begeistert.

Am Ende der Vorstellung durften die Kinder noch für zehn Pence auf den Zirkuspferden durch die Manege reiten. Ann, Amanda und Penny stellten sich flugs in die Schlange. Kurz darauf saßen unsere Kinder, die den ganzen Tag kostenlos reiten konnten, auf einem Pferd und wurden von einem Clown in getragenem Tempo durch die Manege geführt, ein strahlendes Lächeln auf dem Gesicht. Man hätte meinen können, es wäre eine einmalige Gelegenheit für sie, auf einem Pferd zu sitzen.

Wir hatten uns alle großartig amüsiert. Ich war beeindruckt, wie hart die Artisten für vermutlich wenig Lohn arbeiteten. Das Zirkuszelt war klein, aber bei der ersten Vorstellung nicht einmal halbvoll. Die Darsteller hatten alle verschiedene

Rollen und Aufgaben übernommen. Die paillettenbesetzte Dame auf dem Trapez zog in der Pause einen Mantel über und verkaufte Zuckerwatte. Sie hatte Messer geworfen, ein Seil gespannt und sich von der Peitsche die Zigarette halbieren lassen. Andere hatten Nummern angekündigt, Requisiten verschoben, Musik angestellt und an verschiedenen Nummern mitgewirkt. Dieser kleine Zirkus war ein lauschiger, behaglicher Ort und die Artisten besaßen zweifellos außergewöhnliche Fähigkeiten. Ich freute mich, dass die Kinder einen echten, traditionellen Zirkus aus nächster Nähe erlebt hatten.

Als wir zu den anderen stießen und ihnen begeistert davon erzählten, bedauerten sie, nicht mitgekommen zu sein. Sie wollten unbedingt ein springendes Um sehen. John würde das Messerwerfen und Seilspringen gefallen. Deshalb verabredeten wir, dass sie die Vorstellung am nächsten Tag besuchen sollten. Am Nachmittag fuhr Paul mit John, Beenie und Helen zum Zirkus und natürlich wollten die drei Mädchen auch noch einmal mitkommen. Ich hatte gesehen, was ich sehen wollte, weshalb ich daheim blieb, um mit der Arbeit voranzukommen.

Am Abend kehrten sie zurück. Allen hatte es sehr gefallen. Die kleine Helen war so aufgeregt, dass sie auf einem Pony durch die Manege reiten durfte, dass sie in Gwylfa ins Haus stürmte und rief: »Mummy, ich bin auf einem Clown geritten, den ein Pony geführt hat!« John überlegte, wie er wohl an eine Garnitur Wurfmesser kommen könne. Ann war noch einmal auf dem Zirkuspferd geritten. Beenie und Paul waren beeindruckt von Larrys Hürdenlauf.

Paul hatte sich auch mit der talentierten paillettenbesetzten Dame unterhalten. Sie hieß Miss Jessie Fossett und war im Zirkus geboren und aufgewachsen. Sie erzählte Paul, dass Larry ihr gehörte und sie ihn seit einem Jahr besaß, aber wenig

Erfahrung mit Lamas hatte. Sie fand es interessant, dass wir auch ein Lama besaßen. Die beiden sprachen darüber, wie wir mit Ñusta Lamas züchten könnten, und die Dame gab Paul die Adresse von Zirkusleuten, die eventuell ein Deckmännchen hatten. Larry konnten wir dafür nicht nehmen, weil es ihn vielleicht aus seiner Zirkusnummer bringen würde. Die Dame fragte Paul um Rat, wie sie ihn scheren könnte, aber Paul meinte, dafür sei es in diesem Jahr wohl zu spät. Dann sprachen sie noch über die verwachsenen Fußnägel und Paul sagte, wir seien gern bereit, sie ihm zu schneiden, wenn wir noch einmal nach Portmadoc kämen, bevor der Zirkus weiterzog. Ihm hatten die Darbietungen und die Atmosphäre des Zirkus offenbar sehr gefallen.

Nach dem Frühstück am nächsten Morgen, als Ann und John in der Schule waren, sagte Paul: »Sollen wir zum Zirkus fahren und dem Lama die Nägel schneiden? Morgen ziehen sie weiter.«

»Ich bin dabei«, sagte ich. »Aber wie halten wir ihn im Zaum? Er ist sicher stärker als unsere Um und ist vielleicht auch den Umgang mit Menschen nicht so gewohnt. Wenn Ñusta das Nägelschneiden schon nicht mag, wird Larry es hassen.«

Wir holten unser altes Exemplar der *Practical Animal Husbandry* (»Praxis der Tierhaltung«) von Miller und Robertson heraus und schlugen das Kapitel zum Bändigen von Tieren auf. Darin wurden verschiedenste Methoden erläutert, aber keine schien uns für unsere Zwecke geeignet. Für manche brauchte man spezielle Fesseln und andere Ausrüstung, die wir nicht besaßen, alle hörten sich kompliziert an und wir hatten bislang keine davon ausprobiert. Wir würden das Lama wohl kaum bändigen, wenn wir in der einen Hand ein Buch und in der anderen ein Seil halten mussten.

»Ich würde sagen, wir bitten ein paar starke Männer vom Zirkus, ihn auf den Boden zu drücken«, sagte ich, »dann können wir ihn wie ein Schaf festbinden. Ich bin mir ziemlich sicher, dass wir ihm nicht im Stehen die Nägel schneiden können wie unserer Um. Das würde ihn zu sehr erzürnen und er würde uns treten und vielleicht sogar anspucken.«

Paul stimmte mir zu.

Wir holten die Hufscheren für die Schafe, ein scharfes Messer für alle Fälle und ein Seil, dann zogen wir unsere ältesten Anoraks über, um uns vor eventuellen Spucktiraden zu schützen.

Als wir am Zirkus ankamen, stieg Miss Fossett aus ihrem Wohnwagen. Sie freute sich, dass wir gekommen waren, um Larry die Nägel zu schneiden. Die anderen Mitarbeiter stießen noch dazu und wir besprachen, wie wir die Aufgabe am besten angehen konnten. Larry stand gedankenversunken und nichtsahnend daneben. Wir verständigten uns darauf, dass es das Einfachste war, Larry die Füße zusammenzubinden. Der Seiltänzer holte sein Seil, dann griffen sich die vier Männer – Paul, der Seiltänzer, der Feuerschlucker und der jüngere Clown – das Lama und drückten ihn auf den Boden, ehe er wusste, wie ihm geschah. Im Handumdrehen hatten ihm zwei Männer alle vier Füße zusammengebunden. Nun lag er auf der Seite und sah uns verdutzt an. Spucken tat er nicht. Ich hielt schon die Schere bereit. An seine Füße zu kommen war allerdings schwierig, so eng zusammengebunden, wie sie waren, und dann noch mit diesen großen wolligen Locken behangen. Aber schließlich kriegte ich sie doch auseinander und begann mit dem Schneiden. Das Horn seiner Zehennägel war nach der wochenlangen Dürre extrem hart und ich musste meine ganze Kraft aufbringen, um die Schere zuzudrücken. Paul und die Männer vom Zirkus hielten Larry fest, damit er gar nicht erst auf die Idee kam aufzubegehren. Ich setzte die Schere möglichst behutsam an, um nicht das Nagelbett zu beschädigen. Dessen Lage war mir einigermaßen unklar, weil ich keine Ahnung von der Anatomie des Lamafußes hatte. Deshalb versuchte ich die Nägel so zu schneiden, dass die Füße gut aussahen, wenn das Tier stand. Bei den Ponys und Schafen hielt ich es genauso und fand, wenn etwas gut aussah, war es auch gut. Vielleicht täuschte ich mich auch und war übervorsichtig, aber ich wollte auf keinen Fall riskieren, Larry zu verletzen. Trotz meiner Zurückhaltung fielen große Brocken verwachsenen Horns ab und nun würde er wieder besser aussehen und sich wohler fühlen.

Bald waren alle Nägel geschnitten und wir ließen Larry vom Seil. Er rappelte sich hoch und sah leicht entrüstet aus. Einer der Männer vom Zirkus holte ein paar Rinden Graubrot, um ihn nach der Tortur aufzuheitern. Richtig gut sahen seine Füße jetzt wieder aus. Ich hatte mich gefragt, wie wir es bewerkstelligen würden, aber es hatte alles gut geklappt. Wir hatten es geschafft. Miss Fossett bedankte sich und fragte uns, was sie uns schuldig sei. Nichts, sagten wir, wir freuten uns, dass wir helfen konnten. Nach einer freundschaftlichen Verabschiedung fuhren wir los. Auf der Heimfahrt lächelten wir glücklich. Wir hatten unseren kurzen Besuch beim Zirkus genossen und eine neue interessante Lamaerfahrung gemacht.

Als wir auf dem Hof ankamen, fragten wir uns, wie Um wohl auf Larrys Geruch auf Pauls Mantel reagieren würde. Sie begrüßte uns wie gewohnt. Wir hielten ihr den Mantel und unsere Hände hin, aber sie interessierte sich nicht dafür. Offenbar erkannte sie keine geheime Botschaft darin. Bedenkenswerter fand sie die Frage, ob sich irgendwo in unseren Taschen ein Stück Schokolade verbarg. Da stiegen Zweifel in uns auf. Wie würde sie reagieren, wenn wir sie von einem Männchen decken lassen wollten? Sah sie sich, nachdem sie so lange von ihren Artgenossen getrennt war, vielleicht selbst als Mensch an? Würde sich die Geschichte von Chi-Chi und An-An wiederholen, den Pandas aus England und Russland, die sich nicht begatten wollten, als man sie zusammenbrachte? Wir wussten, dass das Decken bei Lamas kompliziert war und der Ausgang ungewiss.

Inzwischen hatte ich die interessanten Artikel gelesen, die mir die Bibliothekarin des Royal College of Veterinary Surgeons im letzten Frühling und Sommer geschickt hatte, und versuchte mir den Inhalt zu merken. Die meisten Informationen waren allerdings so speziell, dass ich sie nicht verstand, auch wenn mir mein Cousin ein paar Dinge erläutern konnte. Was ich brauchte, war ein *Leitfaden zur Physiologie des Lamas für Vollidioten*, aber leider gab es so was in der Bibliothek nicht. Ein paar Dinge, die in den wissenschaftlichen Artikeln standen, begriff ich aber doch und es traten einige faszinierende Fakten zutage.

Die Beiträge zur Zucht waren am leichtesten verständlich und für uns die interessantesten. Es war in den letzten fünfzehn Jahren offenbar viel in Peru, Bolivien und den USA über das Paarungsverhalten bei den südamerikanischen Kamelen geforscht worden, vor allem bei Alpakas. Diese Tiere sind für die Andenbewohner des Altiplano, deren gesamte Wirtschaft auf der Viehzucht beruht, von besonderer Bedeutung. Einige der großen Lama- und Alpakaherden gehören infolge der Landreform inzwischen mittelständischen Betrieben oder Eignern, aber die meisten Tiere stehen noch unter der Obhut von Kleinbauern oder Campesino-Gemeinschaften. Die Inkas hatten Selektionsprogramme, um die Qualität ihrer Herden zu verbessern, und betrieben Weiderotation, um immer gutes Futter zu haben. Diese gedeihliche Art der Bewirtschaftung ging mit der Eroberung des Inkareiches verloren und wurde bis heute nicht wiederbelebt. Jetzt hofften Forscher, das Niveau der Lamazucht zu steigern und den Berggemeinschaften ein Leben in größerem Wohlstand zu ermöglichen. Sie fanden heraus, dass sich Lamas und Alpakas in manchen Eigenschaften so sehr von anderen Wiederkäuern unterscheiden, dass man für andere Arten entwickelte Zuchttechniken nicht bei ihnen anwenden kann. Wo Alpakas wie Schafe gehalten werden, bekommen sie nur wenig Nachwuchs. Wir lasen, dass nur fünfzig Prozent der Weibchen jedes Jahr ein Junges kriegen, in einem Artikel hieß es sogar, es seien nur fünf bis zwanzig Prozent.

Als Landwirtin und Lamabesitzerin interessierten mich all diese Dinge sehr. Was ich an Fakten aus den Artikeln zog, gebe ich hier gekürzt und vereinfacht wieder. Dabei meine ich, wenn ich »Lama« sage, sowohl Lamas als auch Alpakas, weil das die beiden Tierarten sind, die in den Anden domestiziert wurden.

Das Paarungsverhalten ist bei Lamas anders als bei den meisten Weidetieren. Kühe, Schafe und Pferde haben zumindest während eines Teils des Jahres regelmäßige Östruszyklen und die Ovulation, die Freisetzung des Eis aus dem Eierstock, findet spontan statt, wenn das Tier zur Begattung bereit ist. Das Lama dagegen ist wochenlang brünstig und ovuliert erst, nachdem es begattet worden ist. Bei Katzen, Hasen, Frettchen und Nerzen ist es dasselbe. Es kann passieren, dass das Lamaweibchen das Männchen ablehnt, wegrennt und spuckt, aber wenn es empfänglich ist, dauert die Balz nur ein paar Minuten. Anschließend legt sich das Weibchen auf den Boden und lässt sich begatten, was zwanzig bis fünfzig Minuten dauern kann. Die Sterblichkeitsrate der Embryos ist im ersten Monat hoch und nur fünfzig Prozent von ihnen überleben die ersten dreißig Tage. Der Grund dafür ist nicht bekannt, könnte aber mit Mangelernährung zu tun haben. Mehrlingsgeburten sind bislang noch nicht beobachtet worden. Die Männchen begatten bis zu fünfundzwanzig Weibchen und die Geburtsrate ist höher, wenn zwei Gruppen von Männchen in einem Abstand von sieben Tagen zur Begattung eingesetzt werden. Die Fruchtbarkeit der Männchen ist niedrig.

In den Anden findet die Fortpflanzung hauptsächlich während der Regenzeit statt. In Zoos bringen Lamas das ganze Jahr über Junge zur Welt, auf der Nordhalbkugel gibt es aber eine Hochzeit an Geburten im Juni, Juli und August. Das ist typisch für viele domestizierte Tiere und zeigt, dass Lamas schon vor langer Zeit domestiziert wurden. Guanakos und Vicuñas dagegen haben eine klar eingegrenzte Paarungszeit.

Alpakas werden einmal im Jahr geschoren. Sie können ungefähr fünfzehn Jahre alt werden, aber schon im Alter von zehn Jahren werden ihre Zähne rapide schlechter, dann sollten sie gekeult werden.

»Dich keulen wir nicht, Um«, sagte ich zum Lama. »Wir gehen mit dir zu Mr Chase.«

Mr Chase war unser Zahnarzt. Er hatte mir freundlicherweise seine *Comparative Dental Anatomy* (»Vergleichende Zahnanatomie«) ausgeliehen und ich hatte ein paar vergnügte Stunden mit der verblüffenden Vielfalt der Zähne verschiedener Tierarten zugebracht. Ich fand es interessant, mir die Zahnformeln der Lamas und Kamele anzusehen. Derzeit hatte Ñusta im Unterkiefer sechs Schneidezähne und im Oberkiefer keine. Ich hätte gedacht, dass ihre Zahnstruktur ähnlich ist wie bei Schafen und Kühen, die im Unterkiefer acht schneidezahnähnliche Zähne haben. Diese treffen im Oberkiefer auf eine Knorpelleiste, was ideal ist für das Zermalmen von Gras. Jetzt erfuhr ich, dass Lamas und Kamele im Gegensatz zu ech-

ten Wiederkäuern im Oberkiefer zwei Schneidezähne und in
Ober- und Unterkiefer jeweils zwei Eckzähne haben. So sah
die Zahnformel aus:

1	1	3	3
Schneidezähne –	Eckzähne –	Vorbackenzähne –	Backenzähne
3	1	2	3

Ñustas Gebiss war also noch nicht vollständig ausgebildet.

Außer ungewöhnlichen Zähnen und Fortpflanzungsge-
wohnheiten haben Lamas aber auch ungewöhnliches Blut,
wie ich herausfand. Ich hatte die Bibliothekarin nach Artikeln
zur Anpassungsfähigkeit des Tieres an hochliegende Gebiete
gefragt. Das ist ein faszinierendes Thema, das allerdings über
meine Schulbildung und womöglich auch mein Auffassungs-
vermögen hinausgeht. Insofern ist es vielleicht etwas gewagt,
wenn ich hier etwas darüber sage, ich möchte es aber trotzdem
versuchen. Hier also ein paar Sachverhalte, die ich glaube verstanden zu haben.

Das Blut gerinnt bei Lamas schneller als beim Menschen.
Die roten Blutkörperchen sind kleiner und haben eine ellipti-
sche Form, wodurch möglicherweise der Sauerstofftransport
verbessert wird, obwohl bei diesem adaptiven Phänomen auch
noch andere Mechanismen eine Rolle spielen. Das Hämoglo-
bin, das dem Blut seine rote Farbe verleiht, hat eine höhere
Affinität zu Sauerstoff und das Lungengewebe kann den Sauerstoff besser der Luft entnehmen. Das Lama produziert im
Gegensatz zu den meisten anderen Tieren im Gebirge keine
zusätzlichen roten Blutkörperchen in der Milz, um den niedrigen Sauerstoffgehalt der Luft auszugleichen. Und im Gegensatz zu anderen Tieren wird seine Herzschlagrate durch den
niedrigeren Luftdruck nicht besonders stark erhöht und es

fängt auch nicht an zu keuchen. Das Lama war offenbar tatsächlich ein ganz besonderes Höhentier.

Über die seltsam krustigen Flecken an den Seiten von Ñustas Hinterbeinen, jene »Drüsenregion am Mittelfußknochen«, fand ich keine weiteren Informationen. Allzu gern hätte ich gewusst, wozu sie gut waren. Ñusta schubberte immer über diese Stelle, wenn sie die eine komische Bewegung machte, bei der sie aussah wie eine Fliege, die sich die Hinterbeine reibt. Das konnte eine Spur sein, aber mir wollte einfach nicht einleuchten, was für eine Funktion diese Drüsen erfüllen sollten – falls es Drüsen waren. Das Ganze blieb mir ein Rätsel. Vielleicht würde mir Señor Hervé mehr darüber erzählen können, wenn ich ihn wiedersah.

Es gab für uns also noch viel über Lamas zu erfahren. Jedes Forschungsergebnis schien wieder mit einem von Professor Allens Fragezeichen zu enden. Wo würden wir ein passendes Männchen für Ñusta finden? Wir wussten jetzt, dass die Lamazucht keine einfache Angelegenheit war und man mit Misserfolgen rechnen musste. Würden auch wir Schwierigkeiten haben oder würden wir wieder einmal mit dem Anfängerglück gesegnet sein, das wir so oft bei unseren Unternehmungen hatten? Ganz sicher aber wussten wir, dass es auch nach zwei Jahren noch ein immenses Vergnügen war, ein Lama zu besitzen.

21

Das dritte Jahr

Der Winter 1976/77 war der kälteste seit Jahren. Es gab heftige Schneefälle und die Kinder verbrachten vergnügte Tage auf dem Schlitten und Pauls alten Skiern – mit Besenstiel und angebauter Hacke anstelle der fehlenden Skistöcke. John und Paul stiegen mit ihren Eispickeln auf die verschneiten Gipfel und unternahmen Kletterpartien auf den Moelwyn Bach und den Moel Hebog. Das war eine erstaunliche Leistung für einen achtjährigen Jungen und keine ganz so schlechte für seinen Daddy, der ein halbes Jahrhundert älter war. Lange blieb der Schnee jedoch nie liegen, was für die Schafe aber auch besser war. So konnten sie noch eine Ladung Gras zupfen, bevor der nächste Schnee kam. Zwischen den Schneefällen war es sehr feucht. Die grelle Hitze und Dürre des Sommers schienen weit weg, obgleich wir uns immer daran erinnerten, wenn wir den Kühen das duftende Heu zu fressen gaben, das wir Monate zuvor unter blauem Himmel gemacht hatten. Die Zeit zwischen November und März war die feuchteste Periode seit Beginn der Wetteraufzeichnungen.

Dem Lama schien der Schnee zu gefallen, je spröder und trockener, desto besser. Bergab stapfte sie den Kindern auf ihren Schlitten hinterher und war ganz begeistert von dem Zeitvertreib. Ich sah ihnen gern zu, den Kindern mit Hunden und Lama, und manchmal unternahm ich auch selbst eine Fahrt.

Inzwischen war ich sehr in mein Lamabuch vertieft. Ich hatte vorher schon einige Sachen geschrieben, aber dieses Buch machte mir am meisten Spaß. Ich konnte mich kaum davon losreißen und mich auf etwas anderes konzentrieren. Dadurch vernachlässigte ich die Arbeit auf dem Hof, aber Paul, Beenie und meine Mutter bemühten sich wacker, die Lücken zu füllen. Wann immer es mir möglich war, schob ich Extrastunden, um ihnen zu helfen. Mein Ziel war, das Buch in zwölf Monaten fertigzustellen und nicht wieder fünf Jahre daran zu sitzen wie bei meinen ersten beiden Büchern. Allerdings herrschte ein so trostloses, nasskaltes Wetter, dass die Schreibhütte kein angenehmer Rückzugsort mehr war. Mutter schlug vor, ich könnte doch Marys Zimmer nutzen. Dort hätte ich es warm und könnte meine Schreibutensilien ausbreiten, ohne gestört zu werden. Das Zimmer weckte traurige Erinnerungen, aber ich wusste, dass es meine Schwester gefreut hätte, wenn die Gedanken an ihre schwere Krankheit nun durch die kreative Arbeitsatmosphäre zerstreut würden. Und so zog ich mich, wann immer sich die Gelegenheit bot, mit Feuereifer in das Zimmer zurück. Am Nachmittag kam mir oft das Kinderfernsehen in die Quere. Die Zimmer in Carneddi waren alles andere als schalldicht und die Geräusche lenkten mich ab. Manchmal steckte ich mir Ohrstöpsel aus Wachs in die Ohren, aber das fühlte sich seltsam an und mir brummte der Kopf. Nicht selten gab ich einfach auf und beschäftigte mich mit etwas anderem, obwohl ich eigentlich einfach nur so schnell wie möglich weiterschreiben wollte.

Es war ein großes Vergnügen, über dieses reizende flauschige Tier zu schreiben. Sie war mir inzwischen sehr ans Herz gewachsen. Ich fand sie auf eine ganz besondere Art und Weise anmutig. Ob es an ihrer eleganten und zugleich ungewöhnlichen Erscheinung lag, an ihrem weichen Fell oder ihrem feinen, zarten Duft, konnte ich nicht genau sagen. Vielleicht machte auch ihr Charakter sie so anziehend, ihre Fähigkeit, zuzuhören und zu antworten, vielleicht sogar ihre Launen, in denen sie spuckte oder einen Wutanfall bekam, während sie sonst freundlich und warmherzig war. Oder es lag an ihrem lamamäßigen Humor, mit dem sie sich hinterrücks an Leute pirschte und ihnen den Schrecken ihres Lebens einjagte.

Ich weiß, dass viele bei solchen Anthropomorphismen, bei denen man einem Tier menschliche Charaktereigenschaften zuschreibt, vor Entrüstung aufheulen. Aber wenn ich Ñusta in die Augen sah, die inzwischen fast auf meiner Augenhöhe waren, hatte ich das unheimliche Gefühl, dass darin jemand wohnte, jemand versuchte, mit mir zu kommunizieren, ein Jemand, der vielleicht etwas schlicht gestrickt, naiv und gut-gläubig war, aber der auf seine bescheidene Weise eins und eins zusammenzählen konnte, eine breite Palette an Gefühlen kannte und sein Leben mit großer Freude und Begeisterung lebte. Wie vielfältig ihre Hupgeräusche und ihre verschiede-nen Arten, *mmm* zu sagen, doch waren. In der Gegenwart von Fremden blieb sie meistens stumm, aber innerhalb der Fami-lie benutzte sie ihre Stimme, um auszudrücken, was sie sagen wollte, und uns war völlig klar, was sie damit sagen wollte. Es hatte etwas sehr Geselliges, einen Schluck Coca-Cola oder ein Stück Schokolade mit einem Lama zu teilen, das einem dabei ins Gesicht sah und die Gabe höflich und genießerisch entge-gennahm. Für mich war sie einfach ein klein wenig mehr als nur ein Tier.

Großes Vergnügen bereitete uns immer wieder herauszu-finden, was Lamas gern fressen. Nach der Verzweiflung der ersten Tage, als Ñusta gar nichts fraß, hatte sich die Palette ihrer Vorlieben stark erweitert. Die erste echte Überraschung war gewesen, dass sie Schokoladeneier mochte. Danach wurde die Vielfalt der Dinge, die sie für sich entdeckte, immer grö-ßer. Es erinnerte mich daran, wie man herausfand, was Tiger mögen, nur umgekehrt. Erst mochte das Lama nichts, dann immer mehr und immer ungewöhnlichere Nahrungsmittel, auch wenn der kräftigende Malzextrakt von Klein Ruh nicht dazugehörte. Die meisten Entdeckungen machte sie zufällig und oft war schnelles Handeln gefordert, um teure Menschenkost in Sicherheit zu bringen. Wir fanden heraus, dass Lamas Brot mögen, aber kein Brot mit Butter. Sie lieben Kekse, aber verabscheuen Kuchen. Sie mögen jede Art von Getreideflocken, solange man keine Milch darüberkippt. Kaffeebohnen und losen Tee finden sie köstlich, die daraus gemachten Getränke lehnen sie ab. Sie trinken gern süßen Likör, Coca-Cola und gelegentlich ein Glas Johannisbeerlimonade, während ihnen Wein, Bier und die meisten Fruchtgetränke zuwider sind. Wenn Ñusta zufällig etwas probierte, was sie nicht mochte, oder wenn etwas, das sie gern fraß, auf irgendeine Weise verunreinigt war, öffnete sie das Maul und hielt es minutenlang mit einer Miene größten Ekels geöffnet. Diese Eigenart sah äußerst seltsam aus. Sie zog dabei die Kanten der Lippen leicht nach hinten, wodurch ihre Kiefer leicht schnabelhaft wirkten.

Ñusta mochte alle Sorten von Früchten, auch Tomaten, aber bei Bananen und Orangen zog sie die Schale der Frucht vor. Sosehr sie Äpfel liebte, fraß sie niemals ein Kerngehäuse, von dem schon jemand abgebissen hatte. Bei Schokolade und Keksen war sie pingelig: War irgendwo ein Zahnabdruck zu sehen, nahm sie lieber gar nichts davon, es sei denn, man brach ihr ein Stück ab.

Sie hatte Glück, dass sie viel Obst bekam. Unsere wunderbaren Obst- und Gemüsehändler in Portmadoc, die Prichard-Brüder, gaben uns immer große Tüten mit zerbeulten Äpfeln oder anderen beschädigten Waren für das Lama mit.

»Diese Woche gibt es wieder Lamaalmosen«, sagte David oder Bryn, wenn sie uns wieder eine übergroße Tüte überreichten.

Erst dachten sie, ich mache Witze, als ich sie fragte, ob sie vielleicht etwas Fressbares für unser Lama erübrigen könnten. Aber das konnten sie. Ihre Apfeltüten und Möhrenkisten waren uns in den ersten Wochen, die Ñusta bei uns war, eine große Hilfe, um sie zum Fressen zu bewegen. Später wurden sie zu ihrer wöchentlichen Köstlichkeit. Oft bekam sie abends noch eine Schüssel leckeres Obst und Gemüse, das ich aber erst waschen und kleinschneiden musste. Darauf bestand sie. Die Prichard-Brüder ergaben sich ihrem Schicksal, dass nun zu ihren Kunden auch ein zahlungsunfähiges Lama zählte.

Im Spätsommer fanden wir heraus, dass Ñusta die kleinen Jambolanapflaumen sehr mochte, die in großer Fülle auf den Bäumen an unserem Haus wuchsen. Sie nahm sich alles, woran sie ohne fremde Hilfe gelangte, und mümmelte dann noch das Fallobst. Ich fragte mich, ob eine solche Menge an Pflaumen ihre Verdauung durcheinanderbrachte. Und was mit den Kernen passierte. Bald wussten wir die Antwort auf beide Fragen. Einmal kam das Lama am Abend herein und setzte sich nach einem nachmittäglichen Pflaumenschmaus zu uns. Sie nahm auf ihrer Matte Platz und meditierte eine halbe Stunde lang auf ihre gewohnt stille Art. Dann beschloss sie, noch ein wenig wiederzukäuen. Der Bolus stieg den Hals hoch und links, rechts, links, rechts ging der Kiefer. Dann hörten wir ein leises Knirschen und plopp!, flog ein Pflaumenkern zu Boden. Er sah vollkommen sauber aus, wie gebleicht, nicht der kleinste Fitzel Fruchtfleisch hing noch daran. Der Kern hatte die gründlichen Verdauungsvorgänge ihres Pansens durchlaufen. Am Ende des Abends lag ein kleiner Haufen sauberer Pflaumenkerne auf dem Boden.

Durch das Lama hatte sich unser Leben verändert. Im Haus sah man deutlich die Spuren ihrer Anwesenheit, durch die leider alles noch heruntergekommener wirkte, aber wenn ich sie sah, musste ich lächeln. Es waren doch einzigartige Markierungen, die auf ihre Art durchaus etwas hermachten. Über die Fensterscheiben zogen sich die feinziselierten Lamazahnlinien. Das aus Baumwolle gewebte Tischdeckchen war vom vielen Kauen an den Kanten ausgefranst. Der wunderschöne Flickenteppich, den ich an zahllosen Abenden geknüpft hatte, während ich nach dem Tod meines Vaters bei meiner Mutter saß, sah nach schwerem Mottenfraß aus. Der Teppich war Ñustas Lieblingsruheplatz. Er war dick und warm und fühlte sich schön wollig an. Während sie darauf saß, zupfte sie manchmal träge einen kleinen Wollfetzen heraus und fraß ihn auf. Der Teppich war leicht auszubessern, weil ich ihn ja selbst genäht hatte, aber es machte mir trotzdem zusätzliche Arbeit. Meist stellte ich Ñusta die Spielzeugkiste hin, um sie vom Teppich abzulenken.

Auch im Leben anderer spielte das Lama eine Rolle. Nach einer stürmischen Nacht brachte mir John einmal ein Buchfinkennest. Er hatte es auf den Steinplatten vor dem Haus gefunden und wir vermuteten, dass es aus der Clematis gefallen war, die über den Hauseingang gewuchert war. Das Nest war wunderschön. Es bestand aus dunkelgrünem Moos und etwas Schafwolle, die von Flocken gräulich grüner Flechten umkränzt war, sodass es aussah wie eine juwelenbesetzte Krone. Drei oder vier fuchsrote Federn, die von einer Hühnerbrust abgefallen waren, ragten aus der Oberkante des Nestes hervor und bildeten durch ihre natürliche Krümmung ein kleines Federdach. Ausgekleidet war das Nest mit einigen schwarzen Haaren, vielleicht von einem Rind oder einem Pony, aber das Hauptfutter bestand aus beigem Lamafell, weich, üppig und luxuriös. Dieses Buchfinken-Weibchen war eine echte Expertin in Inneneinrichtung, dachte ich bei mir, und eine hingebungsvolle Mutter, wenn ihr für ihre Eier nur die teuerste

Auslegeware gut genug war. Das Nest war das Nonplusultra modernen Designs. Wir legten es als außergewöhnliche Dekoration in Carneddi auf den Kaminsims; es war viel zu wundervoll, um es einfach wegzuwerfen.

Der Frühling 1977 ließ auf sich warten. Noch im Mai konnten wir kaum glauben, dass bald Sommer sein sollte. Es war immer noch kalt, mit Nachtfrost oder starkem Regen und Wind. Mit unserer Arbeit lagen wir weit im Hintertreffen, aber dafür war mein Buch fast fertig, sodass ich bald mit neuem Elan einiges würde aufholen können. Am Ende des Monats saß ich an den letzten Seiten, dann ging es ans Scheren und Silagemachen. In diesem Sommer wollten wir Um nicht gleich wieder scheren. Ihr Vlies war im letzten Winter ordentlich gewachsen, aber noch nicht wieder so lang und flauschig wie vor ihrer ersten Schur. Wir wollten sie wohl alle gern wieder in vollem Kleid sehen, in ihren herabwallenden Vorhang gehüllt.

In diesem Jahr sah es so aus, als würde es nicht genug Gras zum Heumachen geben. Wir hatten die Schafe wegen des langen, kalten Frühlings länger als sonst auf den unteren Feldern grasen lassen. Nachdem wir sie auf den Berg getrieben hatten, war eine Gruppe hartgesottener Springer hartnäckig immer wieder heruntergekommen und hatte unsere Heufelder gestutzt. Wir konnten sie hochtreiben, sooft wir wollten, am nächsten Tag waren sie wieder da. Zudem hatten wir in diesem Jahr mehr Rinder als gewöhnlich und einige der athletischen Färsen bahnten sich einen Weg, um an das bessere Gras zu kommen. Wir gingen die Mauern ab, um die Löcher zu stopfen, aber bis das erledigt war, hatten sie das saftigste Gras schon verschlungen. Wenigstens gab es noch genug, um Silage zu machen, und so gingen wir an die Arbeit, um das Silo zu füllen. Ab und zu hatten wir einen freien Tag, an dem wir mit den Kindern zu einem Reitturnier oder einer Eintagesveranstaltung fuhren, was Paul und ich immer genossen. Es war einfach großartig, wie gut sich die Kinder auf unseren kleinen selbstgezüchteten Ponys machten.

Der Sommer verging viel zu schnell.

»Wir müssen wirklich etwas unternehmen, wenn wir wollen, dass Um noch in diesem Jahr trächtig wird«, sagte ich zu Paul. »Es wäre doch schön, ein Klein-Um zu haben.«

Es war jetzt Mitte Juli. Normalerweise brachten wir unsere Stuten Ende Mai oder Anfang Juni zum Deckhengst, sodass das Gras, wenn sie im Frühjahr fohlten, schon ordentlich gewachsen war.

Lamas sind ebenfalls elf Monate lang trächtig, aber wir hatten gelesen, dass auf der Nordhalbkugel die meisten im Juni, Juli und August Nachwuchs bekamen. Wir dachten, unserem Deckversuch wäre womöglich größerer Erfolg beschieden, wenn wir die Zeit so auswählten, dass Ñusta das Kleine im nächsten Sommer zur Welt bringen würde. Ursprünglich hatten wir uns überlegt, uns ein paar Tage Urlaub zu nehmen und uns alle in Frage kommenden Männchen anzusehen. Das war aber illusorisch. Es war zu viel Arbeit auf dem Hof liegen geblieben und wir hatten niemanden, der Beenie während unserer Abwesenheit hätte helfen können. Auch waren die Preise für Benzin und Diesel so stark gestiegen, dass wir nur noch irgendwohin fuhren, wenn es einen sehr, sehr guten Grund dafür gab. Wir hatten das Männchen im Colwyn Bay Mountain Zoo gesehen, das uns aber zu klein erschien. Außerdem war es ebenmäßig weiß und wir hätten lieber ein mehrfarbiges Tier gehabt.

»Irgendein Männchen ist in unserer Lage besser als kein Männchen«, sagte Paul, »und der Zoo liegt in der Nähe, was praktisch ist.«

Da musste ich ihm zwar recht geben, aber ich hätte, um

Ñusta zu decken, doch gern ein Tier gehabt, das etwas mehr Eindruck machte.

»Ich schreibe mal einen Brief an den Chester Zoo«, sagte ich. »Als ich vor ein paar Jahren auf dem Schulausflug dort war, hatten sie ein sehr schönes Männchen. Ich habe es zwar nur aus der Ferne gesehen, aber es sah ziemlich groß aus und hatte einen schwarzen Kopf. Es kann sein, dass ein so großer Zoo nicht auf unsere Anfrage reagiert, aber probieren können wir es.«

Also schrieb ich noch einmal einen Brief an den Zoodirektor und bekam eine ausnehmend höfliche Antwort. Es würde ihn freuen, uns zu helfen, und wir könnten unser Lama gern zu ihrem Deckmännchen in den Zoo bringen. Dann machte er uns noch darauf aufmerksam, dass das Decken eine heikle Angelegenheit sei und wir die Risiken selbst tragen müssten. Paul und ich waren mittlerweile ziemlich erfahren im Tragen von Risiken. Wir wussten nicht, was uns in diesem Fall erwartete, aber wir wussten, dass sich mit gesundem Menschenverstand und Vorausschau die meisten Katastrophen verhindern ließen. Die Gebühr betrug zwanzig Pfund einschließlich Unterbringung, falls wir das Lama im Zoo lassen wollten. Paul und ich waren begeistert. Wir fanden die Gebühr vollkommen angemessen für ein so exotisches Tier. Bei Ponys betrug die Gebühr für den Deckhengst meist zwischen zwanzig und fünfunddreißig Pfund, manchmal sogar noch deutlich mehr. Ein Telefonanruf und die Angelegenheit war abgemacht; wir würden die Sache nicht mehr auf die lange Bank schieben.

22

In den Chester Zoo

Eines bewölkten Morgens Anfang August machten wir uns auf den Weg nach Chester. Wir hatten tags zuvor mehrere Ladungen Gras auf das Silo gekippt und hofften, dass es sich in den nächsten vierundzwanzig Stunden nicht allzu sehr aufheizen würde. Jetzt fragten wir uns, ob Ñusta die Reise genauso gut vertrüge wie vor nunmehr zweieinhalb Jahren die Fahrt von Harrogate zu unserem Hof. Ich hatte mir eigentlich vorgenommen, sie vorher ein paarmal in den Anhänger zu locken und dort zu füttern, damit sie sich ein bisschen daran gewöhnen konnte, aber dann kam es doch nie dazu. Wir legten ihr das Halsband und die Leine an und brachten sie zum Anhänger. Leider war sie nicht willens, einen Fuß auf die Rampe zu setzen. Aber wir hatten keine Zeit zu verlieren. Bei einem Tier von der Größe eines Lamas war das kein großes Problem. Ann stieg mit einem Napf Nüsse und der Leine in den Anhänger, Paul und ich packten das Lama an der Hüfte, dann schoben wir sie im Handumdrehen hinein. Zuletzt schlossen wir die Rampe und ließen Ann durch die Pflegertür heraus.

Amanda und Penny kamen auch dazu und alle Kinder stiegen hinten in den Landrover. Schon ging es los. Nachdem wir einen Kilometer gefahren waren, hielten wir an, um zu sehen, wie es Um erging. Wie ich gehofft hatte, saß sie in der Schwanenposition und wirkte ziemlich gelassen. Ich war immer etwas angespannt, wenn wir ein Tier im Anhänger transportierten, und zuckte bei jedem Huckel auf der Straße, bei jeder scharfen Kurve und jedem lauten Laster.

Ich war dankbar, dass das Reisen mit unserem kostbaren Lama so unproblematisch war.

Wir lagen gut in der Zeit und hofften, gegen Mittag am Zoo zu sein. Obwohl es noch früh war, waren die Kinder schon in den Picknickkorb abgetaucht. Ich schaute aus dem Fenster und sah mir an, wie weit die Heuernte auf den hochgelegenen Höfen im Moor rund um Denbigh gediehen war. Manche Felder, auf denen das Heu schon abgeerntet war, strahlten in hellem Lindgrün; auf anderen lagen feuchte Mähschwaden. Die tiefen Wolken kündeten schon vom bevorstehenden Regen. Dann, auf dem letzten Hügel vor dem Forest, stotterte plötzlich der Landrover. Paul schaltete einen Gang herunter. Von der Kühlerhaube stiegen Dampfwolken auf.

»Verflucht! Der Kühler kocht!«

Irgendwas stimmte da nicht. Paul hatte extra noch Wasser aufgefüllt, bevor wir losfuhren. Der Landrover machte wieder mal Zicken. Wir hatten ihn schon gebraucht gekauft und nachdem er uns vierzehn Jahre lang gute Dienste geleistet hatte, wurde er allmählich unzuverlässig. Meist lief er zwar noch ohne Mucken, aber sobald etwas Wichtiges anstand, konnte man sicher sein, dass er schlappmachte. Auf der Hügelkuppe hielten wir an, um den Motor abkühlen zu lassen und zu überlegen, wie es weiterging. Die Kinder breiteten gleich das Picknick aus. Ich ging nach hinten, um nach Um zu sehen; sie war aufgestanden und spähte neugierig über die Rampe.

»Kleine technische Störung«, erklärte ich ihr.

Als sich der Motor etwas abgekühlt hatte, ließen wir den Wagen im Leerlauf den Berg hinunterrollen, bis wir das nächste, winzige Dorf erreichten. Jetzt roch es übel nach Diesel. Paul hielt vor der einzigen Autowerkstatt weit und breit. Er machte die Motorhaube auf und ließ dabei den Motor weiterlaufen, der unseren kostbaren Diesel auf die Straße spie. Die Benzinleitung war gerissen.

»Das musste ja heute passieren!«

Ich machte mir allerdings keine allzu großen Sorgen. Wir hatten das alles schon oft genug erlebt. Paul war zwar nicht unbedingt in Maschinen vernarrt, aber doch ein guter Reparateur in allen Notlagen und ich wusste, dass er den Wagen wieder zusammenflicken würde. Irgendwie würden wir nach Chester kommen. Bis jetzt waren wir noch nie bei Denbigh auf dem Moor gestrandet, während wir ein Lama zu seiner Verehelichung brachten, aber diese Reise hatte schon etwas sehr Skurriles an sich, weshalb es uns fast folgerichtig schien, dass wir auf der Strecke liegenblieben. Wir stiegen aus. Paul zog den Besitzer der Werkstatt zurate, der verdutzt dreinblickte, als ihm ein weißes Gesicht mit langen Ohren aus dem Anhänger entgegenlugte und uns die Kekse wegfraß. Er hatte die Werkstatt erst vor Kurzem gekauft und war noch nicht für Reparaturen ausgestattet, machte sich aber trotzdem daran, die Benzinleitung so gut es ging wieder dicht zu kriegen. Da er keine Dichtungsmasse für den Kühler hatte, füllten wir ihn einfach mit Wasser auf und hofften, es damit bis zur nächsten Werkstatt zu schaffen. Das alles dauerte seine Zeit. Während sich Paul und der gute Mann mit dem Auto abmühten, machten die Kinder und ich einen Spaziergang durch die Gassen und pflückten Wildblumen. Um reckte den Hals aus dem Anhänger und sah uns hinterher. Sie hätte uns bestimmt gern begleitet, aber wir hielten es für besser, keine zusätzliche Verzögerung zu riskieren.

Schließlich war der Wagen halbwegs geflickt und wir konnten weiterfahren, um in der nächsten Werkstatt Dichtungsmasse für den Kühler zu besorgen. Doch bevor wir dort ankamen, war die Benzinleitung schon wieder hin und wir erreichten sie in einer Wolke aus Dieselrauch. Während sich Paul und der Automechaniker an die Arbeit machten, ging ich in einen Lebensmittelladen, um Obst und Süßigkeiten zu kaufen. Als ich gerade gehen wollte, dachte ich an Um.

»Haben Sie Kekse, die auch Lamas mögen?«, fragte ich den Lebensmittelhändler.

Er sah mich verwirrt an.

»Was mögen denn Lamas?«, fragte er.

»Alles, was knusprig und süß ist«, sagte ich. »Unser Lama steht da draußen im Anhänger und ihr ist langweilig vom Warten.«

Ich entschied mich für eine Packung Mürbekekse.

»Ich muss dieses Lama sehen«, sagte der Händler.

Er ging mit mir nach draußen und alle anderen Kunden hinterdrein. Das Lama lehnte sich anmutig über die Rampe und fraß genussvoll die Kekse. Obwohl es Mittagszeit an einem Mittwoch war, war sie bald von einer beachtlichen Menschentraube umringt. Ich brachte meine kleine Nummer, was für faszinierende Tiere Lamas doch sind, und erzählte, dass wir mit ihr zum Chester Zoo fuhren. Alle hörten gebannt zu.

»Frisst sie so was auch?«, fragte ein Schaulustiger und hielt mir eine Dose Pfefferminzbonbons hin.

»Probieren Sie es aus«, sagte ich.

Der Mann bot dem Lama ein Bonbon an, das sie behutsam mit den Lippen aus seiner Hand auflas. Ja, sie mochte Tic Tacs. Dann hielt ich ihr die Schachtel mit den Papiertaschentüchern aus dem Landrover hin. Sie zupfte eins heraus und verschlang es in Sekundenschnelle. Sprachlos sah die Menge zu, wie Tuch um Tuch, lila, gelb, rosa, blau, lila, gelb, rosa, blau, in ihrem Rachen verschwand.

»So was habe ich noch nie gesehen«, sagte schließlich jemand.

Dann war der Landrover endlich startklar und wir konnten uns wieder auf die Reise machen. Wir winkten den Schaulustigen zum Abschied, die uns viel Glück für unser Vorhaben wünschten. Und fuhren weiter.

Ohne weitere Zwischenfälle erreichten wir den Chester Zoo, spät, aber heil. Man hatte uns gesagt, wir sollten zum Time Office fahren und nach dem Säugetierpfleger Mr Wait fragen.

»Soll ich zu ihm sagen: ›Ich arbeite, Sie warten?‹?«, fragte Paul mich leise (wir hatten den ungewöhnlichen Beinamen Work).

»Auf keinen Fall!«

Mr Wait kam und führte uns außen um den Zoo herum, damit wir beim Lamagehege wieder hineingehen konnten, ohne den Besuchermassen zu begegnen. Dann blieben wir stehen und begutachteten die Tiere. Es gab drei Männchen, einen Jährling, der allein in einem Pferch stand, ein ausgewachsenes Lama in einem anderen Gehege und das Männchen mit dem schwarzen Kopf, das ich gesehen hatte. Es war mit zwei Weibchen zusammen. Mr Wait schlug vor, Ñusta zu dem ausgewachsenen Lama zu bringen, das allein war. Ein schönes Tier mit langem Fell und schwarzen Flecken an Kopf und Hals. Nur seine Augen gefielen mir nicht. Sie waren hellblau, wodurch er einen seltsam stierenden Blick hatte. Obwohl Mr Wait sagte, er habe sich als Vatertier bewährt, wollte ich trotzdem lieber das Männchen mit dem schwarzen Kopf nehmen. Black Head sollte es also sein.

Wir ließen die Rampe herunter und Ñusta stieg aus dem Anhänger. Sie folgte mir widerspruchslos über den betonierten Hof in einen großen Betriebsraum, von dem Türen zu den Lamahäusern abgingen. Dann öffnete Mr Wait die Tür zu den Gemächern von Black Head und seinen Gattinnen, einem großen, mit sauberem Stroh ausgelegten Stall. Von dort führte eine offene Tür ins Lamagehege, in dem auch ein paar Wallabys herumliefen, wie uns auffiel. Draußen gab es noch einen großen Vorbau oder »Um-Bau« mit Betonboden und einem Plexiglasdach. Die drei Lamas standen noch ein Stück hinter dem Vorbau.

Jetzt war der Augenblick der Wahrheit gekommen. Wir würden herausfinden, ob sich Ñusta als Tier oder als Mensch ansah und ob sie das Lamaleben womöglich vollends vergessen hatte.

Als die drei Tiere im Gehege die Ankunft der Fremden bemerkten, kamen sie in getragenem Tempo auf uns zu. Die vier Kinder, Mr Wait, Paul, Um und ich standen windgeschützt unter dem »Um-Bau« und sahen ihnen entgegen. Ñusta stellte die Ohren nach vorn und blickte sie für einen Moment aufmerksam an. Dann wurde ihr Augenmerk auf ein Wallaby gelenkt, das *boing, boing, boing* etwas weiter weg durchs Gehege hoppelte. Das fand sie faszinierend. Als die Zoolamas uns erreichten, ging Ñusta zu ihnen. Die vier Tiere kreisten umeinander wie Tänzer bei einem Zeitlupenmenuett. Alle waren von ausgewählter Höflichkeit und wahrten die Etikette und Ñusta verhielt sich völlig konform. Man hätte denken können, sie sei ihr Leben lang unter Lamas gewesen. Langsam, den Kopf erhoben, die Unterzähne andeutungsweise entblößt und mit leicht hochnäsiger Miene kreisten sie vor sich hin. Dass Menschen in ihrem »Um-Bau« standen, interessierte sie nicht.

Black Head, das Männchen, war ein paar Zentimeter größer als Ñusta, die Weibchen genauso groß. Alle Zoolamas schienen längere Hälse zu haben als Ñusta, was aber auch daran liegen konnte, dass sie nicht ganz so mollig und fellbauschig waren. Black Heads Kopf war dunkel wie Zartbitterschokolade und er hatte riesige, dunkel schimmernde Augen. Jetzt reckte er den Kopf, um an Ñustas Schwanz zu schnüffeln. Das tat er so vorsichtig und höflich, als wollte er sich dafür entschuldigen. Ñusta erstarrte und legte die Ohren nach hinten. Black Head versuchte halbherzig, sie zu bespringen, aber sie machte einen Schritt nach vorn und ließ ihn auflaufen. Dann kam sie zu mir, um Schutz zu suchen, und das Männchen zog sich mit einem Blick zurück, als sei er missverstanden worden. Den beiden Weibchen war in der Zwischenzeit langweilig geworden und sie gingen wieder hinaus ins Gehege. Ñusta wagte sich ein paar Schritte vor, um sich die Wallabys anzusehen. Das Männchen legte sich auf den Boden.

»In den Forschungsartikeln steht, wenn sich Lamas nicht innerhalb der ersten vier Minuten paaren, tun sie es gar nicht«, sagte Paul.

Eine Dreiviertelstunde verging. Als die grauen Wolken Sprühregen vergossen, kamen die Weibchen zurück zum »Um-Bau« gerannt, um sich unterzustellen. Black Head raffte sich wieder auf. Dann standen wir alle da und sahen dem Regen zu.

War unsere Reise vergebens gewesen? War Ñusta im Anöstrus?

»Wir können es noch mit dem anderen Männchen probieren.«

In den Forschungsartikeln stand, dass man die besten Ergebnisse erzielte, wenn die Männchen nicht ständig Umgang mit Weibchen hatten. Vielleicht hemmte es Black Head, dass seine Gattinnen in der Nähe waren, weshalb das andere Männchen, das Mr Wait uns vorgeschlagen hatte, vermutlich doch die bessere Wahl war. Inzwischen war ich durchaus bereit, es mit dem schielenden Lama zu versuchen.

Wir führten Ñusta weg, ohne dass die Zoolamas protestierten. Sie kam bereitwillig mit. Im Betriebsraum befanden sich jetzt zwei Tierpfleger. Sie sahen sich unser Lama mit Wohlgefallen an und waren beeindruckt von ihren guten Manieren und ihrer anmutigen Erscheinung. Dann führten wir sie in Schielauges Stall, die Kinder hinterdrein. Schielauge war draußen in seinem Gehege. Ich führte Ñusta zu ihm, nahm ihr die Leine ab und ging zurück zum Unterstand an der Tür. Inzwischen regnete es ununterbrochen. Das Männchen drehte sich herum und lief auf uns zu. Sofort bestieg er Ñusta, die Angst bekam und zu mir rannte, während das Männchen auf den Hinterbeinen hinter ihr herwetzte. Blitzschnell schob Paul den Fuß vor und stellte Ñusta ein Bein, sodass sie zu Boden ging und gleich in der richtigen Kopulationsstellung war, in der das Männchen sie bestieg. Geschafft!

Unglücklicherweise klebten sie jetzt unbequem an der Wand, aber dem Männchen schien das egal zu sein. Die Kinder drückten sich durch die Tür hinaus in den Regen, um alles gut sehen zu können. Nun setzte das seltsame »Singen« des Lamamännchens ein, ein raues *mmm*, das während der gesamten Begattung nicht einmal abbrach. Sie dauerte fast vierzig Minuten, ohne dass Stielauges Inbrunst erkennbar nachließ. Sein Hals war steif und gekrümmt, die Ohren nach vorn gestellt, seine hellen Augen blickten glasig. Er *mmm*te mit einer derart fieberhaften Intensität, dass ihm bald Schaum vor dem Maul stand. Ñusta dagegen wirkte seltsam teilnahmslos. Sie saß in ihrer behaglichen Teehaubenposition, hatte die Ohren nach vorn gestellt und sah mit liebreizendem Gesichtsausdruck interessiert um sich, als bemerkte sie gar nicht, wie wild das Männchen auf ihr zugange war. Ein-, zweimal machte sie Anstalten aufzustehen, aber Schielauge war zu schwer für sie und sie blieb sitzen. Da lugte ein Bison über die Mauer, die seine Koppel vom Lamagehege trennte. Ñusta drehte den

Kopf und betrachtete das seltsame Tier. Da es hier nichts sonderlich Interessantes zu sehen gab, wandte sich das Bison um und ging wieder seinen Geschäften nach. Etwas weiter weg hatte sich eine kleine Traube von Zoobesuchern versammelt, die bemerkt hatte, dass im Lamagehege etwas vor sich ging, ohne sagen zu können, was es war, oder näher ans Geschehen zu gelangen.

Schließlich standen die beiden Lamas wieder auf, Ñusta kam zu mir herüber und suchte meinen Zuspruch. Das Männchen zog sich zurück. Es sah erschöpft aus.

Ich flüsterte Ann so leise ich konnte ins Ohr:

»Hat es geklappt?«

Die Tiere waren so zottelig, dass kaum auszumachen war, was während der Paarung vor sich gegangen war. Ich wollte mich nicht in Gegenwart des Säugetierpflegers auf den Boden hocken und wie die Kinder auf die Tiere stieren.

»Ja«, sagte Ann.

Sie kannte sich in solchen Dingen aus. Ich war zufrieden, dass alles gut gelaufen war.

Jetzt mussten wir uns überlegen, wie wir weiter verfahren wollten. Bis dahin war alles vor sich gegangen, wie es im Lehrbuch steht. Als wir Ñusta mit dem Männchen zusammenbrachten, das die ganze Zeit in Gesellschaft seiner Weibchen ist, war nichts passiert, aber mit dem anderen Männchen, das allein in seinem Pferch lebte, hatte die Paarung nach weniger als vier Minuten begonnen. In den wissenschaftlichen Artikeln hieß es, die Tiere mehrmals zu paaren bringe keinen Vorteil. Wenn das Männchen fruchtbar sei und das Weibchen mit einem Eisprung reagiere, genüge das eine Mal. Mr Wait wollte Ñusta gern noch für einen zweiten Zyklus im Zoo behalten, aber wir hielten das für überflüssig. Bei einem Tier, das keine regelmäßigen Östruszyklen hatte, würde es kaum etwas bringen, es noch drei oder vier Wochen beim Männchen zu lassen. Der Eisprung fand erst sechsundzwanzig Stunden nach dem Paarungsstimulus statt und wenn wir mit Ñusta heimfuhren, wäre sie wieder in ihrer gewohnten Umgebung, bevor der entscheidende Moment kam. Außerdem wäre sie nicht gleich zu Beginn der Schwangerschaft dem Stress einer Reise ausgesetzt, der zu einer Resorption des Embryos führen konnte, was bei Lamas häufig vorkam. Es könnte Ñusta unruhig und unglücklich machen, nicht in ihrer vertrauten Umgebung zu sein, und das könnte die empfindlichen Mechanismen der Entwicklung stören. Bis hierhin war alles wunderbar verlaufen, aber wer wusste schon, ob nicht irgendein Unglück geschah, wenn Um nicht mehr in unserer Obhut war? Also entschieden wir, sie mit nach Hause zu nehmen.

Mr Wait war mit unserem Plan einverstanden. Wir vereinbarten, dass wir mit den Kindern noch eine kleine Runde durch den Zoo machten und uns um halb fünf mit ihm am Lamahaus trafen. John wollte sich unbedingt die Vogelspinne ansehen, deshalb liefen wir gleich zum Tropenhaus, um einen raschen Blick darauf zu werfen. Dieses Mal hatten wir keinen Zooplan dabei und in der Menschenmenge konnte man leicht den Überblick verlieren. Aber schließlich fanden wir die Spinne und sahen im Vorbeigehen auch noch einige andere Tiere und kauften uns im Restaurant ein paar Erfrischungen. Als wir zum Lamahaus zurückkehrten, ging es schon auf fünf Uhr zu.

Der Säugetierpfleger wartete bereits auf uns. Er sagte, die Lamas hätten sich während unserer Tour noch ein zweites Mal gepaart. Ñusta ließ sich bereitwillig hinausführen, aber Schielauge stapfte im Kreis durch sein Gehege und *mmm*te verdrossen, weil seine Gefährtin fortging. Wir packten Ñusta in den Anhänger, dann fuhr Mr Wait mit dem Fahrrad voraus, um uns zum Seiteneingang zu bringen, durch den wir gekommen waren. Wir winkten ihm zum Abschied und Dank und fuhren davon.

Der Heimweg verlief ohne Komplikationen. Der Landrover muckte nicht mehr, aber es wurde dunkel, bevor wir Tŷ Mawr erreichten. Auch diesmal blieb Ñusta während der Reise ruhig. Erst am späteren Abend stellte ich fest, dass die gewohnten Fältchen in ihrem Gesicht tiefer geworden waren und sie von den Anstrengungen des Tages Tränensäcke unter den Augen bekommen hatte. Am nächsten Tag ging es ihr aber gut. Die Tränensäcke waren wieder verschwunden, nur bewegte sie sich etwas steif. Ob es an der Reise lag oder am energiegeladenen Tun des Männchens, konnten wir nicht sagen. Auch wirkte sie etwas abwesend in ihrem Verhalten. Paul sagte, der Eisprung komme abends um sechs, aber als die Zeit gekommen war, zeigte sie keinerlei Regung.

Jetzt konnten wir nur noch abwarten und hoffen. Durch unsere Lektüre wussten wir, dass eines von fünf Lamas nach dem Paarungsstimulus keinen Eisprung bekam. Auch, dass die Hälfte aller Tiere, die einen Eisprung bekamen, den Embryo innerhalb der ersten dreißig Tage absorbierte. Dann kamen noch all die Unwägbarkeiten der nächsten zehn Monate hinzu. Die Wahrscheinlichkeit, dass wir bald ein kleines Umlette haben würden, lag deutlich unter fünfzig Prozent. Aber natürlich hofften wir trotzdem darauf.

Es war eine quälende Situation. Elf Monate waren eine sehr lange Zeit und wir wollten wissen, ob es sich überhaupt lohnte, etwas zu erwarten. Ich fragte unsere Tierärztin Miss Fargher, ob es möglich sei, einen Schwangerschaftstest zu machen. Sie sagte, das sei schon möglich, nur praktisch schwierig, weil es keinerlei Informationen darüber gebe, wie ein solcher Test einzuordnen sei. Die meisten Lamas auf den britischen Inseln lebten im Zoo mit einem Männchen zusammen. Wenn sich die Tiere paarten, war das schön; wenn nicht, hoffte der Zoo, im nächsten Jahr mehr Glück zu haben. Niemand machte sich in diesem Land die Mühe, bei seinen Lamas einen Schwangerschaftstest durchzuführen. Anders bei Rindern und Pferden, die von größerer wirtschaftlicher Bedeutung waren und für die es erprobte Methoden gab. Die wissenschaftlichen Artikel hatten dazu nicht viel zu sagen. In einer Publikation hieß es, bei Alpakas könne man es leicht nach vier Wochen ertasten. Ob das wirklich so einfach war? Wir hatten da unsere Zweifel. In der Wissenschaft konnte man die Tiere und ihre Jungen vielleicht eher wie Forschungsgegenstände betrachten, aber ein so kostbarer Schatz wie ein einzigartiges Um war da schon etwas anderes. So sehr waren wir nun auch nicht darauf erpicht, das Ergebnis der Paarung zu erfahren, dass wir Ñusta dafür unangenehmen Eingriffen aussetzen wollten. Es gab auch einen praktischen Grund; Stress konnte zur Resorption des Embryos oder einer Fehlgeburt führen. Es wäre traurig gewesen, wenn wir durch unsere Neugierde das Objekt unserer Hoffnungen zerstörten. Mr Ingman, ein Kollege von Miss Fargher, hatte Nachforschungen angestellt und herausgefunden, dass das Paarungsverhalten bei Kamelen – wozu wir auch die südamerikanischen Vertreter der Familie Camelidae zählten – noch eher wild und undomestiziert war. Obwohl sie seit Jahrhunderten domestiziert waren, bestand ihre Reaktion auf Stress im Ausbleiben von Nachwuchs.

Wir sahen uns die möglichen Methoden an, wie man eine Schwangerschaft feststellen konnte. Zum einen konnte man in den ersten Wochen eine rektale Untersuchung durchführen, um Veränderungen am Uterus und den Eierstöcken zu erkennen. Später konnte man auch den Fötus ertasten. Beides wäre ein unerdenklicher Angriff auf Ñustas Würde und wahrscheinlich war sie für eine solche Untersuchung auch zu klein. Deshalb schlossen wir diese Möglichkeit aus. Dann konnte man eine Blutprobe entnehmen, was bei Stuten häufig gemacht wurde. Auch das würde das Lama beunruhigen. Zwar ließ sich relativ leicht Blut aus der Halsvene entnehmen, aber um die Veränderungen im Hormonspiegel zu erkennen, würden wir mehrere Proben nehmen müssen. Das Schwierige daran war, herauszufinden, was für ein Lama »normal« war. Dazu müssten wir den Hormonspiegel im Blut eines nicht schwangeren Lamas messen.

Urin konnten wir problemlos auffangen, um damit einen Test zu machen. Dazu musste ich nur mit einem Topf zu Ñusta gehen, wenn sie zu einem ihrer Misthaufen lief, und die gewünschte Menge auffangen. Sie würde mich vielleicht schief ansehen, aber nicht in Stress geraten. Nur wussten wir nicht, welche Hormone im Lamaurin wie stark zunahmen, und würden wieder ein nicht schwangeres Lama zum Vergleich hinzuziehen müssen.

Wenn ein Nutztier kein Östrusverhalten zeigt, ist das ein guter Hinweis darauf, dass es schwanger sein könnte, aber bei einem Lama brachte uns das nichts, weil es sowieso keine Brunstperiode hat. Später, bei fortgeschrittener Schwangerschaft, konnte man den Herzschlag des Fötus per Fetometrie erkennen, wobei, wie mir erklärt wurde, Ultraschallwellen eingesetzt wurden. Dann gab es noch die Röntgenstrahlung, aber diese neue Technologie schien mir in unserem Fall nicht die richtige zu sein. Vielleicht wäre es besser, einfach zu warten und uns an die alten Orientierungshilfen zu halten, die die Bauern seit Anbeginn der Viehwirtschaft nutzten: Gewichtszunahme, Veränderungen im Körperbau und Euterentwicklung. Unzählige Male schon hatte ich in den letzten zwei Monaten einer Schwangerschaft dem ungeborenen Kalb im

Mutterleib einen Stoß gegeben, sodass es gegen die Körperwand der Mutter gedrückt wurde, von dort zurückprallte und durch das Fruchtwasser gegen meine Faust trieb. Diese Technik hieß, wie ich jetzt erfuhr, »Ballottement«, aber ich fürchtete, Ñusta würde mir so etwas auf keinen Fall erlauben. Bei einem Fohlen konnte man manchmal das Herzflimmern erspüren, wenn man eine Hand direkt vor den Euter der schwangeren Stute hielt, nachdem sie eine größere Menge kaltes Wasser getrunken hatte. Aber ob das bei Lamas funktionierte, wusste ich nicht.

Die Forschung zu Schwangerschaftstestmethoden war hochinteressant, aber wir mussten auch feststellen, dass neugierige Menschen zuweilen mehr schadeten als nützten. Vielleicht sollten wir uns damit zufriedengeben, dass Ñusta ihr Geheimnis für sich behielt, und einfach der Natur ihren Lauf lassen. Das Lama würde uns schon zur rechten Zeit offenbaren, ob unsere Reise nach Chester Früchte getragen hatte. Alles zu seiner Zeit, und was waren ein Winter und ein Frühling, wo wir schon so oft in unseren Wäldern die Blätter hatten fallen und wieder wachsen sehen? Wir würden warten, wie wir es immer getan hatten.

Die Zukunft strahlte uns hell. Das Lama hatte eine neue Ära in der Geschichte von Carneddi eingeläutet. Jahrelang hatten uns Dinge im Zaum gehalten, auf die wir nicht vorbereitet waren, Krankheiten, die unvorhersehbaren Volten der Landwirtschaft, die rasende Inflation. Es hatte mich viel Zeit und Kraft gekostet, mich um die Kinder zu kümmern, als sie noch klein waren, und mich von der Arbeit auf dem Hof abgelenkt, und obwohl ich jede Minute mit ihnen genoss, musste der Hof für unser aller Lebensunterhalt sorgen. Jetzt, wo Ann und John etwas älter waren, konnten sie uns auf dem Hof helfen. In den vergangenen zehn Jahren waren wir nicht recht vorangekommen, aber nun war wieder Zeit, um nach vorn zu schauen.

Fred war weit weg, aber das war sicher besser so, weil sie sich zu viele Gedanken über uns machte. Betty, unsere erste Fronarbeiterin, die unsagbar viel Arbeit in den Hof gesteckt hatte, besuchte uns jedes Jahr, auch wenn sie inzwischen ihr eigenes Leben führte. Nichts konnte uns den Verlust meines Vaters und Marys ersetzen, aber sie hinterließen uns ein wertvolles Vermächtnis, die Erinnerung an sie. Meine Mutter führte unerschütterlich und gekonnt die Familientraditionen weiter. Beenie war eine große Unterstützung und brachte all ihre Fähigkeiten ein, damit wir unser Leben leben konnten, wie es uns gefiel. Wir hatten Ann und John, Kinder der Berge, die im Freien reiten, rennen und schwimmen konnten, die auf unserer eigenen Erde Gewachsenes essen konnten und eine Kindheit genossen, die nicht durch zu viel Technik verdorben war. Dafür hatten Paul und ich gearbeitet. Das war, was uns gefiel. Das harte, entbehrungsreiche und seelenbereichernde Dasein auf einem Bergbauernhof. Als das Lama wie Treibstoff, wie ein feiner Zauber zu uns kam.

DANKSAGUNG

Viele freundliche, praxiserfahrene Menschen waren mir bei diesem Buch von großer Hilfe. Vor allem möchte ich mich bei unseren Tierärzten Miss B. Fargher und Mr N.R. Ingman sowie bei Dr. Antice Evans für die wissenschaftlichen Fakten bedanken.

Zuletzt danke ich dem Welsh Arts Council für das Stipendium, das mir die Arbeit an diesem Buch ermöglicht hat, und meiner Freundin Mollie Keen, die den genialen Einfall hatte, dass ich mich für dieses Stipendium bewerben könnte.